国家出版基金项目
NATIONAL PUBLICATION FOUNDATION

U0621804

University Image

大学镜像

董云川 著

南京师范大学出版社

图书在版编目(CIP)数据

大学镜像 / 董云川著. -- 南京：南京师范大学出
版社，2023.9
（当代高等教育研究新视野丛书）
ISBN 978 - 7 - 5651 - 5752 - 3

Ⅰ. ①大… Ⅱ. ①董… Ⅲ. ①高等教育－教育管理－
研究－中国 Ⅳ. ①G649.2

中国国家版本馆 CIP 数据核字(2023)第 073270 号

丛 书 名	当代高等教育研究新视野丛书
书 名	大学镜像
作 者	董云川
丛书策划	王 涛
责任编辑	晏 娟
出版发行	南京师范大学出版社
地 址	江苏省南京市玄武区后宰门西村 9 号(邮编：210016)
电 话	(025)83598919(总编办) 83598412(营销部) 83373872(邮购部)
网 址	http://press.njnu.edu.cn
电子信箱	nspzbb@njnu.edu.cn
照 排	南京开卷文化传媒有限公司
印 刷	江苏扬中印刷有限公司
开 本	710 毫米×1000 毫米 1/16
印 张	17.75
字 数	249 千
版 次	2023 年 9 月第 1 版
印 次	2023 年 9 月第 1 次印刷
书 号	ISBN 978 - 7 - 5651 - 5752 - 3
定 价	68.00 元

出 版 人 张 鹏

当代高等教育研究新视野丛书
编委会

眼见不为实，用心观照，大学如是。

总　序

　　自潘懋元先生等老一辈学者创会以来,中国高等教育学会高等教育学专业委员会始终坚守学术立会传统,把深化与拓展高等教育理论研究作为办会的基本宗旨。中国高等教育学学科设置从无到有,高等教育研究队伍从零散到蔚为大观,一代又一代优秀学者的成长,都与高等教育学专业委员会在各培养单位与会员单位之间发挥的纽带作用不无关联。目前,对高等教育学的定位和属性无论存在多少争议,不容否认,它已经成为我国高等教育研究者心有所向、身有所归的学术共同体。

　　高等教育学专业委员会历来倡导立足国际视野与本土关怀,开展学理取向探究与问题取向的理论研究。对于中国高等教育理论研究之于国家政策、高校管理以及人才培养的贡献如何评价,人们的站位不同,自然会有不同理解。回顾改革开放四十多年以来中国高等教育改革与发展历程,我们不难发现:几乎中国高等教育领域每一次重大事件的发生,人们关注的重大议题、问题以及政策概念的提出,我国高等教育研究者在理论上大都有先行研究。譬如,关于高等学校职能与高等教育功能、高等教育现代化、高等教育质量评价与保障、高等教育大众化和普及化、世界一流大学建设、高等学校自主权、现代大学制度、大学治理结构、大学收费制度、学分制、招生制度改革、学科与专业建设、通识教育、高校人事制度改革与学术职业变迁、有效性教学与教学学术、高等教育国际化与信息化等等。这些既有国际视野又有本土关怀,既有历史考察又有现实观照,纵横交错,覆盖宏观、中观与微观各个层面的研究,无论其聚焦的是"冰点"还是"热点"问题,是否有显示度,它们都为现实中的高等教育体制性变革与日常实践,拓展了视野,提供了理论支撑。

理论研究的基本宗旨在于透过现象看本质,揭示高等教育活动的一般规律。无论其初始动机是源于个人好奇心、兴趣、经历和境遇,抑或是源于现实关怀或政策意图,它从来不存在有用与无用之说。自然科学如此,作为社会科学的高等教育学科也不例外。因为有用无用不过是一种价值判断,它与评价者的个人身份、地位、处境和特定需求存在或明或暗的勾连,是一种立场在先的自我主观判断和推断;或者说理论之有用和无用,更在于它的情境性。如果总是把特定情境需求作为理论研究的取向与偏好,那么,其悖论恰恰在于:这种情境性需求恐怕永远滞后于形势变化与环境变迁,局限于特定情境需求的理论或应用研究反而因为一般性与多样化研究积累不足而难以适用,更无法对现实的走向以及可能发生的问题进行预测,也难以对现实中存在的价值扭曲提出预警和防范。

其实,真正的高等教育理论研究从来不会绝缘于现实关怀,很多理论研究选题的生成乃至观点创新,恰恰源于人们对现实的感悟与启发。通常而言,任何理论成果都不可能直接成为政策工具,它充其量可以为现实问题的解决提供某些索引,或者为决策者提供相关参考依据,为行动者提供可选择的装备。理论研究与决策以及行动实践之间,天然地存在一种若即若离的关系,虽然也存在若隐若现的互动,但两者既无法相互取代,更难以完全融合。否则,理论不过就是如变色龙般的策略与技巧,缺乏理论所必备的去情境化超越品质,实践也不过是理论贫乏的个人经验直观甚至行动的妄为。不容否认,由于始终缺乏一种自然演化的稳定态,在被频繁的政策事件扰动的情境中,中国高等教育与经济领域情形相似,在宏观的体制运行与中观的组织治理层面都有其特殊性。但这并不意味着我们的高等教育可以超越于一般性的活动规律或者说本质特征,如知识创新以及人才成长规律等。因此,植根于中国特殊土壤的理论研究,在跨域性的理论丛林中,犹如一片被移植而来的红枫林,既有源自共同基因的相对稳定性状,又有其与环境相适应的某些特殊表现形态,如生长状态、凝红流金的景致可能存在差异。不过,这种表现形态更多反映为生态系统与群落层次上的差别,而非物种意义上的例外。也正因为理论研究所具有的这种品质,它才构成了我们与国际同行沟通与对话的基础,也是为国际高等教育贡献知识与智慧的凭依。

作为一个建制化的学科,高等教育学历史短暂。因此,长期以来,高等教育理论研究,无论在理论溯源、视角选择方面,还是知识框架上,受基础教育领域的理论思潮与研究取向影响至深。但回顾历史就会发现,体制化的基础教育晚于大学的兴起,如今基础教育领域众多教学形式与方法的探索和实践也往往始于大学,如论辩、讨论、实验和观摩等。即使是基础教育领域的各种理论思潮与技术潮流,也往往最先发端于大学。相对于基础教育,高等教育活动更具有个体探索、行动在先和自下而上的特征,虽然它也难免带有外控与人为设计的特征,但它更具组织与行动者自我设计取向,大学的历史基因更为久远也相对更为顽固,每一次突变都没有彻底颠覆它的基本性状。这些特征无疑为我们寻求其相对稳定的客观属性与变易的受动属性提供了先天的优势。譬如,如何理解不同学科与专业生成与演变的轨迹,以及教与学活动的规律,如何理解组织特有属性及其运行逻辑,如何解释它与外部环境与文化以及各种社会力量之间带有顺应而又抗拒的关系,如何理解学人成长与职业发展轨迹,等等。高等教育学有待确证的基础性问题实在太多,需要探索的不确定性问题更多,它给我们提供了无限的空间与可能。而所有这些问题的探究,不仅难以从基础教育理论中获得启发,而且也远超出了基础教育的学科逻辑体系与框架。因此,高等教育学无疑具有特殊性。如何跳出一般教育学科的既有樊篱,建构一个包容性更强的多学科高等教育学知识逻辑和体系,需要我们做更多基础性、专业性且具有开拓性的思考与探索。

总之,倡导基础理论研究与带有学理性探究的现实问题研究,是高等教育学专业委员会的使命所在,唯有通过理论取向的学术探究与人才培育,我们才能立足扎实的理论基础与学术素养去回应现实高等教育发展中应接不暇的问题。理论固然需要服务于实践,但更需要我们以独立的精神、专业的态度、严谨的学风、开放的视野和谦逊的风格去观察和参与实践,理性地面对实践中可能存在的躁动。既不做旁观清谈者,也不做随波逐流者,努力以有深度有价值、有科学精神有人文情怀、有现实关注有未来视域的研究,为中国高等教育改革与发展贡献智慧。

正是出自上述初衷,中国高等教育学会高等教育学专业委员会与南京师范大学出版社,联合推出了"当代高等教育研究新视野丛书"学术专著出版计划。该丛书面向国内高等教育专业研究者,不拘泥于特定选题,尊重每位学者的兴趣和专长,期待以众说荟萃、集体亮相的形式,呈现当下我国高等教育理论研究的整体状貌。该出版计划将始终保持开放性,不断吸纳国内资深和新锐学者的最新研究成果,希望它不仅能成为一览高等教育学理论景致的窗口,为该学科的持续探赜索隐、钩深致远提供些许幽微之光,而且也能够从中感受到中国高等教育研究始终与时代变革气息相通的脉动。其中有热切的呼应,也有冷静的慎思,有面向未来远景的思索探问,也有洞鉴古今史海的爬梳钩沉。不同主题纷呈,个性风格迥异,从而构成一个多姿多彩、供读者各取所需的学术专著系列。

最后,高等教育学专业委员会特别感谢南京师范大学出版社所给予的慷慨支持与悉心指导,出版社在丛书的策划、编辑、出版和发行等方面投入了巨大的精力,也为编委会的组建、著者的遴选、成员之间的沟通等各项工作的有序展开提供了便利条件。

"当代高等教育研究新视野丛书"编委会
中国高等教育学会高等教育学专业委员会
二〇二二年十二月

自 序

在某些情况下,不真实比真实更真实。①

任何事物都有与众不同的存在方式和独特的展现形态,虽然在佛理中,万事万物总是互即互入、相互依存的,皆在因缘和合之中,并无孤立的存在。然而,身处人世间,我们总免不了以抽离自身的视角来观察、描绘、辨析、评判特定的人、事、物,结果不言而喻,呈现出"一千个哈姆雷特"也不出所料——在庄子的眼里是"七窍成而混沌死",在老子的口中为"道可道,非常道"。

在无法回避而不得不直面的情况下,人类又将如何看待"我们"之外的人或事呢? 窃以为,需要以感性体验为基、理性辨析为轴、悟性觉察为标。这样一来,那些个"看似如此"的事物,经过"应该如此"的分辨,最终才可能得出"原来如此"的结论。相应地,人或事所显示出来的影像也必经"视觉成像""知觉成像""智觉成像"三个阶段,方能够参透表象,识别假象,摆脱幻象,渐趋真实,复归真相。

为了言说的方便,笔者取"镜像"概念来探讨大学的存在。镜像一词有多种定义,分别来自物理学、影像学、心理学、社会学和计算机科学。本书所称的"镜"即"镜子",意指事物的投射面,"像"就是"形象",意指事物本身的存在状态。"大学镜像"无非是大学主体在不同客体的投射面上所映照出来的不

---

① ［法］勒庞.乌合之众:大众心理研究［M］. 马晓佳,译. 北京:民主与建设出版社,2018:原序.

同形态。无关考辨,不论曲直,旨在明察大学真实的生存形象,以方便大学在未来的发展道路上明智地选择价值参照。

最新的人脑研究指出,人类视觉系统并非直接去理解入眼的视觉信号,而是依靠一套内在的推导机制去解读输入的视觉信号。简单说,就是对于待识别的输入场景,人会根据大脑中的记忆信息来推导、预测其视觉内容,同时那些无法理解的不确定的信息将会被丢弃。于是,镜子里面的自己和别人眼中的自己是不一样的。镜子是个"说谎"的东西,主观视线中的自己更美丽,而别人眼中的自己则更真实。放眼高等教育,大学无非是看起来就"那样"的一种存在,而自己却以为"帅呆了"。

就知觉成像的层面而言,人先是从复杂的刺激环境中将有关内容抽象出来组织成知觉对象,而其他部分则留为背景,这种根据当前需要,将外来刺激信息有选择地作为知觉对象进行组织加工的特征,构成了知觉的选择性。所以,人们总是选择那些只对自己有重要意义的刺激信息加以感知,而对其之外的背景只做模糊反映,这样就可以清晰地感知对象物。在这里,麻衣相学可以确证相由心生的对应合理性;心理学能够充分地证明表层动机来自潜意识的驱动;柏拉图的洞穴投影隐喻则象征着知觉选择性与认知结论间的偏差或谬误。而法国精神分析学家雅克·拉康将一切混淆了现实与想象的情景都称为镜像体验。他的学说论证了从形象到意象再到想象的过程,深刻地辨析了"主体、镜像与心像"以及"观察者、被观察者与观察结果"之间的多重关系,同时证明了镜像世界中"实在界""想象界""象征界"的存在。如此观照,我们津津乐道的大学是否是客观实在的大学?许多人妙笔生花中的大学美景是否反映出真切可信的大学形态?这些尚待筛查辩驳。

进入智觉成像的阶段,我们才深刻地领会叔本华关于"一切表象的存在都是意志的客体化"之论证。智慧是生命所具有的基于生理和心理器官的一种高级创造思维能力,与智力不同,智慧表达智力器官的综合终极功能,与

"形而上之道"有异曲同工之处。智慧让人可以深刻地理解人、事、物,自然、社会,现在、过去、将来……拥有思考、分析、探求真理的能力。面对潺潺流水,孔夫子感叹"逝者如斯夫",赫拉克利特却在琢磨"人不能两次踏进同一条河流",而宗萨蒋扬钦哲仁波切则清晰地描述道:"一条河,水在流,永远在变,然而我们仍然称它为河流。如果一年之后我们再度到访,会认为它是同一条河。但它是如何相同的呢?如果我们单独挑出一个面向或特性,这相同性就不成立了。水不同了,地球在银河中转动的位置也不同了,树叶已落,新叶又长出来了——剩下的只是一个相似于我们上次见到的河流表象而已。以'表象'作为'真实'的基础是相当不可靠的。"①更进一步,释迦牟尼分解了"我相、人相、众生相、寿者相"之后,顿悟出万物"此像非像"的空性;老子言说"有无相生"的道理之后,却看到了"无中生有"的生机。

艾克哈特·托勒说:"没有智慧的聪明是非常危险,且具有毁灭性的,然而,这却是目前大多数人类的状态。"②以智生觉,可以明辨事物,促使我们摆脱视力的局限,跳出认知的圈套,做出更有利于推动事物进步并获取成功的决策。

综合以上考量,笔者预设了研讨主题及论证之逻辑线索,并相应地对高等教育现实中学科、学术、学问、学人、学品的生发及运行状态进行观察描绘,通过对一系列既不完整又不系统的要素做分析,试图从个体的角度出发,回应:高等教育系统的生境如何?21世纪初叶的中国大学长啥样?面对这些个看似常识其实语焉不详的问题,什么人能够说清楚?什么时候才可以说清楚?而伴随着时光的流逝,回首再论,何以为真、何以为据?谁有资格回答?谁又能够回答?

以静态眼光看还是以动态眼光看?以格物致知的方法阐微还是以高屋

---

① [不丹]宗萨蒋扬钦哲仁波切.正见:佛陀的证悟[M].姚仁喜,译.北京:中国书籍出版社,2011:75.

② [德]托勒.当下的觉醒[M].刘永毅,译.台湾:橡实文化出版社,2009:39.

建瓴的方式鸟瞰？从左边还是右边观察？从东边还是西边端详？从上面还是从下面评判？以国别化的还是以全球化的价值立场权衡？历史学家、政治学家、经济学家抑或文化学者，谁更有发言权？学生、学者、管理者、校长、局长、厅长、部长，谁说了算？主观与客观何以甄别？局部与整体如何界分？

高等教育作为一个综合性的社会系统，是"有而不在"的存在；而大学作为这个系统的组织单元，是有"形"而无"相"的组织存在。但是，在大学之中的师生员工、学科学术、科学探究、教育过程却是活生生的，看得见、摸得着的，既有"形"又有"相"的具体存在。因此，观察高等教育，不得不以大学为载体；分辨学问品质，不得不以学术逻辑为线索；探究人才培养，不得不以师生为基准。而对于高等教育改革与发展的事实：看见，看清，看透是不一样的境界。首先需要平心静气、洞察秋毫以明辨是非；然后需要宁心致远、鉴往知来以高瞻远瞩。

从视觉、知觉和智觉三个维度看过去，大学生存与发展的状态即可以有不同的解释。教育系统无疑构成了一个硕大而无形的显示屏，在中国高等教育改革与发展这台举世瞩目的"大戏"中，剧情跌宕起伏，情节引人入胜，牵动着教育内外成千上万"驿动的心"。仅就现实而言，各种各样的剧情中少不了"指标"和"速度"两出重头"大戏"。前者是静态影像，后者是动态影像。两者交互，轮番推动着高等教育改革掀起一个又一个高潮。

进入新世纪的中国大学，在"数据指标""等级类别"和"形容辞藻"共同建构的"镜框"中活得越来越自然，而且习以为常、自以为是，已然忘了在缺少指标的时代也曾创造过数不胜数、多姿多彩的教育业绩和科学贡献，以至于无法想象当我们跳出这个"镜框"之后还能不能活下去。这种状况犹如德国剧作家福伊希特万格依据《奥德赛》改编的一个著名片段。

    水手在被女巫喀耳刻（Circe）施了妖术变成猪后，沉湎于现状，坚决反对奥德修斯破除魔法使他们恢复人形的种种努力。……获得了解放的艾尔奔诺罗斯，不但不感谢奥德修斯对他的解救，反而愤怒地攻击他的"解救者"："现在你给我滚，你这个恶棍，你这个爱管闲事的家伙。难道你还想纠缠我们？难道你还要将我们的身体置于危险之中，逼迫我们的心灵要一直接受新的决定吗？我是如此快乐，我可以在泥泞中翻滚，在阳光中沐浴，我可以狂饮滥吃，可以鼾声震天，可以龇牙乱叫，你为什么来这儿?! 你为什么要把我带回到以前我过的可恶的生活中？'我打算做什么，这件事还是那件事？'对这些问题，我不用思考，也用不着怀疑。"①

眼睁睁看着中国大学在指标的泥潭里挣扎而且越陷越深，笔者不禁联想到意大利著名经济史学家奇波拉的一句话："人类有着独享的特权，必须承受一种额外的负担——人类自身内部的某个群体每天制造的额外的麻烦。"② 今天的高等教育陷入了英国著名社会学家鲍曼所称"沉重的现代性"之中不能自拔："一种大量占有的现代性，一种'越大越好'的现代性，一种'大就是力量，多即是成功'的现代性。"③ 正因如此，在从"争创一流"到"示范建设"再到"重点扶持"等一系列运动中，"征服空间是它的最高目标——去尽可能地、最大限度地抓住它，坚守住它，并且在这个空间上四处插满占有的标志和'外人禁止入内'的标牌"④。

不经意间，原本动态相生的大学教育活生生被静态的指标切割了。法国社会学家勒庞的分析有助于我们理解指标时代的霸道——"长期不断重复的陈述会镶嵌在深层的无意识自我中，而我们行为的动机都在那里产生。一段

---

① ［英］鲍曼. 流动的现代性［M］. 欧阳景根，译. 北京：中国人民大学出版社，2018：50.
② ［意］奇波拉. 人类愚蠢基本定律［M］. 信美利，译. 北京：东方出版社，2021：6.
③ ［英］鲍曼. 流动的现代性［M］. 欧阳景根，译. 北京：中国人民大学出版社，2018：195.
④ ［英］鲍曼. 流动的现代性［M］. 欧阳景根，译. 北京：中国人民大学出版社，2018：195-196.

时间后,我们都忘了反复的断言到底是谁说的了,最终就信以为真了"①。宗萨蒋扬钦哲仁波切则指出,"很少有人能够从我们误认为是现实的那种幻觉中逃离"②,不仅如此,"大部分我们现在所渴望的事情都是靠不住的、虚幻的。我们大多在渴望解决一些暂时的问题"③。

此外,21世纪的高等教育高速运转,势不可当。《流动的现代性》一书中有这样一段表述:爱默生说,"'在薄冰上滑冰,我们的安全系于我们的速度'。个体们无论是否脆弱都需要安全,渴望安全,寻找安全,并因而无论在做什么时,他们都会尽自己最大的努力去保持一个高速度。……当在薄冰上滑冰时,放慢速度也意味着被淹死的真正威胁。因此,速度在生存准则的列表中被排在首位。然而,速度并不就会传导至思考,无论如何也不会带来远远在前的思考和长期的考虑。思想需要中止和休息,需要'从容不迫、不慌不忙'"④。 教育何尝不是如此,当心如止水,依然静待花开。速度是把双刃剑,规模与质量不平衡的原因根植于此。速度的惯性一旦生出惯习,高等教育发展的品质必然受到伤害。正如英国作家刘易斯·卡罗尔说:"现在你看,为了保持同样的名次,你已经费尽了力气。如果你想取得更好的名次,速度就必须至少快一倍。"⑤但不得不承认,速度所带来的效益是如此显赫,以至于大学及其间的人们乐此不疲,虽倍感无奈却无不津津乐道,亦步亦趋。就像勒庞所描绘的那样:"群体的情绪总是高涨的。"⑥鲍曼对于被迫行为变成了上瘾行为的论述有助于我们理解当下愈演愈烈并高速运转的指标游戏。他指出:"欲望成了它自己的目标,而且是无可非议、不容置疑的唯一目标。其他的所

① [法]勒庞. 乌合之众:大众心理研究[M]. 马晓佳,译. 北京:民主与建设出版社,2018:99.
② [不丹]宗萨蒋扬钦哲仁波切. 八万四千问[M]. 严望佳,戚淑萍,译. 深圳:深圳报业集团出版社,2016:84.
③ [不丹]宗萨蒋扬钦哲仁波切. 八万四千问[M]. 严望佳,戚淑萍,译. 深圳:深圳报业集团出版社,2016:60.
④ [英]鲍曼. 流动的现代性[M]. 欧阳景根,译. 北京:中国人民大学出版社,2018:342.
⑤ [英]鲍曼. 流动的现代性[M]. 欧阳景根,译. 北京:中国人民大学出版社,2018:103.
⑥ [法]勒庞. 乌合之众:大众心理研究[M]. 马晓佳,译. 北京:民主与建设出版社,2018:13 - 14.

有目标……的作用就是,让赛跑者按照'领跑者'(pacesetters)的模式继续跑下去,……置身于比赛中而不掉队是最为重要的手段,事实上也是这样一个超手段(meta-means):一个激活对其他手段的信心的手段,是一个为其他手段所必需的手段。"① 长此以往,"奔跑""加速"作为实现诉求的手段俨然成了诉求的实质,甚至成了诉求的重心,而当初为什么出发的目的已经在一路狂奔中跑丢了。

话又说回来,高等教育场域中的真相如何? 人的视力再好,也只能见之所见,无法看透皮囊;影像器械再先进,也只能照进骨骼照不到精气神;唯有取法智慧觉察,方能够鞭辟入里,洞见灵魂的存在。高等学府是高智商人群的聚集之地,是高深学术探究的场所,是高尚文化演进的舞台,若非智觉,何以捕捉其高深莫测又复杂多变的影像呢?

诚然,"我们对于生活的投影总是透过希望的镜头来完成的"②,"如同蜜蜂从花中吮吸花蜜,它们不伤害花朵,只是得到自己所需要的,然后飞走传播花粉,来创造更多的花"③。教育理当如此。校校、人人在繁华的影像世界里来去匆匆,争先恐后,相煎太急。

以偏概全不对,但太多的偏岂是偶然? 中国大学,到底是本相之偏还是镜像之偏? 现象并非实相,直观是现象,看走眼就是假象,想多了易生幻象,看穿了才是真相。更何况,以"何"为镜这本身就是个天大的问题。唐太宗李世民诚言在先:"夫以铜为镜,可以正衣冠;以古为镜,可以知兴替;以人为镜,可以明得失。朕常保此三镜,以防己过。"④

无论如何,理论反思是改良的前提,学术批判是建构的开始,正视问题是

---

① [英]鲍曼. 流动的现代性[M]. 欧阳景根,译. 北京:中国人民大学出版社,2018:132-133.
② [不丹]宗萨蒋扬钦哲仁波切. 八万四千问[M]. 严望佳,戚淑萍,译. 深圳:深圳报业集团出版社,2016:17.
③ [不丹]宗萨蒋扬钦哲仁波切. 八万四千问[M]. 严望佳,戚淑萍,译. 深圳:深圳报业集团出版社,2016:178.
④ 刘昫,等. 旧唐书[M]. 呼和浩特:远方出版社,2006:255.

化解矛盾的契机。我们通过镜像来看世界,常常并未意识到世界本身就是一面无形的镜子。更进一步说,我们看他人不仅是在看他人,而且是在看他人的过程当中建构自己。本书的镜像之中所折射出来的形象,既非全体,亦非个别,乃群体之一般。"我们所有能做的,就是只观察和研究可见的现象。我们观察并总结出的每个结论,从原则上说都不够完善,因为在我们能够看清的现象背后,还有其他我们看不太清楚的现象,而在那些看不太清的现象背后,也许还有其他根本无法看到的东西。"①

镜像当然不是本相,信不信随意,听不听由你。

---

① [法]勒庞.乌合之众:大众心理研究[M]. 马晓佳,译. 北京:民主与建设出版社,2018:原序.

目　录

第一章　学科丛林

人们要在这个世界发挥作用（根本区别于被这个世界"搞得精疲力竭"）就必须知道这个世界是如何运转的。[①]

2017 年，时任教育部部长陈宝生强调，高等教育要做到四个"回归"。一是回归常识，二是回归本分，三是回归初心，四是回归梦想。消息传出，教育界无不拍手称道，这一少见而又精准的价值论断再一次为新时期高等教育发展指明了道路，其所连带的思想波澜用"群情振奋"加以形容亦不为过。数十年来，在不同类型高等院校中勤勤恳恳工作的普通教育工作者们，常常被各种各样名目繁多的政策口号指使得晕头转向，忽东忽西，了无定所。以什么为重点、以什么为关键、以什么为龙头、以什么为契机、以什么为根本、以什么为前提、以什么为基点、以什么为归属、以什么为抓手、以什么为突破口等指示此起彼伏，再加上"必须""坚决""一定""务必""毫不犹豫"等一系列祈使句式，言之凿凿，不容置疑，以至于置身于大学学术共同体的人们手足无措，不知道该如何是好。

四个"回归"切中时弊，教育理应如此，作为高等教育运行基本要件的学科学术活动理当如此。喧嚣尘上的学科竞技活动如能够及时从中获得教益，必将少走许多弯路。

大学是探究高深知识的场所，主体的教书育人及科学研究活动无不

---

① ［英］鲍曼. 流动的现代性［M］. 欧阳景根，译. 北京：中国人民大学出版社，2018：346.

围绕着学科学术的生发而渐次展开。学科的产生、学术的发展显然有其自身的、科学的规律,亦即"常识"。首先,"学问"的发生,来自那些不满足于吃饱喝足的人面对天地人事提出的反诘;其次,当有不同诉求的人群专门以学问为生的时候,"学术"自然而然地产生了;再次,当越来越多的人由于价值选择而聚集于特定领域展开研究之时,"学科"就逐渐分化而成;从次,在某一专门领域探究学术的人们由于出发点、切入方式、探索路径以及价值归依的迥异而分列为不同的阵营,"学派"由此应运而生;最后,风采各异的众多学派聚集于高等"学府"之内,百家争鸣,共图繁荣,并因此改造着学术的生态环境,殊途同归于培养人才、创造科学以及服务社会的大学梦想!

遗憾的是,各级各类学校在外力的强大裹挟作用之下,为了固守并抢占所谓优势、特色学科在国内外的排名和地位,纷纷借"资源整合"的名义做起了数字游戏,以撤销或拆并非重点、非特色、非优势学科的代价来确保稳居马太效应中心区的学科权威地位。历史迟早会证明这种做法之失当,甚至是错误的。一所大学中不同学科的生长态势以及在历史沿革中的变动、组合、嫁接、交融因素千差万别,各有其合理性,再加入时空因素之后,更是变幻无穷。作为文化主体的大学本身在生存与发展中原本具备强大的"自组织"基因,亦会根据社会的发展变化呈现出"自组织"调节机制。纵横交错的学科构成了庞杂的学术丛林,外部力量的介入必须理智地保持"一臂之距",否则就会因为越界而成为大学学科生长发育的负面动因。换言之,热带雨林里有参天大树,还有更多的低矮草木,如若为了确保"望天树"的辉煌地位,而铲除其他植物的话,结果可想而知。

从根本上说,学科作为高等教育系统中的核心构成,其存在形态与丛林系统有着高度的相似性。后文从学科结构、学术主体、资源配置三个维度深入解析"内嵌式"学科发展思路对于学科生长的副作用,并通过对学科内涵及学科生态法则的辨析,阐明学科建设理应注重生态创建,摆脱计划桎梏,回归生长逻辑。唯有坚持动态、多样、共生的原则,方能构成学科发展的适宜生态环境与合理生存法则。

第一节 学科生态系统的"实然"与"应然"

要梳理现代大学及学科发展历程,就不得不将时间起点的定位回溯到中世纪。自中世纪始,现代大学的学科建制经历了由个人意志到学会意见,再由学会意见到科学院精神,继而发展到现代大学学科建制的历史流变。影响或左右学科发展的势力主体也相应历经了教会—政府—大学的更迭、交织与变迁。就主干学科的发展而言,随着生产力的发展、思想文化的变迁、政治经济的变革,以及社会分工的细化,从中世纪至今,经历了神学—古典文学—应用科学—纯粹科学—多学科共存的转变。[①] 若以我国最早的大学雏形——"书院"作为中国学科发展史的梳理起点,最初是不进行分科的,亦没有分层,"诸学一体,合而为一"。而此时的"诸学"亦是有限的,代表"器物之学"的科技未能囊括其中,能登大堂之雅的学科无不在内容向度上趋向于满足培养圣贤的目标,张载的"为天地立心,为生民立命,为往圣继绝学,为万世开太平"便是一个极佳的概括。时至近代,施新政、废科举,中国几千年的"传统旧学科"从根到脉先后遭遇被废止的命运。1862 年在京师同文馆,理工课程,即前文提到的"器物之学"最早登入了大学讲堂。清末最早的大学分科是向日本学习"七科之学",即文、法、理、工、农、医、商,下设 35 目。直至新中国成立前,中国大学的学科分类框架大致如此。

---

① 翟亚军.大学学科建设模式研究[D].合肥:中国科学技术大学,2007.

表 1　全国公立大学、私立大学学科分类设置统计表(1947 年)[①]

学科门类	公立大学(31 所)	私立大学(24 所)	大学设置学科门类总数(共 55 所)	大学设置学科门类占总数的百分比(%)	大学设置学科门类占学校总数的百分比(%)
文科	29	24	53	21.5	96.4
理科	29	21	50	20.3	90.9
法科	27	9	36	14.6	65.5
师范	4	0	4	1.6	7.3
农科	19	8	27	11.0	49.1
工科	25	8	33	13.4	60.0
医科	16	6	22	8.9	40.0
政治	1	0	1	0.4	1.8
经济	1	0	1	0.4	1.8
管理	1	0	1	0.4	1.8
商科	7	8	15	6.1	27.3
教育	0	3	3	1.2	5.5
共计	159	87	246	100.0	—

新中国成立之后,基于社会生产与经济建设的需要,我国全面学习苏联,高等教育领域进行了院系调整,由 55 所综合性大学减少至 14 所,大量发展单科学院。历经"文革"跌宕起伏,自改革开放至今,我国进行了多次学科专业目录调整。现行大学学科门类共计 14 个。学科与专业之间同时经历着"强学科弱专业"还是"强专业弱学科"的博弈。在这个博弈的过程中,学科本身也伴随着规模、形态、内涵、性质、结构的自适应、自调整,有生长、有壮大、有凋敝、有停滞。

学科生态从应然的构成状态来说,与丛林系统有着高度的相似性。首先,两者都是开放循环的自生系统。高等教育由于其社会服务功能与社会文

---

①　霍益萍.近代中国的高等教育[M].上海:华东师范大学出版社,1999:295 - 297.

化载体和创造者的双重身份,势必与外部社会形成互动、引领、牵制、再生的功能性双向作用,学科作为高等教育存在的核心单位构成,其本身在外循环发生与更新的过程中,也进行着内部系统的新陈代谢与循环再生。其次,两者都是平衡稳定的自生系统。生态平衡是指在限定的时间范畴内,生态系统中的生物与环境之间、生物体与生物体之间,通过能量流动、物质循环、信息传递达到适应、协调与统一的状态。平衡状态的达到,意味着系统内各组成成分在一定时期内将保持一定的比例关系。其比例关系的调整与变化必然意味着受外部能量的干扰。在外部互动与内部更新的作用下,系统进行自我调整与修复,再次回到平衡状态。这与高等教育的更新发展极其相似。纵观我国高等教育的学科发展史,不难看出,不同时代的学科调整战略、学科发展路径以及学科生长逻辑都是一个动态循环又在一定时期内保持相对稳定的发展状态,学科系统内部的重组、更新也都是一定历史范畴下的新一轮学科调整与发展的起点,一旦调整完成,将在一定时间维度上保持"稳定"发展态势。再次,从构成状态的应然逻辑来说,两者都是主体与结构均呈现多样性的自生系统。高等教育作为一个复杂的文化传承与知识再生系统,其对世界的知识产出与贡献,主要以学科为单位来完成。学科作为一个动态概念,与知识界定、文化属性、劳动分化的历史流变密切相关。因此,在不同的时间向度上,学科的存在样态势必是不一样的。但有一点可以肯定,由于知识的复杂性,文化的多样性,人类在不同历史发展时期攻坚重点的差异性,决定了学科存在主体与构成结构的多样性,而学科进一步发展的动因往往与这种多样性紧密相关。

然而,纵观半个多世纪以来我国高等教育系统内的学科生长逻辑,其并没有真正步入生态化发展的轨道,突出表现为动荡不羁、资源固化、模式单一、拼凑发展。长期以来,我国高等教育系统的学科成长与发展大都与"建设"一词并联呈现。1985年出台的《中共中央关于教育体制改革的决定》正式提出了要"根据同行评议、择优扶植的原则,在高等学校中有计划地建设一批重点学科"①,这掀起了外部意愿介入学科发展的序幕。由此,我国学科建设运动正式从政策层面开始了漫长征程,经过三十多年的发展,中国高等教育系统内的学科建设实现了结构的完善、规模的壮大、整体实力的增强、构成要素的丰富。这些成就奠定了今天"建设一流学科、建设一流大学"的基础与前提。然而,如若从整体上观照流逝的岁月以及"一流学科建设"的新命题,我们不得不反思:当今大学学科生态系统的实然状态是否符合其本真存在逻辑和发生发展规律?

第二节　学科丛林系统的"养护"与"自生"

其实,与自然生态系统中的所有生命体一样,学科作为学术生态系统中的主体,亦具有鲜活的生命症候。也就是说,即便外力不产生或不发生作用,学科本身也必然和其他生命体一样,在自然环境中存在适应、发展、平衡、失衡、共生、竞争等机制或方式。"适应"所描述的是学科与外部环境的互动状态。一个学科,只有适应了社会需要、产业发展,才能确立自己的立锥之地和立身之本。更进一步说,大学的学科只有在充分实现了大学人才培养、科学研究和社会服务的三大职能后,才能在适应中求得发展,这是学科与社会连接的纽带,也是学科从社会中获取物质、能量和信息资源,不断优化学科生态系统结构和功能的必然方式。

就学科的样态来看,其分别从学科结构、学术主体、资源配置三个维度呈现出生态多样性特征。就学科结构而言,从知识的分化程度来说,每一学科都涵盖着主体学科系统下的次级学科、交叉学科。如果说主体学科是主干,

① 刘志鹏,别敦荣,张笛梅.20世纪的中国高等教育:教学卷(下册)[M].北京:高等教育出版社,2006:510.

那次级学科或交叉学科就是枝丫及枝叶,主体学科供给次级学科及交叉学科所需要的营养基础,次级学科与交叉学科的生长支持并壮大主体学科的发展。就学术主体而言,学科发展与生长的作用者应该实现主体多元化。近年来在学科建设的"升级"驱动过程中,与"升级"直接关联的学术主体是"学科带头人"。而"学科带头人"的头衔获得又来自另一轮类似学科资源配置的"量化累加评价考核"。这样的捆绑必然带来学术主体的等级固化及"小群体游戏",延缓学科建设生力军的成长周期,从而固化、僵化学科本身的发展。就资源配置而言,我国"重点学科建设"形成的学科建设是一种内嵌性结果逻辑。国家根据外部战略布局的需要,在政府政策的安排中,对"重点学科"内嵌各种学科发展资源、倾向性游戏规则以及相应的政策保障。在这种外力强加并严格控制资源流动的配置形式里,"马太效应"的负面作用自然产生并愈演愈烈——弱势学科越来越弱小,强势学科越来越强大。并且,在这种内嵌式的生态系统中,本应该源自内生动力的"学科"自觉发展意识被大幅度削弱,在很大程度上破坏了丛林生态系统中的筛选逻辑。学科生态系统也与所有生态系统一致,会出现平衡与失衡两种状态。从生命成长的角度来说,万物众生都会"生、老、病、死",学科的发展也有它的时空特性与生命历程,有新兴学科孕育、产生,就会有传统学科转型、凋敝。优胜劣汰无疑是丛林生存法则之一。世界繁衍变化的事实证明,平衡状态的获得绝非外力可以操控。

万物的生存样态大体都是一致的。在一个健康的生态圈里,多元才能共存,多元才能共生,多元才能在价值交换的过程中再衍生出新的价值。好比热带雨林中千千万万的植物,草甸有草甸的价值,灌木有灌木的价值,针叶植被、阔叶植被亦是如此。正是由于生长在不同经度、纬度、海拔的植被有着巨大的差异,整个地球表面的生态系统才得以无声无息却又苍茫浩渺地进行着千丝万缕的能量交换。内嵌式发展带来的最大弊端在于"过度干预的非自然生长"。在这样的强力干预下,高等教育系统内的学科生态系统,首先在存在形态的多样性和发展过程的非同质性两个向度上就受到了大幅度的冲击与破坏。在强大外部意志的干扰与操控下，大学的学科建设迅速形成了清晰的行政序列。从国家级重点学科到省级重点学科再到校级重点扶持建设学科，形成了多褶皱、带有强烈等级化特点的学科构成系统。这样的结果势必会挫伤众多次级学科、交叉学科以及高校中非强势学科的成长与发展。另外，内嵌式发展将以学科发展逻辑作为学科建设基础理路的应然状态打破，将学科建设行为转化成政府配置高等教育资源的一种合理化方式。一方面，重点学科获得学科生态系统内的更多资源，同时提升了自身对高端学术人才等循环系统要素的吸附能力。另一方面，由于建设过程中获得的"优先排序"，在发展结果上，呈现出了与大学发展同样的"因果关系"。这样的"非自然生长"直接导致了学科多样化发展的自生循环系统被阻滞，学科同质化发展追求被强化，多样化学科生态系统被阻隔封闭。

其实，反观自然生态中的丛林系统，不难发现，在主观能动性支配下的人类行为对大自然的破坏力令人触目惊心。作为大自然的守护者，护林员的职责是维护森林的自然生长，防止自然的森林系统受到损毁，而并非向森林强加森林生态系统之外的力量与法则。护林员需要做的，仅是了解、知晓、承认、肯定每一种生物体在丛林系统中的作用与价值，在清晰理解生物体与生物体之间的相互关系与作用的基础上去实施保护行为。学科学术的发展同理，外力的干预应该以确保学科建设遵循学科生长的逻辑与规则为前提，努力促进学科发展样态的多样性与学科系统结构的多样性，从而才能够使学科生态在更高层次上达到平衡。万万不能通过强力的内嵌式发展取代天然的"生态构成"。诚然，自然界中的动植物之间要建立合理的生态位序，实现多样性发展，至少要满足两个条件：一是主体具有较强的自主权，能自由参与生态系统中的竞争；二是食物链中的能量基本平衡，不同层次中的能量分布较为平衡，与物种的数量较为匹配，能适应物种生存的需要。对学科生态系统而言，一是学科要有强烈的自主意识及相关的自主发展权；二是学科分布要均衡有序。这里的均衡，不是平均的概念，而是要使主学科、次级学科、交叉学科的数量与结构同分配的资源相匹配。这就要求学科发展的外部力量需要从指令转向指导,从统一转向多样,要使学科生态系统中的构成主体呈现整体多样、部分交叉的健康生态格局,使资源的配置从数量化的集聚转向建设内需上的匹配,让不同的学科安心在其生态位上充分发展,而不是专注于抢占富余的生态资源。

如此生态,直接"矮化"了与学科生长息息相关的科学研究活动。在这个独特而微妙的时代,大学"科研"工作备受青睐而"学术品质"并未同频共振。一方面,学科指标的重要性与科研指标管理带来的疑惑在高等学府内纠缠不休,捆绑了整整一代教育者;另一方面,与"教学"相对应的"科研"成为象牙塔内"天使与魔鬼"的混合体,近年来广受质疑,社会评说各执一端,未有善结。

首先,狭义的科研的确"矮化"了学术。回溯学术发端、中世纪大学、学者的产生等,从大学历史肇始直至今日的流变,应该不难发现,学科学术与科学研究是两个内涵、外延都不一样的概念。两者的实质都是求真,但科学研究的目的在于创新,探索新领域、发现新规律,而学科学术在这个层面上却有两个指向,不仅指向"新",还指向"旧"。对人类经历过却尚未及明白之世界的探索、描述、记录并不一定指向未来的经济和社会价值,也并不影响人类面向未来的生产生活方式,却能让人类更智慧、更清楚地知晓"人之所以为人"的历史印记。由于科学研究与学科学术指向的口径不尽相同,内涵、外延、功能、目的也就难以同日而语。所以,当我们用科研来规定学术、用指标来权重学科、用立项来切分教育时,学科学术的时空使命已经被强制性地窄化、"矮化"了。其次,过度的量化无疑拆解了学科本身的形态。学术是一个积累的过程,是一种用不同学科范式与思维去丰富、推动历史文明进程的活动。高新技术革命以后,社会生产生活方式的更新周期变短,技术革新加速,知识价值的更迭也随之加快。在这个过程中,学科的"功利价值"彰显,被"加速"的要求外露,前瞻、先导、开创成了"学术"背负的时代使命。这无可厚非,学科本身的社会功能与价值也决定了它必须在这个维度上满足社会的要求。然而，为了开创而开创、为了创新而创新，却有可能让学科学术背离其最初的"求真"轨迹。当学科的"功利价值"被无限放大时，其本身的终极价值——"借由科学文化技术的进步实现更深切的人文关怀"往往遭到屏蔽。以立项高低褒贬学科，通过项目数量与等级丈量学者，结果事与愿违：学科的真实使命被遮挡，学术人格被拆解，科学研究的最终价值势必沦落为可量化、可宣扬的数字游戏。再次，学科"建设"泯灭了学术"个性"。"个性"是科学研究的灵魂，是创新的原始动因。而求异求新的创新活动一旦变成集体性、规模化的建设行为，则容易导致形神两分的结果，学科体征迅速膨胀而学术内涵依旧混沌不清。此外，从学科逻辑来看，自然科学的命题都是价值中立的事实命题，原则上都是可实证的；而社会科学的命题虽然也是事实命题，但在多数情况下无法确保价值中立，其实证意义实际上比自然科学要低得多。哪怕同属人文，文学和艺术的学科思维方式是表达性的，语言学和历史学是理解性的，而哲学则是反思性的。据此，用"课题立项"的标准化管理方式去框定学科建设并据此推动学术的进步的确值得斟酌。在标准化格局之下，不同学科的个性化学科范式与特色必定式微并被强制性削弱。与此同时，另一个微妙而不容忽视的学科生态问题随之浮现出来——学派消弭无踪了。

20世纪90年代以来，随着《中国教育改革和发展纲要》以及《关于重点建设一批高等学校和重点学科点的若干意见》等政策的先后出台，"学科"一词频频"闪现"。2002年起，经由"学科评估"推波助澜，学科建设喧嚣尘上。大学先后制订规划，高薪延聘"学科带头人"；学者大显神通，辗转于学科内外，驰骋于院校之间；评介机构适时推出诱人的"排行榜"以博取眼球。然而，静心细想，我国有三千多所高等学校，十余个学科门类，下设上百个一级学科及几百个二级学科，在各种各样的甄别指标中，独独缺少了"学派"这个充满活力、从内在推动学科衍进的非正式组织。学科的成就及其生命力，往往并不因为其体征庞大，而恰恰源自其间的"学派"丛生，相互博弈、相互塑造，砥砺前行。

学派衍生与学科发展紧密相连,而学科正是学派形成的基础。以吴文藻、费孝通等为代表人物的"魁阁学派"和以陈达、李景汉等为核心人物的"文庙学派"便是当时"社会学科中国化"的分支派别;20 世纪 20 年代,维也纳的石里克、纽特拉等因信奉数理逻辑被称为"维也纳学派"。当相同或不同学科领域的学者因为遵循某种共同的学术思想、理念与方法,而分属于若干个学术团体,并同时拥有一些核心成员及代表人物时,学派因此而成。同时,学派可有效促进学科发展。"哲学"学科便是在不同派别及同一派别内部的不同论争中得以发展的。唯物主义与唯心主义两大哲学阵营相互对立,其内部又分别衍生出主观唯心主义与客观唯心主义,古代朴素唯物主义、近代机械唯物主义、现代辩证唯物主义等。尽管现象学派的每一位代表人物之主张相似,却也不尽相同:法国现象学家梅洛·庞蒂虽认同意识结构是哲学的基本问题,"但他既不同意胡塞尔把人最终还原为先验意识,也不同意海德格尔把人的生存还原为神秘的'存在',同时也反对萨特把自我的生存还原为自我对生存的意识"①。而正是由于不同派别甚至同一派别内部各成员之间的相互质疑、"摧毁"、"片面掘进",方促成了学科的整体进步。

学派繁盛直接推动大学成长。古希腊时期便已出现伊奥尼亚学派、柏拉图学院派、亚里士多德的逍遥学派、伊壁鸠鲁学派、斯多葛学派等诸多学派;战国时期已有儒、道、法、墨、阴阳、纵横等诸子百家的存在。起初,学派与近现代大学并非生而连体。然而随着时代的演进,现代大学与学派、学科纠缠不休、分分合合,直到 19 世纪后,德国与美国大学相继问鼎世界,学派才真正开启了同生共长的命运之旅。一方面,大学之于学派,无疑为其提供了生长与繁荣的绝佳场所,战国时期的稷下学宫,应运而生成百家争鸣的"学科平台",容纳了孟子、荀子、邹衍等学派人物。另一方面,学派之于大学,可在推动学科发展的基础上促使大学走向卓越。例如,西南联大哲学系,围绕中国

---

① 黄光.语文教育叙事研究理论与实践[M].北京:中国轻工业出版社,2009:47.

传统哲学尤其是宋明道学的近代化,形成了以冯友兰为代表的"新理学"和以贺麟为核心的"新心学"两大学派,中文系也汇聚了一大批诸如新月派、学衡派、现代派、京派等不同派别的代表人物;19世纪下半期,形成了以牛津大学历史学家为中心的"牛津学派";19世纪末20世纪初创建的以剑桥大学经济学教授马歇尔为代表的"剑桥学派";20世纪30年代,形成了以英国伦敦经济学院为中心的"伦敦学派";囊括经济学派、社会学派、建筑学派、传播学派、数学分析学派、气象学派等为一体的"芝加哥学派";以哈佛大学经济学教授为主体的"哈佛学派";等等。可见,大学因学派林立而成名。

如果学派消弭无痕,学科有体无魂,那么大学怎能卓越?学科的生长、演进与繁荣固然与外在条件的改善相关,显然也离不开各种各样指标的支持,但决然不可缺少的还是内生的演化机制,学派的存在恰恰是学科发展的核心动力之一。学派不兴,学术何来活力?振兴学科,勿忘滋养学派,营造宽松环境,以使得大、小、方、圆、保守、激进、一流、非一流等学派各适其位,各展其能,各得其所,在相生相克之中相融相汇。如此,才能学问通达,学府方兴。

综上所述,学科的"养护"莫不是"营造空间"。中国哲学与美学里有个非常重要的概念——"空"。例如,喝水的杯子,真正有用的不是制成杯子的片片玻璃或陶瓷,而是玻璃或陶瓷构造出来的"盛水空间"。又比如,我们居住或活动的场地,真正有用的不是建筑施工的一块砖、一片瓦,而是砖瓦搭建形成的"生活空间",再好的砖瓦,片片垒砌,不留"余地",最后亦只能"无空而无用"。此即老子所言"有之以为利,无之以为用"的通俗解释。就拿语言表达习惯来说也一样,大凡提及"发展"概念,与之衔接的自然是"空间"概念。同理,创建学科建设的生态空间,无疑是提供了一个"空"的外部环境,让"草甸"长成最好的"草甸",让"灌木"成为最好的"灌木",而不是让"藤蔓"与"针叶"都向"阔叶"发展。如若铲除了"无用"之草,原始森林亦将随之消弭。

第三节 动态的学科及生存流转

"学科"从其内涵进行讨论,至少牵涉三重属性:其一,学科作为一种知识体系,其发展不仅包括知识的发现,还包括知识的整合和系统化。其二,学科作为一种学术制度,它以分门别类的制度安排来追求知识。学科的建构实质上就是学科从知识体系转化为学术制度的过程。[①] 其三,学科作为一种集合了人、财、物的学术研究组织,承担了完善知识体系的学科建设活动的终极使命。从学科的这三大属性进行分析,所谓"学科建设"莫过于三个目标:一是作为知识体系在知识总量上的增进;二是作为学术制度,在学科边界与方法范式上的规范与厘清;三是作为研究组织,对完善知识体系这一终极使命的达成。通过这样的辨析不难发现,无论从属性上看,还是从目标导向上判断,"学科"始终都是一个包含着"变化过程"与"动态发展"的综合概念。

遗憾的是,"群体的无意识行为完全取代了个体的有意识行为"[②]。现存现行的、基于行政排序的学科"生态位"却是一个相对静止的环路组织与操作概念。这样的行政"生态位"排序,导致了学科之间竞相角逐的"升级车轮战"。在"升级"欲望的驱动下,大学学科建设开始"数量化、拼凑式发展",即依赖聚合各种学科要素,发挥规模优势,建设"虚拟化学科"的"生态位"排序,将诸如学科带头人、学术团队、师资建设、人才培养、科研立项、学术成果等大学发展与建设的评价要素统统纳入学科建设的考评维度中,在不同语境之下,所有这些要素都被认为是学科建设的核心向度。基于"升级"驱动的数量化要求与竞争逻辑考量,许多出于联合申报需要而被纳入行政序列中的重点

---

① 周光礼.反思与重构:教育法学的学科建构[J].高等工程教育研究,2007(6):50.
② [法]勒庞.乌合之众:大众心理研究[M].马晓佳,译.北京:民主与建设出版社,2018:原序.

学科并非知识的强力供给综合体,仅是一个为博取资源而搭建的、有形无实的临时组织系统。在这样的"排位战"中,基于排位序列所获得的资源在配置、使用过程中也注定是碎片化的。学科组建的动机与目的直接指向通过力量联合实现资源的占有与获取,而并非学科本身的发展规划与逻辑。在这样的动机驱动下,资源一旦获得,便立即根据临时组织中的力量构成进行划分、切分与瓜分。另外,将大学建设的指标概念直接纳入学科建设中,直接助长了学科"拼凑式"发展的负面生长逻辑。对学科的评价变成了对学科带头人数量、科研立项数量、学术论文发表篇数等数量化指标的考量,这样的考量是对"学科建设行为"或"学术成绩"的评估,而并非对学科演化与发展内涵的评估。而评估所形成的结果又直接决定了学科生长资源的获取,即作为学科生态系统中的主体,学科能从外部环境中获取额外的能量与信息输入。长此以往,我国高校的学科建设被"突出重围、跑马圈地"的"江湖逻辑"围滞。不仅如此,其中的既得利益者们无不为此津津乐道,欢欣鼓舞。面对复杂性学科形成以及学科交叉程度不断加深的现代学科发展趋势,这样简单粗暴的资源分配逻辑显然再难实现推动学科发展的目的,历史必将证明其"杀鸡取卵"的功效,终将破坏可持续发展的学术生长格局。

进一步质疑,当我们高呼"学科建设"时,我们到底是在说什么?

首先,有赖于主体的自知与觉悟。从事学术活动的主体,就个体来看是学者,就整体来看是学术共同体。回归初心,学者应专职于学科,尽心于维护学术的本真,无论展开研究实践抑或进行言辞表述,务必坚持学问操守,尊重学理逻辑。这个常识所界定的身份决定了文化以及学理的意识基准。如此,当面临无处不在的外力干预或误导诱因之时,学者方能够清醒自知而不至于人云亦云、随波逐流,更不应该陶醉于功利游戏而沉沦于非学术性的世俗话语之中。其次,有赖于内生的需求与动力。一段时期以来,学术生发的源泉和动因被有意无意地误解为项目指南、招标工程、文件要求、上级通知以及考核规定。科学的感召退居二线,人文的魅影消弭无踪,驱动学者前行探究的真正动机逐渐被淡忘。学科分久必合、合久必分的自然生态被阶段性任务目标割裂,学科正在被人工建构为一个个精美而脆弱的微观生态系统,大体依靠不同部门领导的认知而不断"重组"着。人文或科学行为的发生缺少"好奇",没有"兴趣",少见"激情",更感觉不到"敬畏之心"。而这一切,正是学科常识所需要回归的关键节点。再次,有赖于周期性的等待与坚守。万事万物皆有生命节律和周期,高校的"人事变动"如此,学科学术更不例外。前者尽人皆知而后者佯装不知。高等学府之内,课程、专业、学科因历史不同而纵横有别;实验、实习、实践因院校不同而千变万化;假设及其检验方法,创新及其考证依据短则一刹那,长则一代人方能够加以评判。缘何当下校校、人人慌乱不已,明知故犯;资源抢占、学科重组,"相煎何太急"!

我们要对学科开展所谓"评估"的时候,务必尊重丛林法则,培育自主生态,理性把握边界,适度有限作为。评估当然是需要的,但是,政府只应该管理底线,不应该关心"忽悠"(上限数字指标)。上行下效,高校中出现的浮躁取向无不是"忽悠(优)"惹的祸。"把问题想到底,优秀的学者和名牌的大学当然都不是'评'出来的。要不然怎么会有出'类'、拔'萃'的表述。近年来的评估造成了一种假象,就是当一所学校、一个学科或者一个学者能够不偏不倚地被框进一个贴满了指标的大柜子里,即具备了所谓'优秀'的条件时,它就成为好学校、好学科和好学者了。因此而使得所有的人都去关心'贴标签'而忽视了'做事情'。当然,这些所谓'优秀的指标'原本都是有根有据的。就大学而言,本来是某个个体在探究真知的过程中超越创新、兴利除弊、新陈代谢之后的种种特征,后来被证明确实促进了学术和社会的进步发展,继而提高了办学水平,成就了自身的卓越品质。其后,一旦这些事件或者人物之内隐的品质被忽略而外显的特征被固化为标准之后,挑选出来成为'优秀'的指标模板就已经具有了两面性—— 一方面以榜样的力量促进事业发展,另一方面以框框套套的形式阻碍新事物的超越。一朵花因其芬芳独特而被称之为玫瑰,并非因为叫做玫瑰才拥有独特芬芳。爱因斯坦不是评出来的'名师',

哈佛不是评出来的'名校',贝尔实验室不是评出来的'重点基地',马克斯·韦伯的组织理论不是评出来的'精品课程',奥本海默也没有被授予'优秀教学成果奖'。评估行为无疑可以实现督促监管,却不能对质量提升有什么直接的作用。探究发现并尊重实践事物本身发生发展的规律才是质量的真正尺度。评估只是裁衣用的那把尺,称重时的那杆秤,而不是制造优秀大学、优秀学科、优秀学者的万能机器。"①

从理论上看,知识是发展大学学科的终极目的,知识体系的丰富与完善才是学科发展的追求。从这个角度出发,学科本身就是一个动态发展并不断更新的自组织系统,建立在这一基础之上并与资源获取紧密相关的"一流学科"评价亦应保持一个动态开放的系统。当高等教育整体迈入需求引导发展的新时代,学科建设亦应跨越"计划发展",以学科生长的自然规律作为促进学科发展的逻辑起点。

有学者指出:自然界的万物,不只与自己合而为一,同时也与全体合而为一。它们并未将自己从共生的整体中抽离出来。毫无疑问,作为一个生态自组织系统,在相应机制的调节之下,学科理应能够依据适应并超越的生长逻辑而发展变化。在这样的发展系统之中,学科组织内部会形成一个高度自觉的组织协同场域,将组织发展从被动满足外在需要转向根据自主意愿发展,从而提升学科组织对于学科发展目标、学科发展规划、学科发展动力与学科发展愿景等更加深入的把控与了解,进而有效采集并合理吸纳内外部力量,促进自身的进步繁荣。

从操作层面来讲,作为学科生长与发展的直接组织系统,大学应保障学科建设目的和政策设计有理、有序,为学科发展提供一个宽松、稳定,具有可预见性且符合学科发展规律的建设计划。作为学科生长与发展的间接组织系统,高等教育要根据学科发展逻辑建立一个与之相匹配的资源配置方案。

---

① 董云川.二八分治:中国高等教育质量评估制度改良的必然归属[J].高教探索,2010(4):5-9.

在资源分配的体系中,大学需要强调的是学科的自身建设,而非学科要素的简单堆砌和粗放式发展,"并非把石头堆砌起来就是房子"。所以,高等教育需要将学科评估回归到"能力"逻辑的考量而非"要素"的比较。

学科建设命题的提出,其最大价值与意义应在于回归学科发展的逻辑与初衷,打破内嵌式的封闭环路,重构主体多样化、结构网络化、开放、动态的学科生态系统。利奥波德在《大地伦理学》中指出,人类并非自然的主子与统治者,而是自然中普通的一员;[①]《老子》中亦明确,"域中有四大,而人居其一焉"[②]。学科建设亦然,学科有学科的发展逻辑、发展样态、发展脉络,学科建设应遵循的是"学科的逻辑"而不是"建设的逻辑"。学科建设需要强调的是一种培育式、发展式制度设计,在设计框架之下,让学科多元发展、和谐生长。正如哲学家观照宇宙的方式要"全而归之","提其神于太虚而俯之",学科建设亦应回到人类知识发展、科技革新、思想变革、社会形态转型的历史洪流中去,在这样的视域之下,当下的"一流学科"仅仅是一个"有限"的时空概念。

第四节　人文学科的窘境

时过境迁,当所有的学科都置身于"一流"的语境之中,人文学科及其学术必然遭遇生长的困局:在能否"一流"的问题上,人文学科将面对主体价值与客体价值的冲突;在是否"一流"的评判面前,人文学术将深陷内在价值与外在价值的悖论。

人文不是科学,艺术不是技术。前者无法采用科学的量化指标对思想要素的价值做分解、甄别或评判;而后者断不能以技术的精准数据对创作表达的演

---

① 刘湘溶.走向明天的选择:生态伦理学论纲[M].济南:山东教育出版社,1992:7.
② 冯国超.老子[M].北京:华夏出版社,2017:53.

绎方式和效果做选择、筛查或定调。这个道理似乎世人皆知,但是这种让人忍俊不禁又苦涩难耐的现象居然在不经意之间席卷了整个时代。这致使人文学者们晕头转向、不辨东西,其结果是要么像无头苍蝇一样隔着玻璃咏叹窗外的蓝天白云,成为劳而无功的牺牲者;要么明辨时务积极献身于以上例举之全新人文学术研究范式,成为当代英才俊杰。在滚滚向前的学术洪流之中,人文工作者及时喊出了"争创一流"的口号,人文学术也要争先恐后,人文学科也要上档次、面向国际、做出现代改良的姿态,大家都热血沸腾,人人急不可耐。问题是我们该朝向哪里用力拼搏,才能够栖身一流行列,而不被归为二流、三流呢?

1. 人文学科:能否"一流"的主客价值辨析

一般而言,人类有三大知识体系,即自然科学、社会科学和人文学科。自然科学和社会科学探讨事物、组织的事实和规律;人文学科则专注于辨析价值和精神。相应地,大学学科设置可以归为三类,即自然科学学科、社会科学学科和人文学科。人文具有人性和文化的双重意涵,文化即人性及人类精神生活的发展痕迹及其获致的内涵。人文学科的取向在于切近人性和人类内心世界这二者的真实,切近二者的客观发展历程,切近二者经由客观发展历程所获致的共性内涵;不应迷失于任何基于依附性前提而派生的外在价值,无论这个外在价值是实利还是虚名,是私利还是公益。张楚廷先生曾这样强调人文学科对高品质大学的重要性:"没有世界一流的人文科学不可能成为世界一流的大学。"[①]

将人文学科纳入客观分级别评判的考核体系,会直接将人文学科推至它自身的反面。而从实际情况来看,对人文学科是否"一流"的认定在相当长时期内将无法摆脱客观指标评判的局面。人文学科的"一流"可以是基于比较的评判,但"创一流""建设一流"却很难不成为一种竞赛或评比,这种竞赛或评比与其所预期达成的实质内容之间是否存在一定程度的正相关关系则不

---

① 张楚廷.大学人文教育与人的解放[J].高等教育研究,2011(2):4.

得而知。如同"举国体育"、职业运动员制度等,并未见得对中国人在更多项目上刷新人类对身体素质和运动能力的认知有多大帮助。

随意浏览一下人类文明史上的思想家、人文学者,再顾盼一下灿若星河的艺术家和诗人,谁可以拆解清楚苏格拉底和孔子在当时、当地的学科体系?谁可以代替尼采或海明威填表说明其写字作文的学术权重?谁又可以在不同的院校中复制出哪怕再多一个的梁启超、王国维,抑或是用三维打印技术打印出另一个福柯、毕加索等狂傲不羁的学科带头人?在人文学科"建设"的位格系统里,沈从文的学历显然不够,陈寅恪的学位当然不实,鲁迅"再造"的可能性几乎没有,而莫言的学术基础几乎经不起"考核"!

人文秉承价值理性,科学注重工具理性。科学的工具价值优先,人文的本体价值优先,科学学科讲究体系规范,人文学科强调差异化发展,所以科学有标准而人文无定式,科学可以通过量化指标考核一较高下,而人文则不能。人文学科有自己独特的价值尺度、方法体系,不同于自然科学和社会科学,人文学科的评价不适用具体的量化指标,其成果很难被一目了然地识别出对社会产生了怎样的影响,而且即使试图对客观发生的影响进行评审时,进一步拿捏客观评价和主观判断的界限仍然是一个主观参与程度很高的过程。这一点已经被尝试改造"中国文化传统中的符号与价值系统"(注:中国文化传统的主体是人文传统)和倡导建立"有中国特色的人文社会科学评价标准和评价机制"的学者明确指出过。前者认为"'人文学科'所关心的问题,基本上是无法用'科学方法'或是一般人所了解的'社会科学'来解答的"[1];后者特别强调人文学科"既不可能按照理工学科的国际评价标准,也不能按照由西方主导的评价标准来进行评判和建设"[2]。

人文学科是内求的学科,很难直接产生外化的、有形的客观功利性成果。人文学科领域的人、财、物投入不能像自然科学学科领域那样快速转化为物

① 林毓生.中国传统的创造性转化(增订本)[M].北京:生活 · 读书 · 新知三联书店,2011:15.
② 纪宝成.关于营造创建世界一流大学宏观环境的政策思考[J].清华大学教育研究,2008(5):4.

化产品形态并加以推广,从而便利人们生产生活;不能像社会科学学科领域那样经过尚可预估的一定周期,转化为提高社会生活效率的手段或工具,从而提高人类社会组织行为效能。如果没有敢为天下先的人文思想或学说,又哪里会有超越或者创新一说呢? 陈词滥调重复一千遍也不会变成新思想,而人云亦云的人文学术产品一定是味同嚼蜡,得多大的奖项也无法入脑入心,更不可能转化为驱动社会发展的精神食粮。"人文学科研究需要从容,需要坚实,需要沉潜,而'快走'造成的结果往往是浮躁和平浅。"① 一旦人文学科丧失了主体性而将自身置于外在功用的迎合和服从者的地位,那么人文的不作为又会反过来造成社会发展所倚赖的思想理念引导缺位,甚至可能将整个社会带入精神塌方的困境。这种困境以或冷或热的文化乱象显现:要么是人心杂芜,情感薄凉,理性荒落;要么是带有特定意图的偏执亢奋裹挟着利诱和蛊惑甚嚣尘上。人文学科诚然应该是自然的存在,应该被允许从容地发展,有意为之的"扬"或"抑"都将会把人文学科送入务求外在工具性价值的知识体系序列,而违背了人文之所以成其为人文的本性,其中的危害不只是人文学科不再成其为人文学科,更在于社会将失去人类情感和理性的守护。顾明远先生曾有洞见:"当前高等教育的误区就在于功利主义太强,人文精神不足。高等教育的专业设置不是从职业的需要出发,就是从学科体系出发,很少考虑青年的全面成长。"②

2. 人文学术:是否"一流"的内外价值审视

第一,人文学术价值的绝对性。

人文学术是对人性及人类精神生活本身蕴含的信仰、情感、道德、美感等抽象内容的追索,其内在价值和本体价值因与人的主体共在性而具有绝对价值,对信仰的追索、对情感的追索、对道德的追索、对美感的追索,就是对人性

---

① 罗时进.人文学科应是一种天然的存在[N].社会科学报,2011－08－04.
② 顾明远.高等教育与人文精神[J].高等教育研究,2002(1):26.

及人类精神生活的尊崇，就是对生命本真和人类精神生活本然的探寻，其价值无须依附于任何外在条件而独立存在。绘画所唤起的生命灵光，诗歌所激发的生活激情，哲学所澄澈的理性天空，文学所投射的思想彩虹，历史所穿凿时空壁垒的观念启迪……每一个人文学术领域都是能涤荡心灵、擦亮灵性的，每一个作者真诚浸润其中的人文学术单元都将唤起受众的灵魂共鸣。更为奇妙的是，这种共鸣和共振也许会延迟上百年，其影响可以拓展至完全不同的文化场域之中，而最终成为人类文明的共同财富和文化遗产。但是，孕育孵化出伟大文学、思想或艺术成就的学者本人却可能因此而穷困潦倒，成为当时、当地以及流行标准视域中的笑柄而饱受诟病！

正确的判断、正当的情感、正好的体验，这些来自生命和生活本身、为个体和人类所不懈追索的价值可以经由人文学术的中介作用而被彰显或张扬，经由人文学术的阐发作用而被广大民众觉察和体认，但反过来通过标准化竞赛判别和遴选的方式对人文学术定级归档则未必理得顺、行走得通。归根结底，人文学术具有切近人性和人类精神生活的本体价值，对人性及人类精神生活的追索就是人文学术的根本目的。基于中介作用和阐发功用而生成的外在工具价值只是人文学术内在本体价值的附带产物，并且在这种根本价值和附带价值的关系中，二者的地位彻底无法转化或替代。

一流的人文世界是什么样的？谁是一流的人文学者？如果不求甚解，大家都开心度日；如果非要较真，势必迷雾重重、疑惑成堆。首先，谁能够断言什么是"对"的诗，什么是"对"的画，什么是"对"的旋律？接下来，什么是"好"读的文字，什么是"好"看的涂鸦，什么是"好"听的声音？当这些基本问题都被回避搁置下来之后，更大的问题出现了——谁来认可追随，谁会捧场埋单，谁会前赴后继，谁又可以袖手旁观、指点迷津？

具体到高等教育层面，一流的人文学科何以甄别——是人手最多，项目最实，级别最高，课题最大，车马费最厚，笔墨纸砚最丰，先进设备最强，办公场地最阔，研究报告最受青睐，还是获奖成果最盛？当这一切都丰满富足之后,这个所谓的学科平台到底会留住什么样的人才呢？——是司马迁还是王羲之,是托马斯·摩尔还是维特根斯坦,是陶渊明还是苏东坡,是莫扎特还是瓦格纳,是朱熹还是王阳明,是凡·高还是毕加索,是卢梭还是萨特,是王国维还是梁启超？

第二,人文学术使命的主体性。

即便从功能的角度来看,人文学术履行服务人类社会使命的情形依然采取了充满主体性的姿态。人文学术基于个性化精神创造活动,优秀的人文学术成果更是具有超前性和个别性特征,超前性体现在理论的前瞻性和现实的超越性,个别性往往使优秀的人文学术活动及其成果彰显差异特征和个性风采。中西方社会发展进程已经反复印证了一个事实,那些在主要历史节点闪现的、对人类社会历史发挥革故鼎新作用的杰出人文学术成果,往往不被当时的社会大众和学术界多数派认同,甚至还遭受了来自民间、专制势力或暴力机器的迫害,但其所具有的正确和正当意义最终在历史的演进中被识别和尊崇。一些作家以一生的穷困文字无意中为后代积蓄了丰厚的版税;那些不拘一格的画匠用毕生的投入描绘出一幅幅"莫名其妙"且无人问津的图景,而经由后世的时代更迭却摇身变为稀世珍宝。很难想象杜威或罗素会邀约谁共同写作一篇核心期刊论文,更难以想象达·芬奇或萨特去邀约更多的人组合成一个创新团队共同开展联合攻关;当然,鲁迅或者陈寅恪显然都没有承接到国家或省级"重大招标课题"……黑格尔说过,人之所以为人,就在于人能够脱离直接性和本能性。因此人需要教化。教化的本质就在于使个体的人提升成为一个普遍性的精神存在。[①] 承担教化和引领双重使命的人文学术自然要具有一定的超前性,否则教化无法成其为教化,引领功能的达成更是无法不经由人文学者及人文学术对琐碎日常生活的提炼,以及对凡俗世事表象的洞察而获知卓尔不群的感受或见解。人文学术极具价值的理论创新往

---

① 叶朗.创建世界一流大学的人文内涵[J].中国大学教学,2002(11):44.

往含有对现实深刻而冷静的反省和批判,透过现象洞见不为人所察或尚未为多数人所体察的趋势,这种预见和省思因包含有超前性和非现实检验性而难以被时下大众和学术圈的多数人所接受和赞同。

即便以现实经验来看,人文学科研究成果的数量、刊发级别、转引频次、项目经费额度、政府奖项获得情况、会议发布情况、获得领导批示情况都不能与研究成果的真实水平和社会影响产生对等关系。以论文发表为例,权威期刊严格的评审制度既能剔除质量不高的文章,也能阻断特立独行、棱角分明的声音,而这些声音恰恰可能正是能对学界产生巨大影响力、对社会发展保持了冷静的前沿思考和表达。①

人文之精妙绝伦,无论是诗歌文学,还是绘画音韵,断不能用静态的指标加以甄别,也不能靠集体投票,概不能随意复制再造,更谈不上规模化建设。然而,即便如此,人文学术并非没有组合,只是不认可外力推动的组合。文化史实证明,"文人相轻"亦非常态,绝非必然。高山流水,知音相随,古今中外佳话连连,唯有创建良好的文化生境,人文学者及其学术生活才可以渐入佳境,达成相互欣赏、彼此塑造、美美与共、高山仰止、各美其美之境地!

第三,人文学术评判的时空性。

人文学术是最趋近文化内核与文化实质的认知形态。从总体来看,文化发展具有持续性,这种持续性集中体现在纵向时间维度上的连绵发展。从个体来看,文化形态具有差异性,这种差异性主要体现为横向空间维度中的多样并存。文化发展持续性和形态多样化特征,为在世界范围内对人文学术进行评判设置了难以逾越的时空阻隔。纵观人文发展史,杰出的人文症候无非丰富的思想源泉,超凡脱俗的原创作品,以及奇才怪杰的创新举动! 时至今日,一般而言,人文学术的直接动机分别源自三个角度:一是工作考核的指标及其压力;二是丰厚奖金的回报及其动力;三是职场升迁的诱惑及其吸引力。

---

① 陈平原,王烨,陆艳. 人文学科的评价标准——答复旦大学"人文社科评估标准项目"课题组问[N]. 中华读书报,2016 - 04 - 06.

无论承认与否，当下的许多人似乎都更愿意选择性地接受看得见的驱动要素和影响因子。

人文学术评价所面临的时间阻隔，主要体现为真正杰出的人文学术成果因其价值的卓越和内涵的超越性，而无法为大众及多数同时代学者接受和认同，必须经过社会历史漫长时日的推进，杰出人文学术成果中闪光的思想和见解方才逐渐被现实发展趋势所昭示。这种穿越历史隔空投射到现实中来的思想光亮，总是因滞后作用而遗憾地没有成为充分发挥推动历史发展作用的力量，也正是这种带有遗憾的辗转抵达才使后世、后来人对其笃定地追随和信仰。换言之，人文学术如果仅寄意于获得当下的褒扬，符合眼前的取向，那么在很大程度上可能是短视的和狭隘的。入流恰恰在某种程度上难免随大流。做人文学术的初心大抵一定要高于对"一流"的追求，因为迎合当下评判标准的"一流"并不见得可靠，而对未来"一流"的期许又终究是不确定的。所以甘于耕耘，安守本分，这是人文学术研究的常态，也是人文学术研究追求卓越的通途。

人文学术评价所面临的空间阻隔主要体现为基于地域和族群的不同国家、不同民族间文化样态和文化机理的疏异，及其所决定的人文学术评判旨趣的迥异。这种空间阻隔的效果是，文化形态内部各主体间达成一定程度的默契，形成一定程度的共识，而文化形态之间的外部情感隔阂与认知断裂，往往使得不同文化形态中的个体对同一文化现象、文化行为、精神文化产品做出截然不同的反应和持大相径庭的态度。甚至在同一文化形态内部，鉴于个体不同的个性心理基础、经验经历情况、环境和立场而造成的态度差异在人文学术成果评判中仍然不可避免。基于空间阻隔性，人文学术研究具有多元、多样发展的特征，这一特征也使得关于人文学术研究是否"一流"的评判难以给出决断。

仅以教育学科在新时代的式微为例。总体上说，有三点看法：其一，我们还没有进入依照教育规律来导引教育实践的时代。学校的生存方式，学科的存在与否，以及大多数在院墙内辗转竞争的芸芸众生，无不深受与教育相关或无关的外部政策影响。犹如改革之前的大型国有企业一样，生也好，死也好，与经济学家的建言献策并无直接相关，与社会经济发展的规律也没有必然联系。高等学校的当下的活法以及活的滋味，难道不正是这样的吗？紧跟社会资源，紧随上级政策。至于所谓的教育规律，均属于下位法则，只要学生扎堆，横竖不会关门，院校生存并无退出风险。其二，在当下的评估活动以及相应的质量甄别体系中，教育学科无论怎样蹬打，即便使出浑身解数，也难以在短期内就指标层面做出既能让领导瞩目又有助于提升院校排名的超常贡献。原因首先在于教育学科的人文属性，导致其极少可能产出超越时空、创新求异、惊天动地的理论和试验模式；其次在于教育学科无论是对院校发展的贡献和促进作用，还是对学生的成长引领与关怀，以至于对不同学科教育改革行为的影响往往是间接的，根本无法直接测量。润物无声，绿叶陪衬，奠基帮扶，也许正是教育学科的理性且科学的作为方式。换言之，教育学科的宿命不是冲锋陷阵，而是辅佐培植。要求教育学科争先创优，当然是勉为其难了。其三，教育学科由于自身内涵方面的短板以及长期以来依附于外部政策诠释的生存路径，再加之既无周期性的教育实验，也无独到的理性方法，鲜见本质意义上的实证研究，更缺少存在价值的不可替代性。

仔细想想，古往今来，许多哲学家本身就是教育家，许多思想家其实也是教育家，许多科学家最后还是归类于教育家，甚至有一些直接推动社会发展的政治家们也或多或少扮演着教育家的角色。然而，奇怪的是，教育学者却极少成为教育家。这难道仅仅是偶然现象吗？

这样分析下来，有没有必要保留教育学科，是否需要重视教育学科，在何种意义上呼唤并建设教育学科，已经不言自明！

基于这样的认识，接下来有必要继续重申一下人文学科繁荣的前提。用通俗的话语表达：只要吃得饱饭、买得起笔墨、品得起茶、喝得起酒，灵感和思想就没有理由中止停息。有没有高端的课题立项支持其实并不是重点。而提升到理性层面,人文学术的发生发展,离不了开放的文教制度,自由的思想空间,多元的价值格局。开放贤明才有自主发展,空间足够才能左右驰骋,格局大气才会推陈出新。学问的艰辛求索是学者的天职,而学问的天地舞台之创建却体现了政府的明智选择。学者的思辨求索有时候是孤独的,然而,如若有政府的理解包容,有社会民众的拳拳期待,有主管部门的鼎力支持,个体的学术举动迟早会聚合成为整体推动文化繁荣和社会进步的力量。简而言之,良性的学术学科生长环境需要健康的社会体制机制作为保障前提。

人文的成就和功用无法用大小、方圆、古今、中外来简单界别,以学科的眼光来筛查评判一定绕不开三重逻辑:一是主客体视野及价值选择,亦即谁评判谁的问题;二是时间流逝的价值迁移,亦即何时做出判断的问题;三是空间位格的价值拓展,亦即体量大小与文化参照的问题。三重逻辑动态交互,共同作用于人文事业,无数史实可以证明之。

人文学术因其价值的绝对性而具有不以功利为目的的性质;因其个别性和超前性而具有不迎合当时、当下评判的气质;因其评判受到文化时空阻隔的影响而具有多元化的价值格局。这些因素共同构成了难以对人文学术研究进行"一流"评判的现实原因。人文学者当然肩负社会责任,必然需要勇敢担当。其至少在以下三个层面上可以自省、自觉与自强:一是局内情,始终持守主体精神,心口同一,保持本土情怀;二是局外观,永远换位思维,置身事外,旁观清廉,具有国际视野;三是底气足,绝不光说不练,正人先正己,扎根田野,枝繁叶茂,后台功夫了得。唯其如此,丰富多彩的个体研究必然汇聚为气势恢宏的整体思潮,从而创建起繁荣健康的学科发展局面。

当前的学科建设、专业研究、工作总结……各业各界,总想在一件事、一类事中倒腾出个"规律"来。"规律"是个好东西,"规律"是源、是本,把握了规律,就抓住了"命门"。因此,我们在关于某个学科的定义中经常会看到这样的阐述:"××学,是以××为研究对象,从而揭示出……规律的一门科学。"对于这样的表述,笔者并无异议。任何学科,归根结底,都是要揭示该学科的研究对象及其发展规律的。但在这个过程中,我们很多人,特别是年轻一辈,容易陷入一个误区,那就是所有待揭示的东西都是未知的东西、都是新东西。其实,"未知"和"新"是完全不同的两个概念。有很多"未知"的东西,其实在"我们"之前就昭然若揭了,甚至已被揭示出来,或者,不管是否已被"揭示",它都已是事实性的存在。对于这些"未知",我们都仅仅算是"后者"。通过探索这个"未知",挖掘这个"未知",最后发觉这个"未知",其实仅是一个将"新的命题"和"旧的答案"完型匹配的过程。在这整个过程中,人们并没有创造出什么"本源",而只是找到了与命题或现象相对应的"本源"。正如涂又光先生所言:"'大学之道,在明明德,在新民,在止于至善。'这就是中国高等教育的总规律。"①

　　一言以蔽之,人文学术可以"卓越",但是如果刻意追求"一流",往往会与"卓越"渐行渐远。

---

① 　涂又光.中国高等教育史论[M].武汉:湖北教育出版社,1997:359.

第二章　仿真学术

因为摆了一个不错的姿势,大家都无比亢奋,得形而忘意了!

时下,大家对学术研究的青睐与迷恋堪称空前,不仅高等学府内的人们蜂拥而上,官人、商人与闲人也一股脑儿地争相结缘"学术",大家都要涉足"项目",多少搞点"科研"。众所周知,对"时代福利"的追逐和"文化资本"的瓜分刻不容缓,上不了车,就到不了站。大众扎堆于原本小众的事业,在堆砌出繁硕成果的同时,亦在营造着学术表演的真实闹剧。项目、工程名目繁多,学术成果应有尽有,编撰著作琳琅满目,刊发论文林林总总。然细品慢酌,不难发现,其中一些甚至为数不少的论文或研究仅仅是看起来像论文的论文或像研究的研究,既无论点,亦无突破,更无灵魂,但无不言之凿凿、像模像样,究其根本,实为一种"仿真"的学术垃圾。在仿真的圈套中,学术的本真原型消解,学术作为真理化身的内在规定性遭到破坏,学术活动不再象征着探索真理与解释未知,而逐渐异化为一种符号,象征着花样、光环与热点及其背后所隐含的名望、地位与金钱等。

当今时代,是一个全新的时代,是一个价值多元、信息爆炸的时代。电子复制技术在改变知识及学术生产方式的同时,也在大幅度改变着人们的价值观念和思维方式。技术拯救了一方,同时也在毁灭着另一方,它促进了人类的进步,也在加剧着人类的退化。精细阅读被快速浏览所取代,筛选记忆被广泛下载所放逐,深入反思被程序建构所掩盖,人们高深莫测、天真活泼、桀骜不驯的思维特质正面临"格式化"的危机。与之相应,学术研究的创造逻辑让位于电子信息的复制技术;学术原创的思想绽放流变为平庸话语的东拼西凑和信息符号的复制粘贴;学术探索的问题境域及思辨空间被关键词的检索和数据库的扩充所限定、遮蔽;学术成果的"接着讲""自己讲"的生成逻辑被"照着讲""仿着讲"的应用法则所替代;严肃的学术研究和深邃的理论探索正蜕化成大众的、休闲娱乐式的文本狂欢,幻化成一场缺乏问题意识、难成体系、琐碎零星的写作竞赛。学术成果不是过于浅显化,就是极度经院化,深陷"处理文本资料,摆弄学术概念,完成规定动作"的处境之中,创作和编撰的界限日益模糊,商人、官人与学人的角色转换真假难辨。

笔者曾在 2018 年的新年寄语中感慨:"大学课堂无比重要但无法度量,高深学术匍匐于指标脚下,真实研究大多变成了仿真研究(看起来像研究的研究)。换言之,没有人愿意作假,但许多人都在仿真。真问题还是伪问题,有方法可以甄别;而仿真研究取代真研究,却容易瞒天过海。后者的危害更严重!"① 仿真学术是一个真命题抑或是一个伪概念? 仿真学术因何而生、如何甄别、怎样规避直至突围路径? 这些问题仍悬而未决,并无疑构成了一个值得深思的时代命题。

仿真学术是在学术再生产过程中因学术异化而出现的与本真学术相对的学术现象。学术的内在规定性一旦遭到侵蚀,内隐价值被外显价值所替代,便不再象征着探索真理与解释未知,转而异化为一种符号,象征着形式、光环及其背后所连带着的名与利。仿真学术既非一般的伪学术,亦非简单的假学术,而是那些貌似论文的论文、看似课题的课题或形似研究的研究。在人人争上游、校校创一流的现实语境之下,仿真学术所造就的虚浮学术镜像,构成了高品质科学研究和一流教育创新的真实陷阱。

---

① 董云川. 复杂时代的简单活法[M]. 昆明:云南人民出版社,2021:66.

第一节　仿真症候

电影《黑客帝国》为我们描绘了一个真假难辨的虚拟世界,映射的哲学道理是,"你心中的世界根本就没有存在过,不过是我们对于一些信号的错觉而已"。其警诫在于,应看清生活的真相,不要沉醉在社会所营造的幻象之中。的确,在今天,社会意识和社会准则对人们的影响超乎想象,人们生活在一个自我编织的符号社会中,被各种异化的物质包围、控制,伴随着习惯的形成,他们又不得不依赖于这个控制系统,甚至反过来成为它的维护者。在这个系统中,物质的本真原型逐渐消解,原初的使用价值可有可无,逐渐演变为符号,象征着"他物"。这就好比现如今,一块名表所附着的"身份""品位"等符号价值早已取代了时间参照的使用价值。仿真现象渗透于社会各个角落,致使事物的原初价值以及人的主体性流失,大学及其学人亦不能例外。大学越来越趋近于其他社会组织甚至是市井江湖。相应地,学者们所从事的专业研究工作也不再单纯指向探索真理或解释未知,而在很大程度上代表了名望、身份、利益等。学术的本真渐隐,灵魂游动,脊梁不坚,纷纷落入仿真之陷阱,逐渐与"品质建设"和"内涵发展"背道而驰。

学术研究是由目的、基础、过程与结果所构成的一套相对完整的系统。因此,要想明晰仿真学术与本真学术的区别与分野,则需要对学术研究所历经的各个环节和包含的因素逐一进行把脉诊断。

一、学术目的:功利至上与速成时用的目标指向

仿真学术的目的诉求与本真学术有着根本的不同,本真学术的目的是探

索真理与解释未知,而仿真学术却以功利至上与速成时用为目标指向。仿真学术并不主要遵循知识逻辑,亦不再单纯地为知识而学术,而更倾向于服从名利逻辑,因政治、经济或社会其他动机而自觉或不自觉地沦为"他者","自己"因此可以忽略不计。在仿真的语境中,"学术生产从此不再追求知识普世性、终极真理性,……而以资本内在控制的课题申报则成为了学术研究的时代风标,哪里有资本,学术的热点就在哪里,哪里有权力,学术的主旨就在哪里"①。相应地,学者们在学术研究过程中,逐渐抛弃价值理性而崇尚工具理性,将学术看成"敲门砖",当作一种专业谋生手段抑或求权、追名、逐利的工具。仿真学术的这种功利化的面相充斥于学术生态的方方面面。如学术会议本是探讨学问与争鸣观点的论辩之地,当下大都异变为尽情表演和相互吹捧的媚俗场所:会前"定调子,排次序",会上"谄名家,顺主流",会间"套近乎,递名片",会后"常联系,多走动"。又如学术论文本是研究成果的文本再现,应以研究本身为前提和条件,即先有研究及成果而后方有论文,然而,大家却只重视成果的发表,忽视研究发现与突破的过程。出版社与杂志社本是展示优秀成果、传承先进文化的平台,其中部分却因为不能坚守学术立场而蜕变成"圈钱"或"互换"的工具。仿真学术的功利化倾向必然诱使学人们在学术研究中追捧与迷恋速成时用的"秘诀"。所谓速成时用,即短期内产出大量"研究成果",只为当世当时应景之用。在仿真的世界中,学者研究了没有,研究了什么,都无关紧要,标签式的成果出了没有,出了多少,才是关键所在。学者不再追求知识的普适性与真理的终极性,而只凸显时用性;学者早已不求传世经典,只图那些可以在短期内助其上位、助其牟利、使其成名的成果。同时,本应因"学"而求"术",倒置为因"术"而致"学"。人们不再是为了更好地探索学问而寻求方法与工具,而是为了更多地达成速成时用之功,更明确地享受现世现时之益才投身学问。久而久之,许多人沉迷于摆弄方法与技巧

---

① 李涛.学术资本主义:一场被资本意淫的政治狂欢[J].中国图书评论,2011(5):28.

而忘记了献身的目的。正如诗人纪伯伦所言,我们已经走得太远,以至于忘记了为什么出发。对仿真学术而言,"富贵不能淫,威武不能屈"的学术气节可以搁置一边,"板凳甘坐十年冷,文章不写一句空"的学术操守亦不当真,高深学术在"仿真"的系统里只留得一身俗气、满腹机巧。

二、学术基点:由外向内与自上而下的勃发根基

回溯近现代大学的千年历史,还原科学研究的初始动因及学术生长的根本源泉,不难发现,学问及学术本是人们吃饱喝足之后,业余闲暇之时,为了满足自己对未知领域的好奇心而发生的求真、反省活动。正是这种无忧无虑、自由自在、随意而为的学术氛围及其"看似无为、实则大为""看似无用、实则大用"的追问,契合了社会前进的内在需要,不断推动着社会发展。据此,本真的学术活动应该是少数"闲人"融于生活、发于内心的探究行为,是一种有血有肉、有心有肺、饱含激情且充满温度的"生命运动"。然而,与内生的学术动机不同,仿真学术是外塑的,它是人们为了满足求权、逐利、成名等内心欲望,按照外部意愿开展的工作任务式的职业活动。作为一种职业活动,仿真学术不再是少数人的专业言行,而成了多数人的集体狂欢,不再是"闲人"们发于内心的求索追问,而是"忙人"们在俗事缠身之际,为了功名利禄而不得不履行的一项事务。作为一项工作任务,仿真学术做不到像本真学术那样无忧无虑、随性而为,而是被编织到一个规制森严、边界明晰、束缚重重、压力无限的体制化格局之中,从而离生活越来越远,逐渐变成与自身生命无关,与自我价值无涉,没有温度、冰冷冷的纯文字机巧操作。事实上,学术一旦变为身外之物,作为一种饭碗存在,其真正的尊严与操守也将随之消失。可以说,本真学术的式微在一定程度上受到职业化的存在方式的影响。在职业化的学术研究中,自下而上的学术冲动被自上而下的指标逻辑所取代,灵动的学术思维被常规性的工作思维所扼杀。具体表现在两大方面:一是学术问题让

位于行政专题和社会话题。学术问题是学术研究的生命和灵魂,对仿真学术而言,其研究的问题大多是自上而下的订单式课题指南。"问题"不等同于"专题"或"话题",前者以未知为导向,后者以实用为标的。尽管有些专题或话题也能构成问题,但多数并非问题,甚至是伪问题。二是学术思路服从于学术套路和工作模板。与本真学术展开的方式不同,仿真学术大都"跟着指标走,按照套路来",有一套成熟稳定、如表格般规范的研究摹本。

三、学术过程:趋同求同与时空错位的行动逻辑

学术目的异化与学术基点倒置,必然促使学术遵循趋同求同的行为逻辑。学术作为推陈出新的创造活动,其真正的价值与意义在于存同求异。存同是基础,即扎根于前人优秀的研究成果,站在巨人的肩膀上看世界;求异才是本质,即依托前人成果,发现未知,催生新观点、新结论、新知识。然而,与本真学术不同,仿真学术青睐于求同思维,它通过在形式上对原型不断重复、不断复制来维持自身体系的持续运行。在这一思维惯性下,人们往往囿于现有结论,迷信教条,盲从权威,缺乏独立性与批判性,相应地,学术研究表现出方向同一和结果确定的症候。如在学术会议中,批评争辩之声少了,谄媚附和之声多了;在研究过程中,呕心沥血的创作少了,粗制滥造的产品多了;在评审活动中,灵活多元的内容精判少了,整齐划一的形式审查多了;等等。根据趋同求同的机巧方略和表现程度,可以将仿真学术划分为低仿、高仿和超仿三重境界。首先是低仿学术,即对原型低层次、低水平地模仿重复,仅仅从表面上对原型做简单的操作处理,摹本数量少,形式单一,操作方法简单拙劣,技术性较差。以学术论文的撰写为例,部分学者借助一篇或少数几篇他人的论文,通过标题更换,体例重置,词汇替换,句子修改,段落润色,抑或人为设置对立,正话反说,反话正说等手段,使其在表面上看起来更像是自己的作品,既剽窃了他人的成果,又巧妙地摆脱了"伪学术"或"学术抄袭"的恶名,

可谓占尽了好处。其次是高仿学术,即对原型高层次、高水平地模仿重复,它不仅从表面上对原型进行操作处理,而且从内容上做出复杂的形式变换,使原型看起来更加深奥难懂、变幻莫测。它所选取原型的数量较多,形式多样,是众多原型"联姻"的产物。如部分学者在论文写作中,喜欢编撰新词,堆砌概念,广引名言,滥套理论,精雕细琢之后,看起来形式优美、内容深奥,依此俘获编辑芳心。很多老教授经常望"文"兴叹:"吾老朽老矣。"事实上,作者压根就没有想让读者理解,遣词造句无非表演,其目的在于获取"高大上"的标签。再次是超仿学术,其高明之处在于作者从文献的夹缝之中寻找突破点,通过"时空错位"之法,"斗转星移"之术,使文章看起来真假难分、是非难断。从时间上看,作者通常对古人之作断章取义,重新包装,以实现所谓的"古为今用"。从空间上看,一方面,作者对国外研究成果奉行"拿来主义",将"洋人之术"改头换面,重新注解,以实现所谓的"洋为中用",与国际接轨;另一方面,作者在国内更是擅长将"南腔"移入"北调"或者将"北调"融进"南腔",抑或在东、中、西三大教育区域之间,做出"身子不变,帽子互换"之举。

四、学术成果:虚浮不实与回避矛盾的应用法则

外表上,仿真学术有着与本真学术相同的面相,它五脏俱全,具有本真学术所特有的一切元素和条件。然而,深入其中,不难发现,这些元素和条件仅仅是本真学术的"镜像",并不具备实际的价值和意义,也无法脱离原型而独立存在。换言之,仿真学术必须要依附于本真学术并借助其外壳才能得以存在。现实中,仿真学术往往是多个原型联姻的产儿,它看起来像每一个原型,但又不是每一个原型,它好像具有众多原型的所有功能,但又不是真的具有这些功能,仿真学术遵循着虚浮不实与回避矛盾的应用法则。所谓虚浮不实,是指学术研究缺乏对真实问题的慧心发现与谨严考究,仅仅从概念到概

念,从现象到现象,学术成果因此徒有其表。它们不是泛化现象,就是演绎抽象,从不揭示真相,亦不与生活照面。其具体表现为两种类型。一是过度理论化与抽象化。这部分成果通过对已有理论不断重复地解码、编码与重构,将自己置于一个无限循环、永不可解的模型之中,为了概念而概念,为了抽象而抽象,久之,必将陷入虚无,离现实生活越来越远,失去存在的意义。二是过于现象化与表面化。这部分成果往往借助华丽的外表和宽泛的内容赢得生存的空间。它们看似面面俱到,实则言之无物,对问题的论述亦是浅入浅出、泛泛而谈,缺乏透彻的分析与科学的论证。所谓回避矛盾,是指仿真学术的研究成果好像能超越时空,放之四海而皆准。如果将有关某地人文教育的分析文章中的某地改成其他地区,也完全适用,或者将地点直接去掉,也并无违和感,甚至连同"人文"二字一同去掉,也仍能讲得通,神奇无比! 事实上,任何存在价值均与时空关联,如海德格尔所言,"存在包括在时间的境域里……就是不断地在场的存在"[①],仿真成果超越时空的普遍适用,恰恰印证了自身的普遍无用。总之,对于仿真学术的成果而言,既没有置于时间的理论价值,又没有立于空间的实践意义,更没有基于生命的伦理内涵,有的仅仅是外表的张狂与内在的空虚。

第二节　异化情形

学术生产是精神劳动的高级形式,体现人类劳动的崇高性、创造性,其产品是人的本质力量的高度凝结,是对人存在的肯定和确证。大学学术的真实性与独立性,是高等教育健康发展及其与社会互助共生的前提。"仿真学术"

---

① ［法］布托.海德格尔［M］.吕一民,译.北京:商务印书馆,1996:21.

是实存并隐蔽于高等教育中的一种学术异化形式,其解构学术劳动的崇高性和创造性,削弱学术事业的独立性和批判性,侵蚀当事者的道德人格,阻碍学术资源的合理分配,干扰学术原创能力的积累,造成对大学学术生态的破坏。面对仿真学术的异化,大学需要警诫,学者需要自律。

"仿真学术",严格意义上当然不能成为一个严谨的学术概念,仅仅是从一个特殊视角对当下高等教育中的学术状况进行的一种现象解释和状态描述,或者说是一种形态辨析和形式比喻,在理论上还需要继续深究、追问、考查和不断地辩驳求证。

一、内部观照——学术生产的内部异化探究

马克思在《1844 年经济学哲学手稿》中说:"异化不仅表现在结果上,而且表现在生产行为中,表现在生产活动本身中。"①"生产活动本身"包含着生产者的动机和目的。学术生产是生产的一种形式,学术异化与劳动异化在内部表现上应当是一致的。以下分别从仿真目的、仿造过程、仿制结果三个维度对大学组织仿真学术内部异化状况进行探讨。

1. 仿真目的削弱大学学术活动的崇高品性

人与动物的根本区别之一在于劳动。劳动是一种有意识的主体性活动,其中目的性与预见性是前提和引导。崇高的目的是带来崇高的理想信念,促使人排除万难,奋不顾身,达成目标。猥琐的目的是催动人性的私欲和贪婪,使人铤而走险,不择手段,终堕深渊。大学学术作为人类精神生产的高级形式,不似一般挣钱糊口的生计,其动机来自探求真理和服务社会的使命感与崇高感。英国学者纽曼说,知识无须四处寻找可以依托的外在目的,它本身

---

① [德]马克思.1844 年经济学哲学手稿[M]//中共中央马克思恩格斯列宁斯大林著作编译局.马克思恩格斯文集:第一卷.北京:人民出版社,2009:159.

就是目的。① 北宋张载更是为学者确立"四为"天职。不论是"学以致知"的西方文化传统,还是"学以致用"的中国文化取向,真正的大学学者言行应是内在地包含着对真理的执着追求及百折不挠,据此为民众树立跨越时空的正面形象。

人总是有求利致富的愿望,现实的生活总是需要物质条件来提供基础,而历史上很多优秀的学问家因生活困顿而壮志未酬,令人扼腕。时至今日,高等学府里少数学者急功近利之心彰显,占有欲和享受欲膨胀,过度贪欲的索取自然成为仿真学术的主导动因。马克思、恩格斯曾激烈地批判资产阶级用资本"抹去了一切向来受人尊崇和令人敬畏的职业的神圣光环。它把医生、律师、教士、诗人和学者变成了它出钱招雇的雇佣劳动者"②。"学者"一旦自我放逐成纯粹的"雇佣劳动者",其"神圣光环"亦将黯淡无光。时下的仿真学术缺乏问题意识,淡漠人间情怀,冷却科学精神,又怎能够推动大学创新?而且,为了经济和荣誉的最大化回报,抢占高等教育学术资源,扰乱大学学术研究规则,仿真者因此而完全背离了学术劳动的崇高品性。

2. 仿造过程窄化大学学术劳动的丰富内涵

马克思说,"我的劳动是自由的生命表现,因此是生活的乐趣","我在劳动中肯定了自己的个人生命,从而也就肯定了我的个性的特点"。③ 也就是说,劳动本应是个体生命的自由表达和自我完善,人在自由发挥自己能动性和创造性的过程中应是自我欣赏、自我沉醉且乐在其中的。在高等教育学术领域,尤其是以大学创新为目标的真学术,更应该高度自觉地张扬人的个性,人们所感到的不应是体力和智力的双重困乏,而应是创新的乐趣、精神的丰

---

① [英]纽曼.大学的理想(节本)[M].徐辉,顾建新,何曙荣,译.杭州:浙江教育出版社,2001:32.

② [德]马克思,[德]恩格斯.共产党宣言[M]//中共中央马克思恩格斯列宁斯大林著作编译局.马克思恩格斯选集:第一卷.北京:人民出版社,2012:403.

③ [德]马克思.詹姆斯·穆勒《政治经济学原理》一书摘要[M]//中共中央马克思恩格斯列宁斯大林著作编译局.马克思恩格斯全集:第四十二卷.北京:人民出版社,1979:38.

满和心灵的富足。爱因斯坦将自己的学术探索之旅称作"最美好的经验""最深奥的理性和最灿烂的美"①。当然,这仅就理想状态而言。实际上,真正的大学学术劳动常常饱含着常人难以想象的艰辛。王国维引用宋词所表达的"古今之成大事业、大学问者,必经过三种之境界"②,首先经历孤寂之境,其次跨越困顿之境,"众里寻他千百度"之后方能入得道之境,以此可以借喻从事大学学术的过程中异常复杂的精神体验。

大学仿真学术远未能展开人类学术行为所具有的丰富内涵和幸福愉悦的本质。马克思说,个人"是什么样的,这同他们的生产是一致的——既和他们生产什么一致,又和他们怎样生产一致"③。仿真者们首先想到的不是如何将现实的问题转化为学术的课题,也不是在广泛掌握一手资料和所谓"穷尽阅读"的充分准备中找寻突破点,更不愿将自身的学术积累诚实地转化到艰辛的精神创造当中。既无缘于教育事业的鼎新革故,更遑论学术探究的"高峰体验"。其目的从一开始便攻陷了学术活动的崇高性,一心只专注于借助外在的手段遮掩内在价值的空虚。由此,教育学术创造的丰富内涵必将被严重窄化乃至荡然无存。

3. 仿制结果是对人本质力量的遮蔽

"动物只是按照它所属的那个种的尺度和需要来构造,而人却懂得按照任何一个种的尺度来进行生产,并且懂得处处都把固有的尺度运用于对象;因此,人也按照美的规律来构造。"④ 所谓"种的尺度"是指人所掌握的事物本质和规律,"固有的尺度"是指人的需要和目的。求真、求善、求美是人类生产的根本追求。作为劳动过程的总结和收获的劳动产品,不仅是人类财富和人

① [美]爱因斯坦.爱因斯坦自述[M].王强,译.西安:陕西师范大学出版总社有限公司,2010:228.

② 王国维.王国维文学论著三种[M].芜湖:安徽师范大学出版社,2014:35.

③ [德]马克思,[德]恩格斯.德意志意识形态(节选)[M]//中共中央马克思恩格斯列宁斯大林著作编译局.马克思恩格斯选集:第一卷.北京:人民出版社,2012:147.

④ [德]马克思.1844年经济学哲学手稿[M]//中共中央马克思恩格斯列宁斯大林著作编译局.马克思恩格斯文集:第一卷.北京:人民出版社,2009:163.

类文明的基石,同时还是人本质力量的肯定和确证。美正是在人对自身本质力量对象化所产生的劳动产品的外在形式进行观照时产生的。社会学家库利提出"镜中我"的概念,指人们可以通过镜子中的"自己"来认识自我。[①] 从某种意义上说,这里的"镜子"可以置换成人类生产的成果,它为主体提供了反观、反思自身能力与素质的最好样本和中介。

波德里亚在《象征交换与死亡》一书中提出"仿象"的三个等级:仿造、生产和仿真。他认为仿造是对自然的模仿,生产是系列的重复,而仿真是对摹本的极端模仿,这种模仿会使人分不清真假。[②] 在高等教育系统之中,"仿真学术"恰恰本末倒置,走的是以牟利为目的,以"对摹本的极端模仿"为手段的"终南捷径"。第一,在仿真学术中,产品是仿制能力的展示,而不是创造能力的显现,因此,"仿真品"非但无助于个体学术能力的完善和提高,反而打断了其自然沉淀的链条。第二,"仿真"过程未能将独特思考和个性灌注到自己的精神创造当中,所谓的"成果"制造出来之后,自然就不会获得那种为社会做出自己独特贡献而品尝到的幸福感和价值感,也不可能体验到产品的外在形式与主观情愫交汇而成的纯粹美感。第三,仿真结果助长了恶劣的学术品性,腐蚀着实施者的道德人格。仿真者享受着生产"仿制品"所带来的物质收益,满足于占有欲和虚荣心,渐渐地就不再将求真当作学术之本,终将葬送自己的学术前途,同时对高等教育系统内的学术风气产生负面的诱导,而且,名声越大,地位越高,影响就越恶劣。

二、外部扫描——学术生产的外部异化追问

人"是只有在社会中""才能独立的动物。孤立的一个人在社会之外进行

---

① [美]库利.人类本性与社会秩序[M].包凡一,王湲,译.北京:华夏出版社,2015:129.
② [法]波德里亚.象征交换与死亡[M].车槿山,译.南京:译林出版社,2012:62-102.

生产……是不可思议的"①，"甚至当我从事科学之类的活动，即从事一种我只在很少情况下才能同别人进行直接联系的活动的时候，我也是社会的"②。就是说，人的生产总是在一定的社会关系下进行的。那么，大学仿真学术的内部异化势必投射到外部社会属性和职能上，表现为解构学术事业的独立性与批判性，破坏学术机制的有序运行，扰乱学术原创能力的积累过程，最终扰乱并恶化大学的学术生态。

1. 仿真学术破坏大学学术事业的相对独立性

大学学术无疑是社会主义教育事业的重要组成部分。但是，这并不意味着社会主义大学的学术事业将丧失它的独立性。马克思、恩格斯在《共产党宣言》中说，"在资产阶级社会里，资本具有独立性和个性，而活动着的个人却没有独立性和个性"③，换言之，在社会主义社会里，"活动着的个人"，包括学者在内的社会主义劳动者和建设者均应当享有充分的独立性和个性。大学学者的独立性必然体现为学术活动的独立性。学术独立性的凭据还在于，学术生产从社会生产大系统中分化出来，并不是直接作用于社会现实的，而是以"求真"为中介，间接改造社会和自然，这种间接性本身就包含着某种独立性。加之，学术活动是复杂的知识生产形式，一个真学者通常要用一二十年的时间才能够扎扎实实地完成学术积累，从而迈上真正自主创新的阶段，即便完成了学术积累，当面对复杂的前沿课题，也绝不是在短期内就能取得突破的。教育学术积累的长期性和研究对象的复杂性也要求学术活动应该保持独立性，遵循教育自身的发展规律。

大学学术的最终使命无疑是回归实践，服务社会。然而，在正确原则的

---

① ［德］马克思.1857—1858 年经济学手稿摘选［M］//中共中央马克思恩格斯列宁斯大林著作编译局.马克思恩格斯文集：第八卷.北京：人民出版社，2009：6.

② ［德］马克思.1844 年经济学哲学手稿［M］//中共中央马克思恩格斯列宁斯大林著作编译局.马克思恩格斯文集：第一卷.北京：人民出版社，2009：188.

③ ［德］马克思，［德］恩格斯.共产党宣言［M］//中共中央马克思恩格斯列宁斯大林著作编译局.马克思恩格斯选集：第一卷. 北京：人民出版社，2012：415.

实际运用上却需要具体分析。千年以来,受主客体混沌合一的传统思维影响,今天的大学过分强调"学以致用"而往往模糊了"真"的彻底性,同时有意无意忽视了现代高精尖的学术诉求,实践的效果随即大而化之了。而且,在教育改革与发展中急功近利、投机取巧的学术心态容易连带对"知行合一"的庸俗化、狭隘化理解,从而助长学术不端行为的蔓延,这正是学术功利主义在工业复制时代高效率的"实现"形式,大学概莫能外。首先,"仿真学术"必须依赖于学术真品才能得以生存,是学术事业的寄生者而非捍卫者;其次,"仿真学术"无所谓问题意识和创新精神,疏于积累,绕开艰辛,无缘价值;再次,学术的独立性无从依托,必然畸变为学术赘疣,异化学术行当的基质,撼动大学价值的主根。

2. 仿真学术解构大学学术活动的批判功能

在社会主义大学中,所谓学术"批判",既不能效仿在私有制占主导地位的社会中那种无情的冷嘲热讽和非此即彼的形而上学思维,也不应指那种动辄将学术问题上升为政治问题的批判情绪,而主要指一种有温度的辩证的分析和批评精神,它们共同指向教育事业和国家昌盛的至善愿景。学术的批判性是由其本性决定的。学术以"求真"为根本目的,但是,真理不是单维度的抽象物,而是具体的,"具体之所以具体,因为它是许多规定的综合,因而是多样性的统一"①。而且,每个时代的学者所掌握的对象资料总是有限的,主体能力乃至个性又总是不完美的,这使得每个学者的研究总是或多或少地带有这样那样的局限性;加之,人类常萌生一种希望穷尽一切的愿望,它"产生于人类精神的永恒的需要,即克服一切矛盾的需要"②,容易将个人对研究对象的某一方面、某一层次、某一阶段的理解推广至对整个事物和全过程的普遍

---

① [德]马克思.1857—1858年经济学手稿摘选[M]//中共中央马克思恩格斯列宁斯大林著作编译局.马克思恩格斯文集:第八卷.北京:人民出版社,2009:25.
② [德]恩格斯.路德维希·费尔巴哈和德国古典哲学的终结[M]//中共中央马克思恩格斯列宁斯大林著作编译局.马克思恩格斯选集:第四卷.北京:人民出版社,2012:225.

判断,这正是以偏概全思维误区的认识论根源和心理根源。因此,充分发挥"百花齐放、百家争鸣"的大学学术精神,保持学术批判性,无疑具有巨大的纠偏作用。

在仿真的教育学术系统之中,伴随着独立性的丧失,批判功能也随之消散,因为内生价值的依附性和虚伪性必然导致教育学术话语的空泛无力。真理总是朴素的,而且越辩越明,在相互辩驳中,如同谷物在碾磨之中不断脱掉外在的米糠而露出纯净的米粒,所以,真学术总是渴望被回应、被批评乃至被否定。而仿真学术的本质反而是躲避批判和解构批判,它要么低声下气,闷声发财,名利双收,要么希望别人只关注它头上的光环和外在形式而非内容实质,更不要对其内容做关联性的比较研究。一句话,仿真者实为知识大厦地基下的蛀虫。鲁迅曾一针见血地指出:"这是一种奴才式的破坏,结果也只能留下一片瓦砾,与建设无关。"① 说到底,教育学术繁盛的局面只有建立在对自身腐败肌体的无情批判和理性清除之上,方能永续发展并葆以常青。

3. 仿真学术强化大学学术机制的逆向淘汰

大学学术机制是制度化的学术生产关系,涉及各个方面,其中最重要的无疑是学术资源的分配制度。现代高等教育学术的高度精细化、复杂化和社会化,使得学者绝大多数趋向职业化和体制化,高深学术的追求不再是纯粹的个人兴趣和散兵游勇式的搏击,更多的是需要面向社会、面向市场的合作化、团队化操作,同时也需要政府或者企业投入经费予以资助。随着教育学术劳动得到前所未有的关注,以及现代生活水平和生活成本的不断提高,大学里的学者希望通过学术劳动获取较丰厚的物质回报与高层次的荣誉称号的要求也必然相应提升,这是合理的。一方面,如果学者得不到学校科研经费的有力支持,学术研究可能难以有效开展,特别在自然科学领域,很多大型

---

① 鲁迅.再论雷峰塔的倒掉[M]//鲁迅.鲁迅全集:第一卷.北京:人民文学出版社,1976:180.

的基础项目根本无法实施;另一方面,学者的物质生活条件如果没能追随社会发展的步伐而得到相应的保障和提高,也将大大影响学术研究的积极性和创造性。

仿真学术以私利为出发点,凭借机巧对原型成果偷梁换柱,再通过名人效应和宣传力量以赝品代替真品,事实上攫取并消耗了有限的学术资源。一方面,为人师表者的仿真言行会在恶性循环中腐蚀掉自己的学术能力和道德人格;另一方面,这种行为遮蔽了学术真品的原生价值,排挤和打压了那些真正有志于创新创造的学者。长此以往,学术生产就会相应地促使高等学府里的科研人员分层,并造成阶层利益固化现象,破坏大学学术生态,学术机制因此部分地蜕变成学术的异己力量,进一步强化了学术领域的逆向淘汰,继而上行下效,教育者的负面形象必将对下一代产生恶劣的后续影响。

大学学术是民族软实力和国家竞争力的重要组成部分。就我国而言,一流大学建设的愿景已经拥有了强大的硬实力支撑,真正的短板其实就在于教育与学术内在软实力的匮乏,而软实力的竞争主体当然是原创学术以及学术人才的竞争。但是,更值得警惕的是,当下中国大学对学术及其人才的竞争,一度变成了人才光环和所谓学术成就指标的迁徙贩卖,正因为如此,仿真学术大行其道,结果无疑会进一步扰乱原创能力的积累逻辑以及学术成就的评判标准。当前国际知识产权的纷争不断,我国的学术形象不时受到"有根"或"无根"的质疑,世界顶尖学术期刊不时爆出针对中国学术界的撤稿事件,这些无不与仿真学术有莫大关联。民族创造力是民族自立和发展的根本动力,从某种意义上说,仿真学术正在加快侵蚀中华民族的学术、文化与精神命脉,甚至妨碍中华民族伟大复兴的进程。

第三节　逻辑困境

　　虽然学术真相犹如一层薄薄的窗户纸一捅就破,但是更多的人还是主动或被动地选择了绕道而行,践行了"适者生存"或"王顾左右而言他"的原则。

　　仿真学术大行其道的真实动因无疑来自与利益捆绑在一起的任务指标与奖励绩效,其后是考核升迁与连带荣誉,然后是无限扩展的马太效应——赢家通吃。面壁十年的学术谁能够等待,谁能够指望一定有结果,板凳坐上十年大多冰冷难耐。老子有云:"五色令人目盲,五音令人耳聋,五味令人口爽,驰骋畋猎令人心发狂,难得之货令人行妨。"[1]

一、学术再生产的逻辑困扰

　　法国著名哲学家波德里亚认为,在生产高度发达的后现代社会,传统意义上的生产已经终结,人们的生产过渡到再生产阶段,产品等价于符号,产品的使用价值完全被其符号价值所取代,资本主义社会由此进入了仿真时代,仿真遍布于政治、经济与文化等社会生活的各个领域,成了一种新的社会控制形式。[2] 波德里亚所提到的"再生产"并非经济层面的生产,而是一种基于符号层面的纯粹形式化的生产,它缺乏明确的生产目的,是为了生产而进行的生产。它是对真正生产过程的不断重复模仿,生产出来的产品也不是为了满足人们的真正需求,而是为了人为创造的"虚假"需求。在波德里亚看来,这种生产只有在机械化大规模生产所带来的产品过剩的背景下,借助大众媒

---

[1]　老子.道德经新解全译本[M].北京:民主与建设出版社,2016:39.
[2]　[法]波德里亚.象征交换与死亡[M].车槿山,译.南京:译林出版社,2012:39-101.

介的宣传炒作手段才能产生,因为,此时消费者看中的不再是产品本身的使用价值,而是产品所象征的符号价值。当产品大量过剩时,生产者只有在原先产品的基础上,不断翻新产品花样,进行形式创新,进行产品改造(再生产),并通过电视、网络、报纸等多种大众媒介的包装宣传,为改造后的产品赋予某一符号价值,制造出一种虚假需求,才能更好地销售产品。比如,当市场上衣服的数量远远多于人们的实际需求时,生产商则会不断地改造衣服形式,通过夸张的造型、奇葩的款式刺激顾客眼球,并借助明星的影响力在媒体上宣扬这种款式的美和潮,营造假象,以此维持衣服的再生产。人们购买这款衣服不是因为衣柜中真的少了一件衣服,也不是因为要满足避寒与遮丑的需求,而是因为它的款式与造型满足了对美和潮的效用。这种美和潮是人为有意炒作的,可以根据炒作者的需要随时随意调整。如一款奢侈品牌手提包,当它单纯地被用于提东西时,则拥有真实的使用价值,但当它更多地被用于彰显购买者的地位与身份时,就失去了原本具有的使用价值,成为"仿真"用品。时装和奢侈品被异化为一种符号,分别象征着美和潮、身份和地位之后,它们的原型随之而消解,自身的规定性被打破,本真的功能越来越淡化,使用价值变得可有可无,符号价值却凸现出来。此时,时装已不仅仅是衣服,奢侈品牌手提包也不再是原来的包了。

当今中国,作为文化领域的重要活动及存在形态的学术研究也因学术生产的相对过剩而进入了"再生产"阶段。这里的相对过剩是相对真正有价值的学术成果而言的,事实上,真正有价值的学术成果从来都匮乏,也永远不会过剩。进入 21 世纪,随着高等教育规模的不断扩大,加之学术"GDP 考评模式"的刺激指引,原本属于"小众"的科学研究逐渐沦为"大众"的学术生产,科研成果看起来更像是学术产品。恰如物质生产的过剩现象是由工业时代的机械化大生产所导致的,学术生产的相对过剩则是由信息时代的机械化大生产所催生的。在信息时代,电脑技术与网络通信的飞速发展,为学术的大批量、大规模生产提供了可能,学术产品充斥泛滥已成事实。如王晓升教授所指出的:电脑的大批量复制与网络的大规模传播使我国的学术研究,尤其是人文社会科学研究得以机械化大生产,从而让我国"成为世界上第一学术论文生产大国"。① 在学术生产过剩背景下,人们往往采用如下方式"兜售"自己的学术产品,以维持学术"再生产":一是花样翻新,通过不断改变学术产品花样,刷新形式,刺激眼球,并借助会议、期刊、网络等平台大肆褒扬其理论价值与实践意义,以实现眼球效应;二是挂名推荐,通过学术大咖或政客名人的出席、挂名、作序、推荐等,引起人们的注意,发挥出光环效应;三是追逐热点,通过破坏学术自身的规定性,遵循他者逻辑,屈从外部模式(如行政模式、市场模式、大众模式),勾起人们的兴趣,生产应景之作依托时势效应,有意无意地沦为行政的附庸、市场的奴隶与大众的帮凶。总之,学术再生产变成一种从形式上对原型不断重复、不断复制的生产,是一种从中介到中介的生产。然而,无论是哪一种形式的再生产,学术的本真原型均已消解,学术作为真理化身的内在规定性遭到了破坏,学术活动也不再象征着探索真理与解释未知,而逐渐异化为一种符号,象征着花样、光环及其后所隐含的名望、地位与金钱等。最终,学术的内容价值被形式价值所替代,造就了许多貌似学术的学术仿真垃圾成果。

所谓仿真学术,是指现代社会在学术再生产过程中因学术异化而出现的与本真学术相对的一种学术现象。外表光鲜,外壳坚硬,但灵魂不存,心骨不在,恰似他物。仿真学术研究既不是为了发现真知并创造新知,也不是为了探讨未知并化解实际矛盾,而是为了完成指标并吸引眼球,进而借此达成功利目的。当学术研究只剩下符号价值并在彼此间不断相互交换时,学术现实必然与理想渐行渐远。正如波德里亚所言:"仿真的意思是从此所有的符号相互交换,但决不和真实交换。"② 从学术系统的位次上看,上品为学术独创,中品为学术仿真,下品为学术复制。在学术金字塔的层级结构中,往上同道

---

① 王晓升.论学术表演[J].江海学刊,2016(2):17.
② [法]波德里亚.象征交换与死亡[M].车槿山,译.南京:译林出版社,2012:4.

渐少,往下同类愈多。从学术需求的动机上看,仿真学术以外在的组织需求为导向,其研究动机既不指向理性追求,也不依赖情趣推动,更不寄托信仰感召,而是落入最低层次"不得不作为"的圈套。结果则是,许多不愿做、不该做、不能做科研的人现如今都在从事着所谓的科学研究。从学术研究的目的上看,仿真学术更是高举"学术"的旗帜,具有"研究"的假象,而且"创新"口号不绝于耳。王晓升教授将这种现象称为"学术表演",并认为这种学术研究可以在自己编织的圈子内无限地进行下去而不顾现实,表面上看,极其繁荣,长此以往,犹如和尚念经,必将走向学术死亡。[①]

二、仿真学术的现实羁绊

事实上,大家都是本着研究真问题、探索真知识的初衷进入学术场所的,但许多人在世俗化、功利化、浮躁化与碎片化的语境下,在政治、经济与社会的裹挟中有意无意且亢奋无比地走进了仿真陷阱。

1. 行政对学术的指引:学术研究的行政化

仿真学术之所以大行其道,根源在于学术本位的缺失。缺失的原因多种多样,其中最重要的当数学术研究的行政化倾向。学术研究当然离不开行政组织,需要借助其权力、手段与经验提高研究效率,但若用行政管理经验代替学术活动规律,将行政管理手段当成目标,就会导致学术研究行政化。现实中,行政化已贯穿于学术研究的全过程,体现在起点的资源配置、过程的规制管理与终点的成果评定三方面。

一是学术资源配置的官僚主义。学术资源为学术研究的顺利开展提供了保障和支撑,在很大程度上决定着学术研究的方向与成效。当前,我国学术资源主要掌握在管理部门和学政官员手中。各级机关拥有资源的分配权,

---

① 王晓升.论学术表演[J].江海学刊,2016(2):22.

学政官员从行政官员那里获取资源后拥有了再分配权,普通师生与学者成为层层再分配的对象。学术资源配置服从"委托—代理—再委托—再代理"的管理模式。事实上,大批订单式的课题指南多为"话题"而非"问题",其中个别的甚至是伪问题或假问题。即便有的部分起初确实为学术问题,但也会因"委托—代理"中的信息不对称和"漏斗理论"中的信息层级传递失真现象,最后变得面目全非,沦为非真非伪的仿真命题。

二是学术研究过程的管理主义。主管部门为了使自己的"订单"更有效率地完成,科层制无疑是最好的制度工具,而"帕金森官场定律"无疑是最好的写照。随着定量化、程序化、技术化等方法顺理成章地被运用到学术管理之中,学术组织科层化现象因之而生。学术研究日益被精细、烦琐、复杂的程序以及随之而来的大量表格所困,学者们整日疲于应付程序,犹如生产线上的工人,按照程序中所规定的"生产什么、生产多少、如何生产、何时产出"等步骤定时定量运作生产。如果程序中所规定的步骤不是儿戏而足够负责,它就必然基于"知识的增长可以充分预期"这一前提假设。然而,知识的魅力恰恰在于自身的不可预期性。波普早就指出:"我们不可能用合理的或科学的方法来预测我们的科学知识的增长。"① 在学术研究中,之所以要借助如此繁杂的科层体系投入管理,其根本是源于对学者的不信任。无论是课题指南的发布,还是大量表格的编制,都是规避或减少不信任风险的管理手段。不信任是缺乏诚意的表现。根据梅奥的社会人理论,管理者对学者的不信任必然使自己得到相对等的回报,学者也必将失诚于管理者,表现为偷懒耍滑、应付了事。管理者与学者的相互失"诚"必然导致学术失"真",这有悖庄子言语:"真者,精诚之至也。"②

三是学术成果评定的形式主义。在科层制规制下,学术过程的管理主义必然导致成果评定的形式主义。当下,成果评定大多遵循量化原则,内容评

① [英]波普.历史决定论的贫困[M].杜汝楫,邱仁宗,译.北京:华夏出版社,1987:序.
② 曹础基.庄子[M].开封:河南大学出版社,2008:415.

鉴被形式审查所取代,学术创新被指标和指数所覆盖。评价者遵循的是"懒人"标准或"好好先生"标准,他们不用阅读学术成果,只需看看论文发表期刊、著作出版社、课题级别,然后动动尺子测量厚度、长度,动动计算器计算字数、分数,就能给出"客观"的评价了。① 然而,学术生产不同于物质生产,学者们的思想和精神更是岂能用僵硬的表格和冰冷的数字来衡量? 量化原则的滥用,只会促使学术机制趋于商业化,进而催生出学术泡沫与垃圾。相应地,学术研究迟早迷失于形式之中,被种种标准所束缚,失去自由和自在,最后与学术本体渐行渐远。

2. 市场对大学的裹挟:学术研究的市场化

在市场经济浪潮下,以需求为导向的商业化运作已经渗透至高等教育领域,大学表现出主动适应市场经济的态势。市场化在给大学带来益处的同时,也使大学染上了浓厚的功利主义色彩,市场化的物质力量正在挤压、排斥着大学的精神性力量,作为大学重要职能的学术研究也在功利势力的牵引下,表现出"惟唯物主义"倾向。从本质上看,学术活动,尤其是人文社会科学研究,属于精神层面的高级活动,其最重要的依托在于学者的学术良知、学术信仰、学术使命。然而,市场化却以它所承诺或实现的物质利益瓦解着学术精神的坚固性与高尚性,大学学术也在市场力量的裹挟下义无反顾地进入物质主义时代。物质及其衍生物如权力、名望、金钱等正在严重地牵引、扭曲着学者的学术良知并为他们划定了精神活动的边界,牵引着他们应该去思考什么、创作什么,发明什么和学习什么,等等。面对物质的种种诱惑,学者们无暇去审问学术研究的本质与归宿,更多关心的是如何从中获取更多的利益。学术的物质主义势必导致学术偏离其本真,发生严重异化,使学术场沦为名利场。曾有学者指出,在物质主义时代,学术变得越来越实用与现实,"它不允许编织任何与政治、经济无关的,看不见摸不着的所谓乌托邦式的梦想。

---

① 陈东辉.抑制学术异化关键在于改革学术评价制度[N].中国社会科学报,2011-06-23.

它追求的必须是实实在在的、外显的名与利,而不是虚无缥缈的、内在的魅力"①。

精神之所以被物质挤压,学术之所以偏离其本真,归根结底在于学界中"闲人"太少,"忙人"太多,学人们一股脑地变成了"忙人",菩提树下参禅悟道者少了,苹果树下等待落果者不见了,"忙人"们就连"树"在哪儿都忙忘了。学术原本是少数"闲人"吃饱喝足之后的自觉活动,但在功利化了的学术体制下,资源是抢来的,项目是争来的,版面是要来的,实在闲不得,"闲人"往往只会越来越闲,闲到无法吃饱喝足,何以谈学? 相反,"忙人"只会越来越忙,忙到无暇以顾,甚至顾不得学术,好歹行政权力或学术权威的余热尚在,身边总是不乏好事者抑或仅为赚个吃饱喝足的聪明人帮其解决"学术"缠身的烦恼。循环往复,学术必然异化。

3. 大众对小众的驱逐:学术研究的大众化

学术应面向大众,服务大众,本毋庸置疑,但这并不意味着学术非要大众化不可。对此,学者有不同的看法。在学者们对"学术大众化"尚未辩出个所以然之时,"三六九等"的人们早已粉墨登场,使学术迅速实现了大众化。现如今,只要在大学里谋个职位,不论隶属何种职称系列,多少都要给自己贴个"学术"标签,自觉向"学术"靠拢,好像只有这样才能名副其实。在大学之外,官员和商人们争相著书立说、登学堂蹭讲台者前赴后继。与之相反,大学院墙里的学者们则在外力的牵引盅惑下,走出课堂,走近大众,无限迎合,极少数甚至为了吸引眼球而刻意曲解历史,歪曲理论。久而久之,学者充当了大众的影子,应大众而出,随大众而动。当下,"学者"一词的概念边界正在被无限放大,迅速向"大众"靠拢,学者与大众已真假难辨。

若"学术大众化"的利弊得失尚难以衡量,那么"学者大众化"的弊大于利则确定无疑。"学者大众化"最大的问题在于它扰乱了学术生态,使得经

---

① 郝德永.课程与文化:一个后现代的检视[M].北京:教育科学出版社,2002:283.

济学中的"劣币驱逐良币"的现象在学界得以发生。在众神狂欢的学界,当大家都在为了共同的利益而侵染学术时,独善其身者反而会被视为异己分子,或被迫同流合污,或被排挤出局,无法立足,其结果则是,真正的学者及其纯正的学术越来越少。雅斯贝尔斯指出:在这个世俗化了的时代,我们拥有的不是作为真正自我的个人之间的纯真情谊,"而是一伙以'你捧我,我也捧你'为座右铭的人之间的虚假友谊。最重要的是,当大家正皆大欢喜的时候,你不要成为煞风景的人……为了彼此都有的好处,你要加入到互相吹捧中去"①。此外,"学者大众化"并不会像部分学者所断言的那样,直接拉近了学术和社会的距离,使学术服务社会的能力得以提高,笔者认为,"学者大众化"反而会因学术的失真和贫困,减弱服务社会的效果。雅斯贝尔斯认为:"精神因其散漫于群众之中而衰亡,知识则由于被合理化地处理到让一切浅薄的理解力均能接受的程度而贫困化了……真正的教化宁愿在最低限度的汲取中成为其自身,而不愿在一个更广大的世界的变幻中丧失自身。"②事实上,学术研究作为人类高层次的文化现象,从来就是具有高学历的专业人员所从事的专门活动。其自身的文化性与学理性决定了学术活动的小众特质,而学术研究的大众化则必然会使学术失去创造性与超越性,进而失去卓越。

4. 局部对全面的替代:学术研究的碎片化

学术研究在行政化、市场化与大众化的裹挟之下,不可避免地走进了碎片化的泥淖。学术焦点变来变去,研究越来越趋向零碎、片段,不成体系,缺乏整体关联性和价值普适性,呈现出繁杂琐碎、孤立无连、凌乱无序的状态。学术碎片化与多元化和个性化无涉,仅仅是学术缺乏理论、难成体系和虚浮价值的表现,它不仅不会促使学术走向多元和个性,反而会因其流于表面和

---

① [德]雅斯贝斯.时代的精神状况[M].王德峰,译.上海:上海译文出版社,2013:28.
② [德]雅斯贝斯.时代的精神状况[M].王德峰,译.上海:上海译文出版社,2013:115-123.

肤浅,让研究只见树木而不见森林。当然,碎片化在一定程度上给研究带来了更大的自由空间,使人们能够随意涉足任何学科领域,获取自己想要的任何知识,并可以根据需要,随时对这些知识灵活地拆卸、揉碎、逆转、调适和重组,以适应任何项目的需要。从浅表上看,这似乎还有利于学科的交叉。但实际上,任何真正的学科交叉都是一种有"根"的存在,碎片化学术的最大问题则是"碎"而无"根",如浮萍般随风而动。理论知识之所以正确,均是因为基于一定的时空境域。在学术研究中,对理论知识若不经深入分析、认真考究而随意移用,知识符号与原本指涉的关系就会被粉碎,学术研究必然陷入仿真镜像。正如波德里亚所说:"在通向一个不再以真实和真理为经纬的空间时,所有的指涉物都被清除了,于是仿真时代开始了。"①

学术研究的碎片化何以发生?归根结底在于学者自身的碎片化,具体表现为两大方面:一是学者知识获取途径的碎片化。21 世纪以来,随着大众传媒和网络信息技术的迅猛发展,我国进入了"微时代"和"碎片化时代",以移动终端设备为载体的手机阅读、电脑阅读、平板阅读等断续的、非整全的碎片化阅读模式成为时尚。碎片化阅读使文字变得越来越"轻",内涵变得越来越"浅",甚至使有效的阅读也变得越来越难。在这种情形之下,学者心乱如麻,难以静心钻研,"上不通天下不接地",断章取义是为必然,把幻象看作真相,把"微信"当成"全信"。二是学术研究内容的碎片化。在功利化与世俗化的支配下,学者们的学术研究很少具有连续性和系统性,大都变成了跟风式的、"时髦"的即兴仿效。研究什么既不依托前期的学术积累、研究专长,也不依据自身的兴趣、爱好,而是紧随时事热点、大众话题,毫无"谱系"可言。总之,在碎片化的时代,学者难以两全,主体性日益虚弱,对外在手段的依赖性越来越强。学者异化,学术当然随之而异化。

---

① 汪民安,陈永国,马海良.后现代性的哲学话语:从福柯到赛义德[M].杭州:浙江人民出版社,2000:330.

第四节 复归与解脱

面对新的时代境遇,学人可以谦卑,但学术不能谦卑。本真学术是学人的志向,亦是学人的责任。长期以来,学人们大都沉醉于信息技术和电子复制所带来的知识生产力的极大提高,而忽视了知识生产关系的转变。学术的群体狂欢和数量繁荣只会使学术自身走向迷失,不知伊于胡底;只能让我们在热闹非凡的学术镜像中扫得一地鸡毛,在"多姿多彩的活法"之中逐渐步入各种各样的"衰象"。重塑知识生产关系,正心诚意,正本清源,删繁就简,避虚就实,以少取多,无中生有,回归本真学术,才能真正实现学术异彩纷呈、百家斗艳的繁荣气象。

往前追问,仿真学术其实并非新命题,其与哲学上的科技革命连带而来的关于仿真知识的讨论密切关联;往后观照,信息革命以及人工智能时代扑面而来,传统学术又将如何适应或应对? 往外部看去,高等教育的新政策、新通知、新规定层出不穷,其带来的发展动力以及同时造成的生存压力或诱惑无法消解也不能够回避,识时务者当然一拥而上而"尊为新时代的俊杰";往内部检视,真实的学术研究需要周期和等待,高尚的人才培育需要安静和笃定,科技创新少不了理性批判,没有否定就没有超越,数量与质量时而同步增长时而对立矛盾……

行有行规,社会的各种营生本就活法不一,各自遵循因应章法谋求发展,所谓为学之境、经商之法或为官之道。如若官学互通,商学跨界,置身其间的当事者们也就只能左顾右盼,避免错失良机,尽心竭力利益均沾。但也正因为如此,所以大家都不点破,兀自潜伏于深水中左冲右突,各求其所。而但凡谈及圈内与圈外,近期与远期的学术评判问题,则关乎另一个"秃头上的虱子"的假设,学术研究及其成果有没有价值,学者自己及其专业共同体说了并不算数,主要看市场认可、上级接纳、课题级差、刊物级别,还有恰似"水泊梁山的座次"。这让那些真有勇气,能够突破现行标准、超凡脱俗的研究如何坚持下去? 又让那些出类拔萃的学术怪杰何以不成为异端,他们敢为天下先所提出的创见如何不被归类为邪说? 其实历经时空洗礼,真伪自然甄别明了。本来的确无须杞人忧天,但作为一个学者,总是觉得以一个代际的平庸学术作为代价十分不值。评论家沈敏特说过,如今有权的、有钱的,比有学问的人出的书更多,以至于文化垃圾比文化精华更多。①

　　本真学术式微与仿真学术繁荣的现象愈演愈烈,既有个人内在的原因,也有外界环境因素的影响。在复杂多变、浮躁功利的时代背景下,我国学术界既没有建立起维护个人学术信仰与学术自律精神的屏障,也没有构筑起一套与新时代相适应的外在保障体系。本真学术的复归应做到治本与治标相结合,从内部的学术道德自律和外部的学术制度约束两方面着手。

一、学术道德层面:坚守学术良知

　　良好的学术道德是学术健康发展的基础和前提。对于真正的学者而言,"内心的道德律令"与"头顶上的天空"一样重要,只有遵循了前者,灵魂得以安顿,才能更好地探索未知。作为拥有高深专业知识和良好文化素养的学者,自然尊崇学术道德,真正的差别源自定力。学者从事学术研究的初衷都是好的,只是在世俗化、功利化、浮躁与碎片的背景下,"戒、定、慧"俱被削弱,学术良知偶尔失守。诚然,作为现实社会的存在物,学者亦难免习染红尘,被世俗所左右,但角色决定了他们必须坚守学术良知,稳住学术底线,有时候甚

　　① 　沈敏特.敏特言[M].海口:海南出版社,2012:77.

至要挺身而出与世俗相抗争。当下,尤其需要提高道德定力,做到耐得住寂寞、守得住清贫。

一要耐得住寂寞。从本质上看,学术活动是一种探索未知的思维活动,其目的是获取作为维持超前于社会的知识和真理而非直接维持社会秩序,这就需要学者在一定程度上超然于世外,与现实社会生活保持一定距离,并有足够的自由和闲暇去探求真知,力戒外物干扰。只有耐得住寂寞,才能获得真正的独立和自由,方可深入学术,走进真理。历史无数次证明,真理的发现从来都要学者能够忍受长期的孤独和寂寞,索居独处,心无二用,追根刨底。"'大希腊之光'毕达哥拉斯曾一度居住在洞穴里。'尹奥尼亚之光'泰勒斯终身未娶,隐居一生……柏拉图远离雅典,隐居于阿卡德米的树林。亚里士多德……寒窗苦读 20 年。修道士培根孤居在爱生神城塔。牛顿终日苦思冥想,几乎因此而失去理智。"① 在热闹喧嚣的现世,追求学术宁静,潜心科学探索,更加具有紧迫的现实意义。这并非为了逃避学术研究的社会责任,而是为了遵从学术特性,坚守学术良知,扭转世俗功利的学术风气,继而才有助于促进学术的长远发展与创新。

二要守得住清贫。甘于清贫,方耐得住寂寞。只有放松对物质与肉体的需要,才能全身心地投入学术之中,远离熙攘之间的利来利往,远离人事纷争和权力角斗,学者方能获得内心的宁静、独立与自由。鱼与熊掌不可兼得,古今圣贤无不看淡物质与名利。正如柏拉图所言:"要想与知识接近,除非绝对有必要,必须尽量避免与肉体往来联络。"② 此外,守得住清贫还要求学术研究应时时警惕功利实用的陷阱。许多真正有价值的理论起初都是无用的,只是在后来才被发现有大用,牛顿的万有引力如此,爱因斯坦的相对论更是如此。纯学术往往与寂寞、清苦相伴,与名利无涉。学术自身的未知风险性和效益滞后性,决定了它不可能像中彩票那样一夜暴富,也不可能在短时间内扬名

---

① 　[英]纽曼.大学的理想(节本)[M].徐辉,顾建新,何曙荣,译.杭州:浙江教育出版社,2001:4-5.
② 　[古希腊]柏拉图.辩护词[M].水建馥,译.西安:西安出版社,1998:95.

立万。学术是专业的、小众的,学者要做的是学术圈内的"闻人"而非世俗社会的"名人"。如雅斯贝尔斯所说:"本真的科学研究工作是一种贵族的事业,只有极少数人甘愿寂寞地选择了它。"①

指标至上,百爪挠心。作为一个文化生命体,高校难免患上"人格分裂",一半是教书育人的场域和创造知识的净土,另一半的身份属性早已错综复杂、模糊难辨。全民学术,其实很值得怀疑。学术是专门化的行当,学者专注于专门化的研究领域,需要志趣的引领和仰视的敬畏之心。四面八方仔细梳理,以便在彰显问题的同时进一步明确成长的方向,持续不断地追究其表里,前探身世,后观出口,上求政策,下谋支点,外图安宁,内寻安心,继而才能够找到生存的出路,实现困境的突围。

二、学术制度层面:优化学术环境

远离真实,既不需要苦思冥想的创作,凄凄切切的实验守候,又能快速完成任务,以效能指标形式圆满交差,真是皆大欢喜。在仿真的世界里,理论成果不再经历艰难的孕育过程,不再是原创思维的痛苦扬弃,而更多地表现为平庸思想的复制粘贴,学者成为学术符号的搬运工,而且津津乐道,四处彰显。

仿真学术的形成与学者个人的价值取向密不可分,"经济人"属性当然是学者不可忽视的基本立足点,追名逐利本属人之天性,只有承认并尊重学者的基本需要,才有可能找到复归本真学术的良药。其实,古典经济学家亚当·斯密早就告诉我们,个人的自利冲动并不一定会让社会变得更糟,若引导得当反而会增进社会的公共福利,其中的关键在于是否形成了有效的社会制度。因此,本真学术的复归,除了需要学者个人的觉悟,更需要有效的学术

① [德]雅斯贝尔斯.什么是教育[M].邹进,译.北京:生活·读书·新知三联书店,1991:141.

制度加以保障,将学者的逐利行为限定在合理、合法的范围之内,如此才能不断优化环境,形成良好的学术生态。

建立科学规范的学术评审制度。总的来看,学术评审制度应以学术为本,繁荣学术是根本目的;公平、公开、公正是基本要求;道德规范、知识导向、质量保证是主要内容;独立机构、同行评议、匿名审稿是关键手段。具体来看,科学规范的学术评审至少包括以下几个要点。其一,学术评审的独立性。学术评审应坚持学术本位,依据学术本真并围绕目的而开展,将学术评审权力归还于专门的评价组织或第三方机构,倡导民主化评审,确保评审的阳光与透明。其二,学术评审的学术性。学术评审应围绕着学科的知识性和成果的学术性做出价值判断,要以发展学术和繁荣学术为根本目的,学术的评价过程必须以学术为依归,坚持评价的客观与公正。其三,学术评审的质量标的。学术评审应坚持以质量为导向的评价标准,实行代表性成果评审制度,坚持精简高效的评价原则,坚决杜绝学术的泡沫化和伪劣化。其四,学术评审的同行化。学术评审在方法的选择上应凸显同行评议的主导地位,做到同行匿名评审和分科分类评价,严格筛选评审专家,实行淘汰制和分散回避制,具体实施过程中,还应兼顾评价的灵活性和多元化。

制订健全完善的学术监管制度。从经济学角度看,学术异化及仿真学术现象之所以泛滥,直接原因在于学术的异化收益远远大于异化风险成本。根据新制度经济学理论可知,作为“经济人”,学术组织及其学者们的学术行为取决于成本与收益的衡量,只有当收益大于成本时,行为才会发生。而学术监管制度的价值则在于通过提高学术违规成本,将学术异化行为控制在合理的范围之内。因此,一方面,政府相关职能部门应加大对学术组织及其研究活动的市场监管和社会管理力度,对违法或违规的学术行为进行有效规制,约束各类学术乱象,如乱评审、乱颁奖、乱立项、乱拨款等。另一方面,应建立并完善学术不端的惩罚机制,充分发挥专业学会或行业协会的监督及鉴定作用,借助新闻媒体的舆论宣传,加大对学术不端行为的曝光与惩治力度。与此同时,还要加快健全学术信用体系,形成学术组织及学者个人的信用档案,并公开于社会,对信用不良者应加大惩处,在基地申报、项目申请、奖项评定等方面给予限制,大幅度提高违规成本。

仿真学术的兴盛,虽然并非成于"坏人"之手,却肯定生产于"不太坏的人"之手。从主观上说,学者们极少故意仿真,大多数属于正在仿真,却从未意识到自己就是仿真学术的助推者。学术生态因此而失衡,真学术的阵地因此而逐步丢失。

一个时代有一个时代的学术风尚,上行下效是为必然,所以置身于大学中的每一个学子无不深受习染,新一代学人身上亦不可避免地刻上时代的标签和烙印。学生总是学"生",最好不要学"熟",更不能学"俗"。那么,问题由此而生,我们的高等教育到底要给新一代的学子注入什么样的学养、血液乃至于精神或灵魂呢?这个时代印制了有史以来最多的印刷品,启动了千年未有的研究课题,学术著作堆砌如山,在有限的大学时光及生命历程里,谁来引导、谁来甄别、谁来评判?教育者自己搞清楚了吗?学生想要的是真知灼见!真实者,良心所系!而对真实的坚守,却存在着过去与未来、现实与想象、感性与理性之间的种种误会。正因为存有相当的误解,所以,恪守真诚才成为现代社会需要明辨和驻守的关键问题。

仿真学术的盛行,近点说影响个人的声誉,破坏学术的形象,误导新一代学子;从远处看干扰大学的发展并削弱国家的创新实力,甚至危及中华文化文明的前途。毫无疑问,发现问题需要理智和逻辑,而解决问题需要胆识和能力。仅就这一点而言,以仿真学术概念指代学术现状显然是不完整的,其仅仅是对高等教育情景中泡沫学术的一种写照。而要论及真实学术的突围和问题的解决,学者个体更是束手无策,唯一能够把控的是自我的正念、正觉和正行。少一个人加入盲从的队伍,荒谬的指标业绩就自然少了一份,而多一个人回归真实的学途,智慧的书卷和成果就相应得以丰满。更进一步说,多一个团队或一所大学从伪学术的泥潭裹挟中挣脱出来,这个世界上的虚浮成果和垃圾文字就会少很多。积少成多、聚沙成塔既是正面的逻辑也是反面的成因。仿真学术的兴起源自学术制度环境的土壤,得之于学者个体的帮衬,盛之于学术共同体集体无意识的狂欢。如何突围,道理很简单,路途很艰险。无非经"小乘"到"大乘",先拯救自己再拯救世界,由此及彼,沿着探究真理的逻辑,屏蔽干扰,放下利益,过滤诱惑,导向纯真。吾辈虽不能至,但心却无比向往之!

第三章　学问江湖

　　有人的地方就有江湖。当今大学，犹如诗人纪伯伦所描述的那样：
我们已经走得太远，忘记了当初为什么出发……

　　斗转星移，大学体系在不经意间演进变化，时至今日，作为政治、经济与文化的综合体，大学什么都像又什么都不像，既非单纯的政治组织，也非整体的经济组织，更不是完全的文化组织。不管承认与否，中国大学在一定程度上越来越趋近于市井江湖。文化元素虚浮，行政体制强大，市场机制充盈，规则暗流涌动，各路豪杰交替表演，你方唱罢我登场，江湖意气风发，甚嚣尘上，热闹非凡。占山头、排座次、搏资源，明争暗斗、各显神通。从个体、群体到整体，孰能置之度外？

　　年复一年，改革不断，创新不止，社会持续进步，教育稳健发展，业绩有目共睹。中国大学历经"拨乱反正""思想解放""急速扩招"，终于进入了"质量提升"的阶段；各种数字化的标签贯穿于不同的"五年计划"之中，交替刺激着大学的神经，牵着大学的"牛鼻子"转来转去。按理说，历经铅华洗礼，大学的生态会变得更为健康有序，学术圣殿会愈发充盈着理性的光环和精神归属的意韵。然而，事实并不尽如人意，发展的大学似乎正在与我们理想中的圣地越来越远，其自身充满纠结。

　　江湖上风起云涌是常态，风平浪静是暂时。权力切割，力量角逐，资源抢夺，无不指向利益与席位。转"应用型"未休，"双一流"号角又响，大学岂能袖手旁观，谁又情愿与其失之交臂？于是乎，新一轮纷争再起。离间将帅，分化兵卒,威胁利诱,避实就虚,亮肌肉,耍大牌,造声势,贴标签,江湖手段迭出,花样不断翻新……

学术之谓,探求真理是自在天职,喧嚣繁华是他界光景,以学术研究为主体任务之一的大学在很长一段时间里都被奉为圣洁的象牙之塔,学者便是其中寻求真理之虔诚信徒。然而,当今一些大学却名利喧嚣、权钱勾斗、卑躬至极。学术的品格建构与精神诉求在学术界变成奢谈,远离高尚与尊严的学界趋同于市井江湖。以下即从学术困境、江湖症候、学人生态、制度藩篱及其突围路径等角度展开解析,试图厘清脉象,明辨究竟。

第一节 症候与动因

一旦取江湖视角观照当下的大学生态,一系列教育组织行为的另类症候就逐步显现出来,以至于大家都搞不清自己其实原本早已深陷江湖之中难以自拔。仔细观察分辨,竟不知到底是大学组织之内包含江湖系统还是江湖系统之内存有大学组织。

无论承认与否,江湖是一种社会生态,与时代无关,与社会体制无关,有人的地方一定有江湖,有江湖的地方一定少不了显性的竞争及筛选上位的机制,同时一定存在着暗流涌动的排除异己之潜规则。高等学校的运行与发展,变革与进步,从宏观的教育制度及其实施,到微观的生存游戏及其样态,无不证明了这一点。这本身无关价值判断,也无关伦理道德。

回溯古今,江湖上道不尽万千英雄传奇与豪杰故事;放眼中外,江湖上更少不了跌宕起伏及爱恨情愁。正面看去——华山论剑,侠客自有用武之地,不鸣则已,一鸣惊人,练就一身本领,自然走遍天下,潇洒一回,成就一生;负面观想——避实就虚,方士秉持迂回战术,王顾左右,韬光养晦,使尽浑身解数,能得利益分享,功名占尽。

在场文化是分析与认识大学学术场域的必要因素。当今大学已远离象牙之塔,消解、化身于世俗社会之中。往好处说,是大隐隐于市,投身于社会建设事业之中;往坏处想,始终不知道自己是谁,踌躇于小我与大局的生机博弈之网。大学院墙中的教育教学、学科学术、组织管理行为天天都在发生,似高天流云无边无际、变幻莫测;大学里学生、学者、管理者时刻都在忙乱,像恒河的泥沙,裹挟前行、无休无止。

一、"比武功、论高下"是江湖的生存与排位逻辑

江湖的基础、构成与普通社会有着根本的不同,普通社会的治理机制基础是法治,而江湖遵循的是比武论高下的生存与排位逻辑。江湖的规矩不是以社会公平为出发点维护社会公共秩序的法治逻辑,而是强者为上的"大佬制"。普通社会,"法"为底线亦为高墙;江湖社会,"大佬"居上,"大佬"为法。在一个理想的法治社会里,合法体系会保证无为者下、保护有为者上。江湖既然无"法治",那就得寻求一种新的治理逻辑与工具。这个工具最常见的就是"信仰"制造。这个"信仰"无须体系,可以是"情"、可以是"义"、可以是"精神追求",大家公认并遵守即可。"学界大佬"要守住山头、稳住门派,必须形塑一种"信仰"认同。最常见的就是"大佬们"总不忘谆谆教诲青年们,要"甘坐冷板凳",不要计较眼前得失,不要在意短期利益。"江湖"世界里,有为无为是其次,首先要论资排辈,再厉害的徒弟亦不能挤兑师父的擂台,真要是"挤兑"了,"逐出江湖"就是最简单的"江湖规矩"。武侠江湖里,狭路相逢必问一句:"来者何人,报上名来!"报名即是交代"来路",来路即是出身,出身讲究的是谱系。若是无门无派乱闯之徒,那就是乱了江湖的规矩。所以,入了江湖,首要任务就是归属一个门派。江湖大佬或凭借盖世武功,或凭借各路弟子众多,或凭借"自是江湖老麻雀"的绝对资历在江湖上

拥有绝对的霸权地位。在学术界，"学界大佬"同样以如上几种类似的路径与方式享受着各种权利和便利。拿项目、发论文、出成果，名利双收，山头站稳，所谓"重点基地"是也。而刚上路、新出道的青年学者和博士生则以团队或师徒传承的名义加入其中，分享一点点资源或利益，同时也获得练习"武功"的机会。

二、"看风头、论是非"是世俗的存在与勃发根基

江湖要有人场，通俗地说，就是得有人气。如果说社会是一种理性存在，讲求理性逻辑，那江湖就是一种世俗存在，讲求人情世故。实质上，江湖更加类似"官场"，若干利益共同体集结，一荣俱荣、一损俱损。唐昊老师在其文章中提到，江湖不靠法治，但有着丰富的非正式政治和潜规则。在江湖里，如果要有"来路"，那就得先为自己找个"门派"。因此，那些海外求学多年的海归志士，一旦回国，也会迅速了解这些套路，知晓这些规矩，或抵抗或愤慨或呼声四起，最后，只要还打算留下来，也会"认"这个套路，聪明者很快便会融入"名门正宗"的网络。中国现代学术在经历"文革"摧毁以后，从 20 世纪 80 年代起复苏，历经几十年才渐渐恢复建立起来。近年来，中国学术界天翻地覆、进步神速，从发展的速度、成就的数量来看，"中国力量"是可圈可点的。但中国的学术圈演化至今，不得不承认又积下了很多的问题甚至是陋习。大学的生态、氛围与文化，学人的品格、精神与操守都在发生着巨变与更迭。就学人生态而言，大家身临其境，不可回避的一个问题就是学术的门派化、等级化、体系化、宗师化的进程开始成为学术圈常见的学人人际新常态。几乎每一个学科或研究领域都建立了"山头体系"，以师门传承为纽带，以学术宗师为核心，大家互通声气，各自俨然以主流自许，少数学科或带头人宛如金庸武侠小说里武当、少林等名门正派，优越感爆棚。在这些学术群落里，有着强大的内在利益坚守与对外排他性，研究领域成为类似土地般的生产

资料,占地为王,他者无法撼动。抑或,大家相互客气尊重,不轻易去触动他方领地。

事实上,大学是有"门"而无"派"的,显然尚未形成使各个独特学派和知识分子自由生长之"论剑"环境。如果能够各享一片天地,"共是江湖客,斜阳各晒蓑"(薛师石《酬刘子至》),学者们未必愿意斯文辱没、亦步亦趋。

20 世纪 20 年代,受清华学校邀请,胡适先生为清华学生开列了《一个最低限度的国学书目》。之后,梁启超先生亦受到《清华周刊》约稿开列国学书单。梁启超先生就胡适先生这份"书目"的主要不足之处进行了条分缕析,写下了《评胡适之的〈一个最低限度的国学书目〉》一文,并给胡适先生的书目下了个"不可用"的结论。① 但胡适先生学者风度十分了得,虽被梁启超先生所否定,之后却在自己的《胡适文存》里全文附录了梁启超先生的书目及对自己的批评文章。作为中国 20 世纪学术史上两位杰出的学人,胡适和梁启超两位先生都鼎鼎大名,他们之间能够坦诚相见,互相"论剑",实在是一件美事。

大学江湖需要有容纳异见的环境,使"大门""小派"都可以生发存续。学术权威掌握学术话语权,可为学者,亦可为学阀,"青出于蓝"是自然而然的趋势,然而失却了批判精神之后,成为权威的附庸则是必然,"胜于蓝"则难免成为泡影。当下对于权威的言论,缺少商榷、缺少质疑,更缺少超越的勇气,长此以往,学问奢谈进步,学术繁荣渺茫。

三、"究学理、论天下"是学术的发生与发展动因

打开西方学术发展史的画卷,学术界作为一个有组织的机构在中世纪肇始,当修士和教士走出修道院,开始进阶研究,便形成了在城市大教堂开办的

---

① 梁启超. 国学入门书要目及其读法[M]//梁启超,等. 国学大师讲国学. 北京:中国致公出版社,2008:22-24.

第一所学校,从而有了后来闻名于世的博洛尼亚大学、巴黎大学、牛津大学和剑桥大学。到 15、16 世纪,人文主义已经系统涉足艺术与科学的研究。此后,又经历了经院哲学时期,学会兴起时期,到 19 世纪,洪堡提出,教育建基于独立性、创造性、完整性及通用性,①强调教育及学术研究要下沉到平民阶层,与学术的专门化大趋势形成互补格局。到了 19 世纪八九十年代,学术生态上的经济因素开始发生重大变化,有人觉得大学或学术正遭遇着史无前例的破坏与摧毁,也有人觉得大学因此有了更多的发展空间。"大学公司化"成为当时学界遭受的最大抨击。② 这与当下高新技术革命背景下大学与学术遭遇的期望和诟病极为相似。

中国的学术发展史是从"论天下"开始的,到了选官制度改良后,更是将"学而优则仕"的社会取贤渠道推向了高潮。读书人为学的根本,绝非"两耳不闻窗外事,一心只读圣贤书",而是胸怀民生、兼济天下。当下的学术场对真理的追寻淡化,对社稷天下的关怀式微,显露出局限、流俗的气质,最根本的原因就在于学术本位的根基已被撼动,主心骨已然缺失。

江湖与土地相对,因此居民也与侠客相对,身在江湖,则不得不游,故侠者即游者。人生不为世俗所羁绊,无论文武,都只一心向道。回望春秋年代,士皆为道游,孟子说:"无恒产而有恒心者,唯士为能。"因此,游于江湖,是重道义轻利益。孔子说:"彼游方之外者,而丘游方之内者也。"而庄子却以整个江湖为方,以道义为依归,"救民之斗,禁攻寝兵,救世之战,以此周行天下,上说下教,虽天下不取,强聒而不舍",只要志向还在,便可天下而居。因此,游于江湖是胸怀天下,有救世善举要面向社稷,存慈悲情怀。

---

① [德]洪堡.论国家的作用[M].林荣远,冯兴元,译.北京:中国社会科学出版社,1998:79.
② [美]鲁克.高等教育公司:营利性大学的崛起[M].于培文,译.北京:北京大学出版社,2006:32.

第二节　学问为什么

　　弗莱克斯纳说:"大学不是风向标,不能什么流行就迎合什么。"① 在惯常的话语体系里,政治为人民服务、经济为社会服务皆为正确无误的表述。但是,教育为谁服务呢? 教育中的学问又为谁服务? 这却是一个看起来简单却始终存有争议的问题。对这个问题的解答以及背后所折射出来的价值取向历来纷争不断。英国著名高等教育学者阿什比认为,"高等教育体系的特点是深受传统势力影响的。它显示出生物学家所谓种系发育的惯性",但另一方面,高等教育又要"随时适应(有时是很痛苦地)所处的社会环境"。② 从阿什比的观点看来,高等教育和社会的个体一样,是遗传和环境双重作用的产物。阿什比在此基础上又进一步提出,就环境因素而言,有三种力量影响着高等教育生态体系的生长、发育。第一是顾客的要求,即学习者学习诉求的满足;第二是人力的需要,即就业吸纳方的需求影响着大学的课程和毕业证书;第三是资助人的影响,即当下高等教育体系不是靠顾客或雇主的资助生存发展的,靠的是国家的资助,因此,政府掌握着高等院校的最高经济支配权。从这个分析维度出发,我们就很好理解了教育为谁服务、让谁获益的决定权掌握在国家的手里,国家在这里既是一种政治的导向,亦是一种权力的象征。就遗传而言,阿什比提出了两种"遗传"力量,一种是对所有教育改革均保持反对意见的习惯势力;另一种是教育工作者秉持的教育目标或理性信

---

① [美]弗莱克斯纳.现代大学论:英美德大学研究[M].徐辉,陈晓菲,译.杭州:浙江教育出版社,2001:3.
② [英]阿什比.科技发达时代的大学教育[M].滕大春,滕大生,译.北京:人民教育出版社,1983:138.

念。这两种遗传基因在教育改革发生时分别发挥着正反两种对抗力量。① 而美国学者伯顿·克拉克则将影响高等教育的力量归纳为三方：国家的力量、市场的力量、学术权威的力量。世界各国的高等教育在三种力量的对垒、平衡中找到一个合适的力量坐标点。② 正是由于高等教育系统中存在着错综复杂的关系，"教育为人的发展服务"这个常识性的命题才成了教育品质发展过程中的真正问题。

当我们用如上的逻辑来深层次地审视或分析中国高等教育与学术界的存续状态时，我们会发现这其中有一个"无解码"，这个"无解码"就是"江湖逻辑"。"江湖逻辑"已在不知不觉间弥漫开来，成为当下中国高等教育或学术界的在场文化。所以，如若离开这个在场文化的基础，去解析中国高等教育生态或中国式学术生态，都难免会陷入一种无文化属性分析的简单认识误区之中。

不管是学界还是江湖，群体争夺的目标都指向资源。江湖的资源分界是地盘山头及其所操控的帮派，学界的资源分界是研究领域及其主管部门。无论山头帮派还是研究领域，都具有抢夺资源的共同属性——有限性。在江湖里，山头定规矩的是大佬，山头下讨生活的是江湖里的市井俗人。在学术圈，研究领域的"攻城者"是学界大佬，"守城"的是青椒、后生。在学界立身，靠的是思想、启迪、影响、开创、成果。而一旦陷入学术江湖，立身的门道和路数就复杂多样了。

江湖是个情义社会，首先要有"人场"。有"人场"，"捧场"的人自然就能混个脸熟、拉个友邦、窜个自我营销。这样频频露脸的学者可能没有什么高深的见地、响亮的成果、发人深省的声音，但不论什么场合、不论什么会议，有

① ［英］阿什比.科技发达时代的大学教育［M］. 滕大春，滕大生，译.北京：人民教育出版社，1983:139.
② ［美］克拉克.高等教育系统：学术组织的跨国研究［M］. 王承绪，等译.杭州：杭州大学出版社，1994:174.

请必到甚至不请自来,开会时很安静,茶歇时很热闹,名片上头衔多多,一来二去,就在圈里有了名气。也有很多时候,互联网搜索,某某学者,成果齐腰。忽而有一天,终于在台上发声,听其言论,反差尽显,与成果数量不匹配的表达,与项目级别不匹配的思想让人大失所望。这样的失衡让学术的尊严与气质一次又一次地被拉扯到与流行文化同层级的世俗文化场域。有"跑会立身"者,也就会有"项目公关"立身者。有资源就可以公关,公关就能拿到项目,只要拿到项目自然就能结题验收。目前学术界对于所有学术立项的把关大多将重点工作放在前期的筛选与审核上,而后期的出口审核却较为松散和形式化。以至于,很多项目的实施流程都成了"一个人立项——一群人干活——少数人受益",至于学理价值、实践贡献、咨询建议的实效则无从谈起。中国每年巨大的论文发表量早已领先世界,但科技创新、思想贡献却鲜有重大的突破。好多学者,更确切的应该称之为"职业写手"。加工改造、冷饭热炒、每周一文、半年一书,粗制滥造、老调重弹,尽管胸无一物,著作也算等身。这在职称评定、评优评先的各种场合,"优势"频现。毕竟,当下诸多评审看重的是材料而不是思想。

无独有偶,随着互联网和自媒体的迅猛发展,"学术网红"你方唱罢我登场。当然有的"网红"确实是学术圈里的正能量代表,这一类"网红"一般由学术粉们自发捧红,本源于对其学术研究精神的敬仰,对其学术研究成果的欣赏。而事实上更多的则是学术江湖里的"炒作派"。这类学者谙熟网络营销的媒介、方式与门道,既不埋首苦读圣贤书,亦不勤思行万里路,而是抓住一切可以在公众媒体曝光的机会,进行自我标榜。

与大咖们的生存状况相对的,当然就是大学系统里的各色青年教师了。他们原初胸怀大志,满眼学术理想,历经学业积淀,怀揣着数个毕业证书,带着勃勃生机跻身高等教育的生境之中。近年来,笔者眼看着身边一个个原本阳光灿烂的眼神变得黯淡无光,一张张激情的笑脸变得世俗而刻板,心疼不已!以偏概全当然是不对的,但是,随着高等教育事业的发展,同样的困顿与焦虑有增无减。原以为有了牛奶面包，远离社会动荡，不再如西南联大般颠沛流离，大家就可以安心、专心于学术了。事实正好相反，许多学者行文落笔，无不缅怀历史上那些食不果腹但依然坚守学术的灵魂故事。而环顾当下，更多的是霸道规则之下屈从的生灵。大咖们历经世故，圆滑通融也就罢了；"青椒们"是花蕾未及绽放就已濒临凋谢。悲乎，谁之过？

从费孝通先生的安居，到江湖天地之间的神游，良民与侠客是两种并行不悖的生存样态，无关褒贬，不分高下。真正的问题出在生存环境与文化生态的异化，良民所得不菲，但静心难得；侠客无处论剑，空余豪杰梦想；读书人心乱如麻，研习者无所归依。其实，真实的世俗生活并不低贱，称之以学术的生涯未必天生高贵，从事高贵职业的人未必表里如一，而埋头社会底层的民众不乏慈悲情谊。

多年前，笔者在描述大学生态时，就以学生的眼神变化做过比喻。新生的眼神与毕业生的眼神一望便知，历经三五年院校时光的打磨，两者出现了本质差异，甚至可以说是天壤之别——前者充满想象与憧憬，后者透露漠然与世故。难道这就是所谓的"成熟的代价"？天真的眼神显得不成熟，但天真却意味着无限发展的可能性。无疑，现代高等学府与社会发展高度融合，学校与社会早已无缝对接，即便如此，院校生活还是与其他社会组织的生活明显不同，多有高雅之气，应该保持清新脱俗的品格才是。要不然，考入学府就像落入了江湖，进了大学犹如进了市井之地。"江湖"一词在小说里，大多还是比较正面而且充满正能量的。英雄豪杰你方唱罢我登场，无不神采各异，光辉夺目，让后人倾慕而追随。潜规则、用暗器、使阴招、假大空，皆为古今唾弃之事。然而今天所论及"学术江湖"一词，却多少带有些许贬义。一则因为高等教育局内人无不以高大上自居，自以为远离江湖，唯恐避之不及有辱斯文；二则因为坊间对大学微词颇多，而"有鼻子有眼"的负面竞争故事层出不穷，有时候难免"掉链子"而难以维护矜持高雅的学府形象。其实，大学本身就是一个混沌的复杂组织，江湖正面且积极的"论剑"机制与风范恰恰是当今大学作为学术系统最不该流失的传统。庄子曰"鱼相忘乎江湖,人相忘乎道术"[①],能够逍遥自适,方可独善其身;唯有公平论剑,才会脱颖而出。过往的江湖气息居然成为当今学子的理想,这本身就值得反思与深究。

江湖既有规则,自然暗流涌动。吴思的"潜规则"认为:在明文规定背后隐藏着一种虽不成文却被广泛认可并实际支配着现实生活运行的规矩。[②] 它的魅力在于为那些"走投无路者"提供了一条可以变通的法门,正所谓"规矩是死的,人是活的"。不经意间,潜规则迅速蔓延开来,少数校园机会主义者陶醉其中、无法自拔,而那些大学理想主义者左冲右突,却大多扫兴而归,无奈之下越来越多的从教者加入了应景随波的队伍。

单从词性上看,"潜规则"一词或许无关贬褒;从个体角度看,甚至功效显赫。然而,该词一旦被人们广泛掌握,内化为思想观念并外显为行为逻辑后,就难免与公共道德相悖,从总体上扭曲着人们的价值观念,污染着社会生态,顽疾之深、危害之烈,超乎想象。由于"潜规则"大行其道,大学不像大学、老师不像老师、学生不像学生。为知识而知识、为学术而学术、为真理而真理的大学精神淡出视野;有着"朝闻道夕可死矣""路漫漫其修远兮,吾将上下而求索"志趣的仁人志士很少遇见;"士志于道""为天地立心,为往圣继绝学"的师生主体细若游丝;大学面对"潜规则"而力不从心,教育江湖自此难以安宁。

第三节　生态的藩篱

学术圈变成江湖最根本的原因就是学术本位的缺失。缺失背后的原因复杂且多元,很重要的一点就是学术评价机制的不停躁动。在 2016 年全国科

① 陆永品.庄子选集[M].武汉:长江文艺出版社,2021:78.
② 吴思. 潜规则:中国历史中的真实游戏[M].昆明:云南人民出版社,2001:自序.

技创新大会上,华为公司总裁任正非称:华为现在的水平尚停留在工程数学、物理算法等工程科学的创新层面,尚未真正进入基础理论研究。随着逐步逼近香农定理、摩尔定律的极限,而大流量、低时延的理论还未创造出来,华为公司已感到前途茫茫、找不到方向。华为公司正在逐步攻入本行业的"无人区",处在无人领航、无既定规则、无人跟随的困境。华为公司跟着人跑的"机会主义"高速度会逐步慢下来,创立引导理论的责任已经到来。 与此相对照,大学学术圈天天传颂着这样的创新、那样的突破,但真有哪个学者、哪个团队、哪个学科能明确地说,在本研究领域他们已攻入"无人区",并且清晰地知晓所面临的瓶颈与未来的解题方向? 仅从这一点上看,当下的学术圈甚至缺乏企业的自觉精神。

一、垄断的学术公器

谈及学术评价机制,不得不承认,它好比学人生存的空间规则。为什么学术会成为江湖,为什么学术本位会缺失——因为学术评价体系就是一个牢不可破的江湖。近年来,自然科学界对科学出版巨头爱思唯尔发起一波又一波的抵制活动,就连德国这样的自然科学拔尖的强国也纷纷加入了抵制大军。这些学术界人士揭竿而起、摇旗呐喊为哪般呢? 原因不新奇:还是绕不开高昂的出版费用和奇怪的收费机制。然而,"革命的呼声"能否真的促成"革命"? 学术出版巨头三分天下的格局能否改观? 难!

其实,爱思唯尔遭到抵制的原因是普遍的,普遍就意味着它不是爱思唯尔一家出版巨头的个例。放眼全球来看,普林格·自然、威立同样存在着"爱思唯尔问题"。很简单,三巨头拥有全世界近九成的科学刊物,而一个科学界的学者要在科学界立身,就势必要发表论文。所以,在这样一个封闭的系统内,只要科研成果的发表、检索、评价系统不改变,那么,学者们在任何一个环节发难都只是在类似购物网站上无足轻重的"买家吐槽"。

国内学术成果的评价与产出生态亦复如是！2022 年，独霸神州的中国 Z 网涉嫌垄断被实施立案调查，亦为冰山一角。从经费来看，学者申请研究经费进行研究，其成果在期刊上发表却要以"金钱"、"资格"或"资源"为代价，学者需要查阅、检索自己的论文时，还要向数据库网站再行支付费用。当然，这些被冠以一个合理的说辞——"版权保护"，可这个"版权"的终极归属者难道不应该是作者本人吗？在这个买卖交易发生的过程中，谁吞噬了作者的"版权"？谈及支付，有影响力的学者可以凭借累积了几十年的学术影响力及声誉获得发表资格；退而求其次的学者可以凭借职称、职位以及小范围内的活动交往及影响获得发表资格；而作为"三无"（无资历、无资源、无身份）人员的青年学者，就只剩下熬时间排队、烧脑子修改、费气力砸钱了。只要职称评定的考察要素还是影响因子、期刊等级、出版级别，只要这些"青椒"继续步后尘都指望熬成"大佬"，而现在的"大佬"又不想破坏游戏规则，那么游戏就会继续，等级排位的故事就会延绵不断。所以，哪怕在传统的媒体传播行业受互联网冲击迅速凋敝的今天，在原本一呼百应的传统公共纸媒都纷纷退出历史舞台、告别读者的今天，学术出版行业依旧可以挺住甚至雄起。当然，我们亦不得不承认，能够称之为"学术公器"的期刊大多都有真功夫，才能在学术的阵地里挑大梁、顶住一片天。而对于垄断的格局，一些有变革能力的人只想守住既得便利不变革，而想变革的人往往并不具备可撬动变革的能力。面对生活，首先是"人"，而后才是"学人"，讨好与顺应游戏规则，从根本上是在讨好生活。

换个角度来看，当前的"学术成果"展示只是"江湖深、规矩乱"吗？恐怕未必！经济学告诉过我们一个最为简单的道理：有买方市场就有卖方市场。版面费出现的背后，隐含的第一词条就是"成果过剩"；当办杂志的向写文章的收费，就意味着版面比文章稀缺。这与我们的理论产出率和更新率又形成了一个矛盾，这么多的"成果"为什么没有或鲜少催生理论的产出与革新。很简单，自然科学的理论更新与发现依赖于实验和勘察，人文学科的理论更新依赖于思想的变革,社会科学的理论更新依赖于现实的变化及观察,但真正能够以此为标杆和准则而进行的学术研究少之甚少,依此作为书写根据的论文更是少之甚少。所以才会有写论文的人多,看论文的人少。很多论文和期刊的存在价值往往只在职称评审或升等晋级时得以彰显。

发表论文既然作为衡量学术成就的重要标尺,那琢磨如何发表论文就具有了高度功利的现实意义与价值。什么样的学者会认认真真、兢兢业业地琢磨如何发表论文呢? 当然是那些具备了论文发表最基本的职称、资历要求,且渴望向上搏一搏的中上游选手。这样的学者具备积极的研究态度与精神,孜孜不倦、兢兢业业,对于论文发表、奖项申报、项目申请愿意投注百分百的挚诚与热情。他们细致琢磨什么样的标题或摘要会吸引编辑的视线,什么样的论文体例或形式更容易受待见,什么样的奖项申报格式或填写策略更容易中标。如此这般的学者现在前赴后继,越来越多了。我们不能说不好,毕竟还有处于中下游、论文也写不出来、项目也报不出去的学者呢。但是,我们也实在无法褒扬这些应景之作。那些形式规范、格式精致,但思想平平、创新虚浮的成果,大多胜于乔装打扮之术,胜于包装而远离品质,汗牛充栋却不能够发人深省、推动创新的成果,其价值和意义除了对发表者来说可以获得荣耀及其一系列滚动叠加的资源砝码外,于他人、于学科、于学界、于社会、于人类到底有何价值? 当学人群体逐渐演变成工于心计的"手艺人"之后,又将如何"科学"地引领社会的发展? 而一旦这些"著作等身"的雕虫小技者摇身一变成为学术江湖的主流和佼佼者时,人们不得不疑惑:江湖之大,侠客安在? 这也正是当下许多人不断怀念民国先生们的背影,继而发出无限感慨的原因之一。

二、唯名的人才机制

以个体学者构成的师资群体作为决定高校竞争力的核心要素,一直都被视为关系高校永续发展的决定性力量。不同的高校在一轮又一轮的高等教育改革与发展拉锯战中，纷纷刷新人才引进的优惠政策，不断加大对本校急需人才的引进力度。甚至，有的学校把学科建设的全部期望都投注在人才引进上。而在人才引进或培养的过程中，"名"成为核心的考核要素。"名"即头衔等级，各种术"士"、江河学者、"杰青"（一般都是中年人）、精英人才、带头人等，名目繁多。为了引进人才，学校专门开列出了具有吸引力的引进条件，这些条件的主体当然由"钱"构成，虽是学校可以支配的所谓学科建设经费，但本质上无不来自纳税人的转移贡献。"外来的和尚"比拼成果数量与头衔，而本校的学者培养要么"锦上添花"，要么"雪上加霜"。校内的"大咖们"集结一切优势资源，学校投注一切人力、物力、财力对其形成强大的科研保障，而那些缺少名头的学者却只能扮演团队中的"劳动者"角色，无休止地填表"耕耘"，不断地写作"干活"。其间资源状况、研究条件、激励保障措施均天差地别，继而促成了学术上的马太效应。

唯名的人才机制诱发了另一恶劣的负面影响——煽动唯利的人才走向，造成更加不稳定的学术发展格局。在"名利"诱惑面前，安定并潜心学问的学术格局被动摇。人才引进对高校而言，无疑是一项风险投资，每引进一个高层次人才，动辄百万，乃至千万，另附加单列的薪酬体制，周转房过渡，家属安置等，耗资不菲。（难道从未有人质疑过：这些来自纳税人的钱可以这样被"送"来"送"去吗？）但很多高校往往迫于阶段性政绩指标的压力，无暇顾及投入产出比，无法将人才生长视为一种持续的进程，谁也无心等待瓜熟蒂落的那一天。结果往往不尽如人意，许多引进"人才"虎头蛇尾，最明显的成效无非在学校的年终成果统计上多了一些数据而已。

如此生态必然催生出一些被称为"新时代的跳蚤"的所谓人才，他们聪明绝顶、技艺高超、机关算尽、利益均沾、无所不用其极。其实无论在哪一种时空当中，都有这类人的身影。人上一百，形形色色。仅就个人的选择而言，其实无可厚非，有时候还应该给予充分的理解。但是，问题的严重性在于这种人才异动早已非个别,似乎已经成为时代潮流之一,如若长此以往,像临时工一样变来变去的人才们何以支撑长远稳固的学术大厦?有学者曾呼吁上级有关部门关注体制机制的改革与回归,实属难能可贵。但笔者以为毫无用处。多年以前笔者就说过:天真的学者们以为决策者不知道?其实错了!不是他们不知道,而是"不知道他们不知道"。

人才对于推动学科建设,加强学校师资力量,提升学校科研水平无疑发挥着重要作用,但将所有的资源和希望都投注在个体身上,其实违背了理性、长远的学术孵化和生长规律。学科建设、师资力量的提升是一个长期、持续且需要团队合力并进的系统工程,绝不是单项指标叠加的结果。

学术江湖热闹,缺的正是安静的"角儿"。环顾左右,精明能干的高级人才一波又一波,时代飞速进步,看来再也不需要杀身成仁、舍生取义的仁人志士了。至于季羡林先生的"三辞",仅是他自己的选择罢了,大家钦佩一回,各自也就慌慌忙忙、义无反顾地投入世俗竞争的洪流之中去也。

客观上考察,机会的存在是机会主义者得以在高等教育江湖中穿梭自如的基础;主观上审视,机会主义者的人生态度是他们在江湖中以机会为本的真正原因。

三、强大的项目之网

科研立项长期以来在我国的学术评价体系中占据着重要位置,项目的层次与数量几乎成了一个学者标榜其学术成就的要素。从学校到二级学院再到专业、学科、个人,均有巨大的立项压力,因为科研立项的数量与层次几乎和所有的评价考核挂钩。从学校到个人,各方面集中一切力量申报项目,在一定程度上,推动了学校的科研积极性,但也导致了项目申请过程中众多失衡行为的发生。例如上文提到的项目公关,圈领地、占山头,还形成了重立项、轻研究、巧结题的浮躁伪科研之风。层出不穷、条块分割的各种项目之完成质量、成果产出、价值贡献等许多方面都值得商榷。当前,科研立项在质量考核与控制的出口把控方面缺乏系统的设计,更少有严格的质量控制点与控制标准。中期检查与结项验收往往只是走个过场,导致了研究过程的随意和研究结果的低效。最终,科研立项的投入很难产生实际的价值回报与影响。

在当前的资源配置体系中,只要把足够数量的学术大咖及其名下的项目揽进校门,学校就能以加速度的方式提升其在各类排行榜上的位次,由此连带出一系列预料之中甚至是预想不到的好处——从显性的物质经费支持到隐性的升等晋级的可能性。当然,时下更多的学术大咖名副其实,德高为师,业精为范。他们前卫的科学创造或思想理念让人如沐春风,给大学带来无限生机。但专业之外他们并非万能。制度性的博弈、阶段性的热闹,往往会毫不留情地磨损掉学术天才的棱角,使其成为昙花一现的演艺人员而错失成为学术大师的机缘。江湖混战所造就出的一批批徒有虚名的伪学咖,必将随着时空演变而如梦幻泡影般消弭无痕!

很显然,工具理性扰乱了学术"江湖"。与此相应,"课题"横行霸道起来。课题研究作为学术活动开展的载体之一,其本质上是一个知识生产或再生产的过程,但由于知识不可物化,所以,并非所有知识都能"生产"出来。而在现实的课题研究活动中,什么课题容易得到项目支持就做什么课题,什么课题能够获取实际利益就扎堆聚气的恶性学术"圈地运动"蔚然成风,问题域及其课题指南成了山头,学术圈子变成了江湖,"有用性"成了尽人皆知、评判一切的尺度和游戏规则的核心,工具理性过分张扬,价值理性退居一隅。这样的格局转变,对于学科发展及科学研究产生了深切而无法逆转的影响,最终无异于杀鸡取卵。

简而言之,学术研究的初衷与动力首先源自兴趣。随着社会的发展,科学研究活动从最初的个人活动转变为集体活动,继而综合成为一种复杂的社会活动,于是社会系统的依赖程度也同步加大。然而回到学术活动的原始动因上看,古往今来,任何重大的发明与创造无不裹挟着个人的旨趣与情怀。学术研究旨在求真,而"真"本身就是一门学问,这里的关键维度是时间轴。

无数史实证明,任何短浅的业绩评价都不可能给学术贴上"身价"的标签,学术的价值从来都不是指标甄别的结果!

四、叠加的褒奖体系

古往今来,以"理想"为名的大旗之下总是聚集着特定的群体;以"政策"为名的法规势必框定圈内的竞争游戏;以"制度"为名的分羹体系一定会吸引并相应造就无量时空中的特殊物种。无论是"双一流"还是"单一流"抑或是"想一流",教育江湖奥妙无比,大家都在揣测、甄别评选的逻辑,校校都在追逐动向、不停"创新",唯恐搭不上历史的快车。一时间,江湖众生一分为三:一种在核心区忙着为新目标筹划新战略;一种在边缘区忙着为新战略抢夺人力、物力资源;一种在圈外忙着东施效颦寻找新的契机或生存点。

著名社会学家默顿"将人类社会发展中的一类现象归纳为马太效应,表示成功导致成功、失败导致失败,富者越富、穷者越穷的事物累积发展规律。事实上,这一规律存在于包括学术领域在内的社会多个领域中"[1]。马太效应作为一种两极加剧发展效应,对学者成长、学术研究、科研管理、学科建设、大学发展均产生着重大影响。其正面、负面效应兼而有之。在学术发展中,对马太效应形成的原因主要有两种主流解释:一是以默顿等为代表的具有"普遍主义"取向的解释,将其归结为自致性而非先赋性因素作用的结果,并认为学术界内部的精英主义价值取向和不平等结构具有合理性;[2]二是以马尔凯等为代表的带有社会建构论的"特殊主义"取向的解释,将其归因于毕业机

---

① 杨红艳,蒋玲.马太效应调控视角下的学术评价机制改进[J].河南大学学报(社会科学版),2015(5):145.

② [美]默顿.科学社会学:理论与经验研究(上册)[M].鲁旭东,林聚任,译.北京:商务印书馆,2003:369.

构、就职机构、导师关系等外在支持条件和因素。① 从内外因作用与实效的角度进行分析，不得不承认，马太效应在一定程度上是学术研究工作者个体主观能动作用的结果，但也不可回避外部因素在这个过程中发挥着调控或是加剧的影响。从这一点而言，马太效应既是自发的又是可控的。然而，由于指标评价体系的引导，当下的学术评价体系在马太效应的调控方面发挥的正向作用极为有限，甚至大多数时候促进、加剧了马太效应的负向作用。

自有人类并扎堆构成千差万别的组织形态以来，作为"类江湖"的社会生活形态就同步而生，且从未平静过，也不可能平静。大学亦复如是。高等教育自身就是一个复杂的生态系统，系统内各"链条"层级之间往往因为权力博弈或利益冲突等问题的存在而纷争不断、矛盾重重，其生存与发展均深受各方力量的牵制或推动——政策的引导、行政的干预、市场的纠缠、社会的诱惑纵横交错。最新一轮教育江湖荡起的风潮，当数"双一流"榜单的正式发布——万众期待、千校瞩目、百校窃喜，坊间报道却异乎寻常的冷静。得者偷着乐，失者多酸楚，整体有狂欢，局部有反思。不同于对"211""985"的膜拜之风，社会对新一轮"一流大学"或"一流学科"建设榜单的质疑一时间构成了舆论热潮。

江湖水深，坊间有云：为什么有的"一流大学"没有"一流学科"？为什么有的学校拥有很多"一流学科"却不是"一流大学"？为什么有些大学的"一流学科"并非自己的优势，而原有的优势学科并不在一流行列？为什么文科强校拥有机械制造类"一流学科"，而著名的理工大学却失去同一个属地？为什么以文史哲见长的名牌大学开列出一系列理工类"一流建设学科"？为什么某知名大学的"一流学科"居然只是一个专业？有大学某学科荣升"一流"，据说笑翻了校友圈，因为他们从未见过类似学科在母校过去的招生计划中

---

① Tuire P, Eron L. Exploring Invisible Scientific Communities: Studying Networking Relations within an Educational Research Community. A Finish Case[J]. Higher Education，2001(4)：508-511.

现身……

千万别低估潮流的作用。"心有多大，江湖就有多大。"接下来，会有一波又一波相似的浪潮逐步涌来——各省各市自己的"双一流"，各行各业自己的"双一流"，高职高专的"双一流"，民办教育的"双一流"等，教育江湖必将持续洗牌，不断再现繁荣。殊荣、机会、混沌与陷阱并列，一股脑儿都奔着"高大上"而去也！高等教育是否持有定力，院校是否着力于育人，大学是否会因为持守本真而跌进孤独？谁也说不准。这是一个教育大发展的时代，同时也会成为一个需要留待历史去评说的"江湖"时代。

第四节　突围的契机

回头再看，"江湖"这个词汇最早出现于先秦时期，其用法既特指长江与洞庭湖，又泛指江河湖海，后来甚至延伸为天下的代名词。于江认为："在中国文化中，'江湖'一词有特定含义，决不是'江'与'湖'意义的简单相加。"[①] 按照通常的说法，江湖的含义有这样几类：第一，江湖是武侠的世界，是各种爱恨情仇的渊薮，充满刀光剑影，才子佳人，离愁别恨。[②] 第二，江湖是混迹社会的神秘社团，是熟人社会以外混沌、非透明、乏规则的互动空间。[③] 第三，江湖是一种体现独特心性和感受的独特文化。"江湖文化就是指存在于江湖人、江湖社会中的各种文化现象的总和。"[④] 有人的地方就有江湖。江湖就在每个人的心里。

---

① 于江."庙堂"与"江湖"[J]. 社科纵横，2005(2)：159.
② 刘 C. 仗剑江湖　侠游天下[J]. 大观周刊，2006(34)：87.
③ 李恭忠."江湖"：中国文化的另一个视窗——兼论"差序格局"的社会结构内涵[J]. 学术月刊，2011(11)：30.
④ 刘平. 近代江湖文化研究论纲[J]. 文史哲，2004(2)：69.

对于"江湖"这个迥然有别于政府体制的社会现象与社会存在,李恭忠从社会学的角度进行了分析。他认为江湖作为一种特殊的文化传统,在价值模式上体现为等差有序、内外有别的"义气"。"'江湖'传统表面上看主要存在于下层群体当中,实际上深嵌于常态文化体系之内。"①

于是,江湖传统和江湖文化一直被视为与官方的、体制性的社会组织形态不一样的,独特的社会现象与社会存在。因此,"江湖"所包含的价值体系和行事规则也迥别于政府及其体制性存在的价值体系和行事规则。在传统文人的笔下,江湖常常与庙堂相对。比如,范仲淹的《岳阳楼记》里面的名句"居庙堂之高,则忧其民,处江湖之远,则忧其君",比较充分地表达出传统文人对江湖的理解:庙堂代表着权力中心,代表着政府的权力体系及其延伸;江湖则属于远离权力中心的、政府的管理和控制"疏而有漏"的民间社会。

陈迺臣先生把价值界分为四种:关乎真假的真理价值;关乎善恶的道德价值;关乎美丑的美学价值;关乎人生终极理想归宿的宗教价值。诚如海德格尔所说:"学者消失了⋯⋯已经无需在家里坐拥书城,他更多的时间是在外边跑来跑去。或者在小型的碰头会上与别人协商切磋,或者在大型学术会议上趁机搜集资料。他为了谋取一张聘书或委任状而与出版商接洽,后者如今完全左右他写什么书或不写什么书。"② 如今的学者们消息灵通,善于应变,善于搜集各种"信息",善于发表各类"文章",却唯独缺少了学者之为学者的"学术性",即他的"沉思"。笔者以为,大学与江湖各自的坚守不尽相同但并无二致,人们眸子里的定力和精气神无法掩饰。返璞归真之后,余下的正是行为的底线和所谓的特色。

孤独本源自内心无所归依,生存环境变化莫测,多元潮流冲刷价值标准,传统学者及学术的"戒、定、慧"修炼已为陈腐,早就抛之于一隅而少有人问

---

① 李恭忠."江湖":中国文化的另一个视窗——兼论"差序格局"的社会结构内涵[J].学术月刊,2011(11):33.

② [德]海德格尔.人,诗意地安居:海德格尔语要[M].郜元宝,译.上海:上海远东出版社,2011:45.

津,更少有人坚守。只要有用,"戒"它做甚;把握机遇,"定"就是愚;失去功名,"慧"在何处? 在"侠义"稀薄的时空里,各大学为了争取或巩固自己的江湖地位,不可避免、半推半就地卷入了资源厮杀之战场,强者居中,弱者溜边。为了避免这样的结局,大学岂能不战,学者岂能例外!

大写的"学"才是大学的本意。我们何尝不想如此! 问题在于今天的大学离"学"越来越远,离"人"也越来越远了。反之,离非"学"指标越来越近,与世俗标准越来越密切了。虽然我们都不愿意承认大学正逐渐演变成为江湖的事实,但更加可悲的是,当前大学的某些作为方式甚至连江湖都不如。世界的物质化和人的异化使得我们与传统"江湖理想"渐行渐远,大部分知识分子亦不能免俗。"以教学为中心"一直挂在墙上,"为了学生的一切"也成为许多学校的办学准则。老师们被变来变去的口号指使得晕头转向,周而复始、持续不断地奋斗以积累业绩资本,犹如蓄势待发的剑客,卧薪尝胆到最后却不知道这一把备好的利剑该指向何方。

法国社会学家勒庞指出:"在群体意识中,个体的理智降低,个性被削弱。同一性吞没了特异性,无意识属性取得了主导地位。"① 学者中的仁人志士也会存在"学而优则仕"与"士志于道"两种不同的价值取向。周宏博士认为,江湖分为"处江湖""走江湖"两层意蕴,则可作"剑胆琴心""鱼龙混杂"两种意指,又或者它本身就是这两种典型及交错其间的大体量、非典型样式的综合体。琴心剑胆的学术江湖往往绚烂而易逝,如先秦争鸣、魏晋风度、西南联大传奇……

大学与江湖本来不该类比,但现实却将二者捆绑到了一起,使得游荡于其间的教育者或被教育者不得不做出选择。其实谁不想左右逢源,自得其乐呢? 问题是理想丰满而现实骨感,所以学者们总要有所取舍——要么混迹其中,利益均沾;要么洁身自好,恪守本分;要么兴利除弊,取长补短。皆大欢喜

---

① ［法］勒庞.乌合之众:大众心理研究［M］.马晓佳,译.北京:民主与建设出版社,2018:8.

的结局是众望所归,但两头不讨好才是多数人的宿命。大学作为一种特殊的文化组织,它的特殊之处就在于其运作的逻辑应当具备绝对的"排他性",即大学应当始终遵循其作为"社会良心"助力人类追求"理性与良知"的本质,并绝对恪守其探求"高深学问"以帮助人类社会朝着"真、善、美"的"幸福之路"前行的根本使命。它在不同的时间里可以被赋予不同的附加功能,但其使命是不应当改变的。

当务之急,就个体而言,要重拾学术信仰。在西方,学术开始从其他社会活动中分离出来,以理性、自由、求实、独立的品格赢得社会与大众的尊重,肇始于与宗教活动的分道扬镳。脱离了宗教的约束与隰化,学术研究迎来了一种具有高尚品格的内在神圣性与价值追求。在中国,春秋时曾参的"士不可以不弘毅,任重而道远";北宋大儒张载之"为天地立心,为生民立命,为往圣继绝学,为万世开太平";近代国学大师黄侃的"学问文章,当以四海为量,以千载为心,以高明远大为贵"和"惟以观天下书未遍,不得妄下雌黄";当代哲学巨擘熊十力的"做学问要如战场上拼杀一样要义无反顾";史学泰斗陈寅恪在王国维先生的墓前说"士之读书治学,盖将以脱心志于俗谛之桎梏"……① 学术信仰是学者学术生命得以延续的内在精神指引,是保持学术研究高尚品格的内在价值坚守。当下的学术环境面临着内外夹击的困境、窘境与乱境。但反观个体,是在世俗大潮的振荡中随波逐流,还是坚持品格、追求卓越,根本上取决于个人抉择。学术信仰的坚守是个体潜心学术的主观保障,更是抵挡学术堕化、净化学术研究氛围的强大精神屏障。

紧随其后,就群体而论,要重构学术共同体。当前的教育评估、院校评估、学科评估、人才评估,大都以量化标准为主轴,绕不开的就是论文、项目、奖状和头衔,最终以加权堆砌数据出来的排行榜为结论。研究者的思想、教师的教学能力、研究生的论文水平……全都可以简化、量化成一张表,通过密

---

① 曹加明.牵动我心的启蒙之声[J].中学语文教学参考,2019(22):1.

密麻麻的数字,最后核算出一个冷冰冰的分值。不得不承认,现代教育评估机制在公平、客观、控制主观因素影响参与方面有了重大的突破与发展,但究其合理性仍然值得商榷。至少对于人文学科而言,唯数字崇拜的发展、建设、评价方式是非常不合理、不可持续的。一年发表 5 篇核心期刊文章的大学老师就比一年发表 2 篇的更有学科建设贡献力与影响力?把这种论断置于历史时空里就知道有多么荒谬了。评价指标作为一种工具,人们最看重的是其可操作性。而人文学科的发展,最强调的是思想性。思想、操作和量化之间本身就存在着不可转化的基因障碍。这种根本上的不可转化性就决定了人才的综合评价不可能以数字化的指标作为唯一的衡量标准。

与此相应,大学从整体上需要重建学术信仰的支持系统。学术评价的导向偏差困扰了学术队伍与学术品格的积极发展,其中最尖锐的一个问题就是到底应该由谁来进行学术评价。这个评价主体的确认,其实质是找到学术的公心。这个公心不能交付于某个个人,更不能交付于行政权力的集群,那交给谁呢?应该将其返还给学术共同体自身。一个学者、一个学科、一个学校,不管其量化评估的排名在哪,民众及同行心目中的位置与口碑评价是不受数字所左右的。在民国时期的学术评价中,学术权威就扮演了核心角色。梁启超的一句话,让既无大学文凭又无学术著作的陈寅恪进了清华大学国学研究院。"当年的学术大师有崇高的专业与道德权威,他们以一己之学术与道德信誉担保,维护了一个国家的学术秩序。"[1] 当下的学术界,最大的遗憾或缺失就是没有了学术权威,而徒增了学术威权。没有了学术的公信,何谈公信力,更遑论学术秩序的重建!因为任何秩序的建立除了外在制度的健全还包含着内在价值的认同。而现如今,这种认同正在迅速消逝。

退而求其次,学术共同体的建立会成为最后一线希望。通过学术共同体建立的内部协商与讨论机制,能够按照不同学科的特点,通过发展性评审、专

---

① 许纪霖.回归学术共同体的内在价值尺度[J].清华大学学报(哲学社会科学版),2014(4):81.

业的讨论形成一套批判、评价尺度有差异的多元评价体系。这个体系要实现的最终价值不再指向排名而是有助于厘清学科的可持续发展状态。学术共同体的评判格局与行政化的评估制度大相径庭,它是在学科孕育、成长的过程中自发形成的,其形成的内在凝聚力是其发展延续的核心。行政化的"政策"、"措施"或"规定"可以朝令夕改,但学术共同体的价值认同一旦形成,就会成为学术共同体内所有成员共同遵循的内在价值,在时间的考验与淬炼之后,沉淀、凝聚成真正宝贵且不可替代的大学发展财富——学术传统。

最后,从哲理高度冥想,人们总是可以看到生机。现代化思想的宗师,德国哲学家和社会理论家韦伯,对现代化弊病的最严重警告就在于:在现世功利目标之上的一切超越性价值都遭到了"祛魅",达到目的的手段与目的本身之间的关系被经济学化了的计算思维所置换,人因此丧失了价值审问的意识;这种纯粹数学性的效率原则,居然自行塑造出了一种极度片面的日常生活的合理性,即"形式合理性"。人对这种不顾一切地"最大化之拜物教",既没有评价的能力,也没有拒绝的可能,所以这样的合理性不接受怀疑和质问,因此并不是"实质的合理性"。① 这样的合理性,导致现代人牢牢陷入计算思维的"铁笼",饱尝丧失终极价值失落和在无根性中的浮流之苦。

法兰克福学派的思想大师霍克海默和阿多诺发现了资本扩张的"自我持存"逻辑,即"人"最终在资本扩张的盲目运动中悄然退场,只有资本本身在持续地急速蔓延和充斥。也就是说,与以往所有的"人统治人"的社会不同,在资本社会中运行的是一种"无人"的统治。② 继之而起的新批判理论大师哈贝马斯,也断定人的"生活世界"被策略性和计算性的权力与资本系统所"殖民化"。此外各家各派关于现代人精神困境的思想经验不胜枚举,但他们都大体认可:现代人精神困顿的原因之一是现世层面的急速扩张造成了对超越层

---

① [德]韦伯.经济与社会(上卷)[M]. 林荣远,译. 北京:商务印书馆,1997:250.

② [德]霍克海默,[德]阿道尔诺. 启蒙辩证法:哲学断片[M]. 渠敬东,曹卫东,译. 上海:上海人民出版社,2006:50.

面的严重挤压,导致现代人的日常生活只剩下"现世"这个"单一向度"。美国的公民宗教,致力于在一个"上帝死了"的世界里重新寻找世俗生活中的神圣感,[①]何尝不是这种挤压下的一个反应?

　　总的来看,正如布尔迪厄所发现的,人不自觉地被卷入现代社会体制之中,由此带来现代社会的"社会性覆盖个人性"的结果,造成了现代人普遍的苦难感。[②]也就是说,现代社会的一个基本特征在于它在人的心灵结构上是"有进无退"的。它以人的独立性作为社会契约和现代宪政伦理构建的出发点,结果却适得其反,把个人空前深重地嵌入到社会网络之中,以至于人们甚至不知道在深深地、然后是更深地"进"入社会之外,还有什么"退"路。在没有指向的匆忙和意义退场的焦虑中,现代人都在"抓紧生活"却都感受不到生活的生动性。

　　社会上流行的段子当然是用来调侃的,却往往是社会生态的真实写照,至少不会空穴来风。前些年流行的中国大学昵称就很有江湖气概。比如傲立于京城的"五道口理工学院"和"圆明园职业技术学院";稳占于华东的"五角场文秘职业技术学院"和"浦口农民运动讲习所";称雄于华中的"关山口职业技术学院"和"珞珈山综合职业技术培训学院";偏居于西南的"壮志路街道辩论队"和"高新西区多功能娱乐休闲庄"。玩笑之余,仔细想想,这些高等学府的绰号非一日形成,更非一人所为,似乎也不能够简单地一笑了之。虽然我们既不相信更不当真,但这些江湖绰号所指代的院校形象至少投射出两个值得反思的鲜明特征:一是高深学术走下了圣坛,二是实际功用超常态地凸显。这不知是喜是忧?

　　透过克拉克笔下影响高等教育的"权力三角",即市场—政府—学术寡头的关系,我们似乎能够对大学江湖的混战有较为清晰的认识,而从场域理论角度分析大学的资源争夺本质乃是一场权力与资本的合谋游戏。在布尔迪

---

① ［美］贝拉. 美国的公民宗教［J］. 陈勇,译. 原道,2006(1):123-141.
② 郭于华. 作为历史见证的"受苦人"的讲述［J］. 社会学研究,2008(1):66.

厄看来,"一个分化了的社会并不是一个由各种系统功能、一套共享的文化、纵横交错的冲突或者一个君临四方的权威整合在一起的浑然一体的总体,而是各个相对自主的'游戏'领域的聚合,这种聚合不可能被压制在一种普遍的社会总体逻辑下"①。场域是各个相对自主的"游戏"领域结构化后形成的社会空间。在这里,行动者按照自己在空间内所占据的地位进行着争夺与博弈,以求改变或维持自己的生活质量。这样一来,在一轮又一轮的大学江湖争霸赛中,指标与名号自然成为各校盘剥的重点,教育情景中相应涌现出"朝三暮四""蜻蜓任职""狡兔三窟"的人才群落也就大可不必惊诧了!"爱智"的大学并非因为"爱才",实在是因为"爱财"而造就了"爱材"的虚幻繁荣。

那么,假设我们能够在现代语境里转化和再植"出世与入世""传统与现代""东西方合璧"的心灵结构,也许我们就能够更加超然地与这个我们未必喜欢的世界相安无事地共处下去,而不为它的功利原则所轻易占据;或者我们能够在高歌勇进、昂然入世的同时,坚守住内心对微小而生动的生活细节的诗意情怀。

---

① [法]布迪厄,[美]华康德. 实践与反思:反思社会学导引[M]. 李猛,李康,译.北京:中央编译出版社,2004:17.

第四章　学府众生

众生百态。一切偶然皆是必然。

　　大学是活态的社会组织,师生是维系教育运转的生命体,不同时代有不一样的群体生活样貌。随着高等教育的变迁发展,无论是从个体心理的演化,还是从群体所呈现出来的社会学征兆上看,当代大学师生的情绪表征、情感表达、情意诉求,乃至于情志指向,均呈现出一系列值得关注的问题和动向。人们通过对真相的剖析发现,大学与社会和光同尘,教育理想主义渐行渐远,大学师生在一定程度上变成了被动语态下的生命存在。往后,觉醒机缘尚在,突围生机并存,务须反思教育生发的动力,激发师生主体的活力,化被动为主动:一方面,要广纳东西方智慧,以内生觉悟;另一方面,要去蔽改良寻求善治,以外谋生境。如此,大学教育方能够形神兼备,实现高质量发展。

第一节　师生情态

　　从广义的角度看,人是教育的载体,也是教育的对象,还是教育的主体,在根本上是教育终极价值的归属体。健康的教育理当指向并关注到教育情景内外所关联的人,即活生生的生命体。中国高等教育的发展态势良好,不断取得骄人的业绩,当前大家无不以"高质量发展"的新标杆考量着高等教育的改革与发展状态。总体看来,"外强"毋庸置疑,"中干"显而易见。在康德看来,有机体的各个组成部分与整体交替地相互作用,只有在与整体的同一性中才能够存在,这种有机整体性是机械作用无法解释的。笔者以为,教育生命的个体为精、气、神之所,情之所至,事业即可生发。俄国教育家乌申斯基则认为,完善的教育可以使人类的身体、智力和道德的力量得到广泛的发挥;只有健康的心灵才有健康的行为;只有信念才能影响信念。有鉴于此,大学师生作为有机体或生命细胞存在的当下情势与状态值得我们深入检讨一番。

本章立论,绝非"代际变迁"的愚夫子论调,而是要言说一种"此不同彼"的理性察觉。认为中国高等教育如要实现真正意义上的"高质量发展",向外看,要充满信心,而向内看,须以慈悲胸怀观照师生个体的生命情态。

以下探讨的,既非个案,亦非全体,乃群体之一般。

一、毫厘知世界

不同时代有不同的群体生活样貌,大学师生概莫能外。"相由心生,境随心转",无论是从师生个别的生命样态,还是教育群落的情绪状态,乃至于高等学府里不同类型人物的表征,大学里的芸芸众生在大步迈向高等教育普及化阶段之时,呈现出了一系列并非偶然的情态。现象并非实相,但也能从一个侧面反映出高等教育实际运行和发展变化的端倪。

社科研究一般取两个基本向度:一是向外,由个体到组织再至整体乃至无限大的宇宙;二是向内,由宏观世界到行业整体再至组织乃至无限小的生命存在。前者涉及技术、策略和战略以及相关的手段、方法和政策制定;后者涉及心态、情感和意志以及相关的人文、生境和价值选择。如若取后一种眼光审视现实中的大学,我们不难发现,当今大学中师生的情态较之以往已然大不相同。

　　"情态",就基本词义而言,来自两个方面,"情"指外界事物所引起的喜、怒、爱、憎、哀、惧等心理状态,"态"指人或事物的形状或样式。综合起来可称为"神态"或"人情与态度"。从情态入手解析高等教育无疑是一个兼具教育学、心理学乃至社会学意味的"大人文"视角。因为教育是活的、有生命的、会变化的且富含情义的,绝非静态的、固化的、僵死的、教条的或无感知的。

　　过去数十年,祖国建设日新月异,国际形势风云变幻。地缘政治的纠结,文化的冲突以及金融危机的频繁来袭冲击着全球化、一体化的世界认同,"黑天鹅"成为生活里常见的词汇,未来发展的不确定性有增无减。前两年新冠疫情的突袭,更是加剧了地区间复杂的矛盾与对立,撕扯着国际社会本已脆弱不堪的共识。国与国之间、行业与行业之间、校与校之间、人与人之间的误解与疏离日益加深。仅就高等教育系统而言,比疫情更严重的是以高深学术为鹄的的教育行为主体显现出人文涣散和精神懈怠的苗头。教育的工具价值盛行,与近利相关的言行泛滥,理想主义渐行渐远。人们对教育内在意义的认同感明显削弱,各种各样以评估为称谓的检查多到让师生员工疲于应对,以各种通知为准绳的临时规定让教育者无所适从,纵横交错的表格不容分说地框定了师生的生活圈,以"不得不"为特征的师生行动倾向让人无所归依。在日常教育工作之中,应景随波的心态抬头,恒常的教育言行缺乏,学校发展及个体的成长目标变化莫测以至于无从坚守。伴随着宏观形势的风云变幻和外围生存法则的强势介入,师生对高深学术及教育元理论的探究兴趣明显降低;由于普及化带来教育机会的大幅度增加,个体对接受高等教育的珍惜感和紧迫感普遍削弱;由于人工智能的发展及教育技术的便捷运用,劳作感和刻骨铭心的研习过程整体淡化;由于体制化规程的逻辑强势,师生作为学生、学者的身份意识淡化,个性化的生命诉求弱化,破旧立新的欲望降低,个体不冲动,群体不激动,学生无力"引体向上",教师不再屹立潮头;由于教育竞争方式的标签化,师生对学术的敬畏心和神圣感大幅度消弭,一些人缺乏好奇心与探究精神,另一些人则茫茫然不知所措;由于学校管理运行机制的去教育化(行政化),师生作为学人的基因特征普遍削弱,学生眼神不单纯,教师眼神不笃定;由于全球化趋势及人们的发展价值观之间的冲突,整体供给的选择性信息与个体碎片化阅读获得的信息综合起来,模糊了师生的方向感。

进一步看,高等学府里的物和事在社会上未必有,而社会流俗的习气在大学人的身上一样都不少。回望十年,情势流变。从"吐槽、悲催、忐忑、小目标",到"压力山大、整个人都不好、吃瓜群众",再到"扎心了、戏精、巨婴、教科书式",然后转入"我太难了、杠精、网课、隔离态",直至"不想上学、不想上班、不想上医院、不想上西天",最后不得不"群体内卷,集体躺平"。大学人的举止谈资与市井无缝对接,有价而薄情,重利而轻义。

一叶知秋。从绝对意义上讲,一切偶然皆是必然。从知名大学的女生尬舞到另一著名大学的女生献唱,这些并非个别的事例表明,不会跳舞不是问题,不会欣赏舞蹈才是问题;不懂美不是问题,不知丑才是问题。从权贵题字、抚琴、献艺到不同院校的掌门人念别字"露马脚",这些并不少见的"极少数"事件表明,字写不好不是问题,无能欣赏好字才是问题;选择流行不是问题,看不懂经典才是问题。大学是探究真、善、美的文化场所,其间充盈着美的人或物但不乏差异性,内涵不同,风采各异;而其间偶发丑的人或物却体现出高度的一致性,无论怎样乔装伪饰,依然远离深刻,尽显浅薄粗俗。

真正的问题在于大学里类似的现象有增无减,人们无法不知。但类似现象之下的真相依然扑朔迷离,许多人其实并不知其不知。

很显然,大学不大了,勇往直前与现实社会全景交融,你侬我侬,已然全俗。高深学府中的群体对社会未来变迁的敏感度钝化,个体的注意力内收,人们只关心自己的事、眼皮底下的事以及自家门内的事,奢谈远景而忙乱于近利。大学师生在不同的学校和不同的地方做同样的事情,持同样的表情,发同样的牢骚。无论谈及课程、学科、专业、项目、奖项还是称号,唯一的差别在于言说的主体或关注的对象以及附加的资源所涉及的级差属于世界级的、国家级的、省部级的、抑或是县区级的。不经意间,个性学术有了范本,创新教育有了模式,科学研究有了套路,百、千、万人事尽入彀中! 作为中华传统德目之一的"勇德"明显式微,群体对改良社会的冲动及参与感降低,生活上"杠精"不少,学术上"杠精"不多;学界缺少理论商榷,不见争鸣批判,学术圈盛行相互"点赞";研讨会不研讨,答辩会不答辩;创新学术缺乏博弈切磋的语境;堂堂学府中关乎学术理性、社会责任、个体担当及真理辩驳的故事越来越少。大学师生所流露出来的心绪、情感、意愿及志向所形成的态势显而易见,少数人精神萎靡,部分人意识淡漠,许多人沉醉于格式化的表演当中,更多的人则应景随波,乐于旁观,心照而不宣。

从群体理性的"外求"到"内卷";从个体意愿的"个别躺"到"集体躺";从价值取舍之"可以说不"到"不想说不";从宣称的"极其不得了"到体感的"勉为其难了"。以偏概全当然不对,但太多的偏岂非偶然——一叶知秋,片面也是真。是故,苏东坡偈云:"稽首天中天,毫光照大千。"往大处看,群体的症候脱不开大气象的宏观影响;往小处看,个体的病灶无不是系统生态的微观投射。

二、被动渐成真

毫无疑问,高等教育的发展从"精英"过渡到"大众"再强势迈入"普及"阶段之后,大学师生的情态必然有所改变。从个体心理的演化,直至群体所呈现出来的社会学征兆,均不难证明这一点。笔者所指,意在唤起人们对高等教育主体人群的人文关切。因为,师生的情态是表象,教育主体人群在教育过程中投入的态度才是真相,而师生对于教育生长和学术探究的积极态度及其意志方能够构筑起"高质量发展"不可替代的塔基及成就卓越的要件。

许多人相信眼见为实,其实未必。无论是从哲学的角度还是从科学的角度,事物的真相重重叠叠,拨开迷雾之后才知道眼见大多不为实。极目所见者现象而已,社会现象尤其如此,教育现象概莫能外。现象之下是实相,实相之下才是真相。能否相信眼睛,取决于视力好坏;尽心捕捉音律,需要的不仅仅是听觉;努力感知事物的存在,得靠健全的机体机能;而笃信真知,则有赖于理性的反思和觉悟。潮流喧哗于上,水流恒常处中,洋流深藏在下,根本的流动要素显然来自后者,而人们对后者往往视而不见。教育如水,活态生长,硬指标上位,软实力中坚,而身处其间的人才是大学高质量品行的根本维系力量。换句话说,正是教育主体的感受、认知、情态、意志和理想坚守综合构成了教育品质的核心指征,舍此无他。作为教育主体成分的生命个体,如果在生长与发育的过程中缺少获得感,一切外在的努力和喧嚣难免与之背道而驰。

从精英理想到普及化教育,一方面,高等教育的"高、大、上"发展态势喜人;另一方面,有些词汇正在从大学校园里消弭,如朝气蓬勃、纯真无邪、激情澎湃、仗义执言、群情振奋、挺身而出、质疑探究、意气风发、挑战权威、特立独行,甚至是"刚毅坚卓"(西南联大校训)。而另外一系列"热词"则登堂入室、取而代之,如无所谓、不珍惜、不冲动、不好奇、不惹事、不着急、不愿意、不想动、无趣味、不得已,一众选择"随大流"及其相关的"格式化"姿态去"应对"方寸格局(屏幕或规矩),亦步亦趋。不经意间,大学师生在很大程度上变成了被动语态下的生命存在——被安排的工作内容,被规制的竞争方式,被训练的项目申报套路,被指南的科学研究逻辑,被框定的教育教学过程,被引领的课程教学方式……与此相应,好奇心大幅退位,探究意识整体削减,而对集体无意识的默认,对平庸泛滥言行的容忍,对规定动作的认同则同步渗透至大学生活的方方面面。无论是从复试、面试、答辩、求职的语式表情,到各种教育和培养仪式上的经典摆拍姿势,再到各大学网络主页内容及形式的高度同质化,直至人们在参加各种学术会议和教育交往活动时的举手投足,无不充斥着"都行,可以,没关系"的"佛系情态"。

理想主义的教育已经渐行渐远。历史证明,高等学府是引领或推动社会发展的晴雨表和思想源泉,大学师生是社会进步与改良的风向标——史上最先觉醒者,对于社会发展变化最先有情绪反应及思想觉察的一定是高等学府里的芸芸众生,可现在却未必。伴随着外围生态如文化冲突、经济洗牌、地缘政治的急剧变化,大学师生的精神价值诉求正在发生着微妙的变化,原来以为十分重要的事情似乎不那么重要了;执着性明显削弱,原来以为要一辈子持之以恒追寻的目标似乎也没必要坚持了;应景成为惯习,多如牛毛的外围评估或检查活动削弱了基层师生的主体积极性;主客体分离,以客体视角称道的高尚典型与主体生活选择的矮化形成反差,前者不少,后者不多;形神明显分离,规定动作越来越认真,言不由衷越来越普遍,表里不一成为生存常态,"不得不"成为行为动机——填表、开会、报项目、拉关系、跑资源;某些时候,外延指标上位取代了润物无声的教育内涵意义——教育的生长周期已然无暇顾及等待,对无用之大用(默默无闻的基础研究以及形而上的抽象学术)的学理价值预期被人们无情地抛在脑后。

"被动"的生长情态之下,大学师生的精神诉求与行动意愿也就值得我们进一步深究质疑了。当下,在教育者的层面,到底那些个高居学术前沿的"大咖们"关心什么? 勤恳寂寥的老教师关心什么? 打了鸡血的精英骨干关心什么? 彷徨纠结的后继"青椒"们关心什么? 而在受教育者层面,到底越来越多的博士生关心什么? 硕士生关心什么? 本科生关心什么? 高职生关心什么? 对一系列教育发展现象下面的元问题的质疑并非多余,在今天却少有人问津,实际上其直接关乎教育的价值、意义和目的,关乎教育中的自己、他人及其相互关系。前者系科学之"真",后者为人文之"善",两者须形神交汇、珠联璧合于师生群体,才可能达成教育之"美"。

从根本上讲,课堂的活力来自师生的活力,学术创新的动力亦来自师生的活力,学科、学院、学校的生命力无不取决于师生的活力。归根结底,师生的活力源泉则维系于积极"主动"的言行态度之中。而"被动"情态,正是教育发展的主要阻滞因素和教育品质提升的最大杀手——形如槁木(此处取现代用意,而非庄子本义)。

不得不承认,情态合流汇成平庸的时代。就高等教育发展而论,大方向从来都是正确的,但方术策略却变幻莫测;人们的头脑是发热的,但心灵及精神世界却日益干涸;目的要求是明确的,而具体指令却偶有声东击西之嫌。多年前,华中科技大学的涂又光先生就在研究生课堂上训导:中国大学从来没有走进象牙塔,遑论走出。承蒙先生的教导启发,笔者发现:近年来大学及其众生已然全俗,遑论脱俗。大学正奋不顾身地融入现实社会并甘愿成为金字塔科层体系中的一方奠基石,大家都变得相当懂事。与此同时,大学作为高深文化研究组织的品相正在大幅度地消解。这种现象若从褒义角度评量,可称为水乳交融;若以中性眼光分析,可说是合二为一;若取悲观理性看待,无疑就是同流合污。当然,这种情形并非一国独有。因此,才引发了德里克·博克杞人忧天的论述,他通过《走出象牙塔:现代大学的社会责任》一书企图唤醒现代大学的社会责任,但显然势单力薄,至于能不能奏效,未来方知。哈瑞·刘易斯则刻画了《失去灵魂的卓越:哈佛是如何忘记教育宗旨的》,自我检讨一等一的哈佛大学是如何忘记教育宗旨的。倘若哈佛如此,那么其他大学情何以堪?再往前推,韦伯用克制却不乏悲观的语气揭示了现代世界最深刻的困境:"我们这个时代的宿命,便是一切终极而最崇高的价值,已自公共领域隐没。"[1]而一旦失却了特殊性,大学还是大学吗?据此展望未来,大学如果等同于社会其他组织,是应该还是不应该?大学师生与市井众生如影随形,是进步还是退步?

"灰犀牛"当然不是一天养成的。时至今日,教育时空里的大学师生群体表现出形聚而神散的症候。群体是整齐的,个体是无光的;内心不笃定,外向很急切;耳朵听上面,眼睛看下面;形式上温顺,本质上疲软。换个角度看,现在的大学或多或少呈现出这样的教育景致,从个体的倦怠到群体躺平,从不

---

① 刘擎.刘擎西方现代思想讲义[M].北京:新星出版社,2021:39.

知实情的蒙昧到不知真相的愚昧,从理想主义到唯物质主义,从集体无意识到乌合之众,如之奈何?

事物的生长与发育无非通过内求与外求两个渠道综合而成。阶段性地从客体角度切入,采取外求的路径也是可以理解的,但最终必须是为了主体的发展并获得内求的充裕和满足。如若不然,所有通过外求所争取到的生存指标,所斩获的发展业绩迟早都会异化。正因为如此,当我们采取大人文的视野确立分析立场的话,就不能只是抽象地去关心理想社会的发展,盲目地去观照未来社会的形成,而更需要关怀当下社会系统中每一个人的情态和处境。

三、生机自然有

可以确证,师生情态的变迁是任何一个国家及任何一个时代都将面临的不折不扣的真问题,因为世界在变化,社会在变化,置身于政治、经济或文化组织中的每一个生命体也都在同步发生着变化。然而,浸染于不同时空的价值系统之中,人们的体验不一样,反应也就不一样;眼神不一样,表情也就不一样;态度不一样,所获得的成就也就不一样……由此带来的疑惑是:变化的世界还有没有不变的追求?21 世纪转眼耗去了五分之一,高等学府中的人们无论是在探究科学的真知,还是在追求教育的善举,抑或在创造艺术之美的过程中,还能不能获得共通共识的高峰体验以及勇往直前的情志仪态?

从宏观战略角度看,中国高等教育总体向好的态势当然不会改变,不同的高校亦将沿着各自的发展道路迅速生长并走向强大。乐观的理由很多,最根本的一条就在于中国高等教育是全世界规模最大的单体系统,多层次一体化,统一指挥、步调一致、应急机制完备、反应灵敏、行动快捷,最有利于化解一系列在发展进程中遭遇的矛盾和危机,也正因为其体量巨大、覆盖广泛、影响多元,所以必将铸就 21 世纪世界教育发展史上的奇迹和范本。但从微观战术层面分析,面对后疫情时代的不确定性,人工智能的快速进步,教育外部的强势干预以及教育内部错综复杂的矛盾关系,高等教育继续辗转于忧患之中的理由也无所不在,其中就包括高校师生的情态变迁问题,这既难以回避,也无法漠视。师生情态体现在个体但联发于群体,牵动整体,具有极强的时代印记和特征。而情态合流所汇成的时代镜像,值得研究者不停反思,需要实践者不断改进。

既然这是一个真问题,也就少不了相应的化解之道。顺藤摸瓜,其因缘分别关联到社会的原因,时代的原因,教育的原因,学校的原因以及个人的原因。既然已知师生情态构成了教育品质提升的原动力,那么,聚精会神、端正言行、充盈情态、调节举止、扭转情势、改善样貌、形成风尚,继而执着追求,问题终至迎刃而解。

一方面,广纳东西方思想智慧,内生觉悟。

亚里士多德认为幸福生活包括快乐的生活、荣誉的生活和沉思的生活三个层次。据此观照,除去高大上的办学指标以外,健康的大学教育一定少不了主体感受、行动意义以及生存反思三层要义。杜威在《我们怎样思维·经验与教育》中说:"所谓个人生活在世界之中,就是指生活在一系列的情境之中。"① 正是这个"在……之中"的句法揭示了人在教育场域中的此在性和主体性。丹麦哲学家克尔恺郭尔认为,一个人一生中最重要的使命就是通过培养自己的激情来培养自我,"没有激情,生存是不可能的,除非我们是在'漫不经心地存在着'这样的意义上来理解'生存'这个词的"②。教育作为实践活动的一种,本质上是一种体知活动,具有明确的"亲身性"。在教育实践发生的场域,师生是中心并在活动中表达出情态,教育者和受教育者都以"在场"实现教与学的目的。大学教育实践犹如在做高层次的学术体操而上行下效,通过言行举止,在喜怒哀乐的进程中践履知识创新与文化传承的使命。

---

① [美]杜威. 我们怎样思维·经验与教育[M]. 姜文闵,译. 北京:人民教育出版社,1991;267.
② [美]所罗门,[美]希金斯. 大问题:简明哲学导论(第10版)[M]. 张卜天,译.北京:清华大学出版社,2018;196-197.

无法否定的事实是：我们的成长与身体和情态息息相关，无论灵魂多么高尚，身体和情态的寂灭必然导致灵魂的消散，从而取消人的现实存在。美国社会学家奥尼尔说过，"我们的身体就是社会的肉身"①，法国学者庞蒂进一步点明，"世界的问题，可以从身体的问题开始"②。毫无疑问，健全的精神寓于健康的身体之中，当下的教育居然忘记了这个基本的常识，试图在忽视教育者主体感受及情态表现的情况下创造出教育的奇迹。继续深究，福柯将身体置于权力运作的中心进行探索，开启了社会学家探究社会机制建构并重构社会身体的先河。教育群体由个体组成，每一个个体的身心既是物质元素的组合体，更是精神情感的寄托地。所罗门在《大问题：简明哲学导论》（第 10 版）中质疑："什么才是健康的生活？是不朽吗？是像蚂蚁那样高的社会生产率吗？"③ 如果大学的成就仅由一系列光鲜亮丽但了无生机的数字连接而成，教育者和受教育者只是其中千千万万、往复流窜、无所归依的"寄居蟹"的话，高等教育的意义必将大打折扣！亚里士多德认为："情感对良好生活是本质性的，因为良好生活意味着，在特定情况下有适当的情感。这就是说，情感并非与自我或灵魂相分离，而是其本质要素。"④

从今往后，后疫情时代变动不居、迷雾重重，以古鉴今，中国传统文化宝藏所富含的养分有待后人拣选传承。生长于现代嘈杂社会里的个体仍需要不断反思修炼以触及"静生慧"的境界，学校组织还需要持续关怀个体的生命以凸显师生主体的存在感。古语有云：如如不动，把心留住，外看机缘，内求觉悟；人在哪里，心就在哪里。另有云：何其自性，本自清净；何其自性，本不生灭；何其自性，本自具足；何其自性，本不动摇；何其自性，能生万法。 用心

---

① ［美］奥尼尔. 身体形态：现代社会的五种身体［M］. 张旭春，译. 沈阳：春风文艺出版社，1999：10.
② 谢有顺. 话语的德性［M］. 海口：海南出版社，2002：165.
③ ［美］所罗门，［美］希金斯. 大问题：简明哲学导论（第 10 版）［M］. 张卜天，译. 北京：清华大学出版社，2018：56-57.
④ ［美］所罗门，［美］希金斯. 大问题：简明哲学导论（第 10 版）［M］. 张卜天，译. 北京：清华大学出版社，2018：197.

用情,愈亲近教育及科学的本真,就愈发有充盈和自由的感受,亦可在教育实践的过程中少一些烦恼、多一些喜乐,少一点束缚、多一点自在。

内省无痕。领悟并践行苦、集、灭、道之四字意蕴,不仅能够拯救凡夫,而且亦能有效启迪大学师生。先直面高等教育之矛盾(苦),继而明辨教育生长的动因(集),然后规避改良变革的误区(灭),最后方可步入大学发展的健康之途(道)。以智觉的眼光俯瞰众生,本相如来,师生态度正是情态改变的关键转折点,唯有教育主体意识的觉醒,个体、群体、整体的救赎才有可能逐步显现。

另一方面,要去蔽改良寻求善治,外谋生境。

教育主体的觉悟来自深层的内省,但觉醒的生机还有赖于外因的改变和生态系统的维护。庄子和列子都认定:万物皆出于机,皆入于机。外围的呵护和保障来自教育政策、大学制度、文化环境以及竞争的游戏规则。凡此种种,综合构成了大学、学科、学术以及师生个体生存与发展的前置条件。

物理学家对宇宙的看法各不相同,一种叫作"还原论",认为万物均由最基本的部分组成,它们的行为都由最基本的规律所决定;另外一种称为"呈展论",认为客观世界是分层次的,每个层次都有自己的基本规律。所以,单只鸟、单只蚂蚁的运动和鸟群、蚁群的运动规律不一样。大学师生个体千差万别、各领风骚,笔者正是从群体特征上捕捉到一种一般化的情态,并在这个基础上展开辨析,求索改良方略。不同的学科、不同的学者总是可以从不同的角度出发去化解社会发展矛盾。比如,针对"幸福"一事,心理学、社会学、哲学各有详解,经济学家甚至开创了一门幸福经济学。无独有偶,针对"痛苦"一事,诗人、剧作家、书画家各自舞文弄墨,依然不影响经济学家另辟蹊径开设一门痛苦经济学。因此,按诺贝尔奖获得者安德逊的说法就是"多了就是不一样","在复杂性的每一个层次之中,都会呈现全新的性质,而要理解这些新行为需要做的研究,就其基础性而言,与其他研究相比,毫不逊色"。①

客观世界是分层次的,与之相对应的主观世界更是如此。既然每个层次都有自己的基本规律,这些规律就必须在不同的社会组织层级中得到相应的尊重。就高等教育管理而论,第一层的目标是"管住";第二层的目标是"理活";第三层的目标是"安心"。我们在第一层次上做得天衣无缝,所以声势浩大、效率极高;在第二层次上时而清醒、时而糊涂,因而高下并存、偶有失衡;在第三层次上明显缺失,是故情态不佳、缺乏创造。理想的高等教育层层兼顾,和谐并举,功在"安心"。如若大学不能让学科安定,让校园安静,让师生安心,那么无论什么样的办学数据都遮蔽不了人们神情恍惚、心猿意马的事实。

现代大学的开放性,决定了其运作必定时而有序、时而混沌;现代大学的复杂性,决定了现代大学的运作不可能是完全确定的(再精确的计划亦难免失算)。大学是由师生员工共同组成的复杂体,在千变万化的社会系统中,人人都以自己的方法及能耐去应对复杂的变化态势,所以,大学也不可能用纯粹的数理逻辑加以解释。正因为如此,面对教育发展的矛盾和问题,简单的"加强管理"已经难以奏效,化解顽疾必经"改善管理"的范式转移,直达"教育治理"的制度性目标,最后才能实现"教育善治"的理想愿景。

话又说回来,人是万物之灵,更是教育的出发点和归属。但凡谈及人的问题,绝非简单的"量"的问题而是"质"的问题。老子曰:"祸兮福之所倚,福兮祸之所伏。"笔者从不相信先有数量才有质量的逻辑,如若事物发展之质与量的关系失衡,数量就会成为质量的杀手。质量是永恒命题,无论多寡;数量才是策略性选题,无论时空。教育善治的灵魂就在于人,不善的管理越是得以加强,善治的教育就会愈加疏离理想。换言之,管治愈强,则情义涣散,心神空虚,终将离善治愈远。

---

①　北京青少年科技俱乐部活动委员会.科学名家讲座:第五辑[M].北京:文津出版社,2006:165.

依法治理,教育环境才得以安定;寻求善治,师生的活力方能够释放。换言之,教育治理的重点目标与现实切入点无不在于促进教育的自由,端正教育的情态,增强教育的活力。理想的高等教育应该尊重教育主体在教育活动中所享有的一系列自由权利,包括学生受教育的选择自由权、学习自由权、表达自由权,教师的教学自由权、学术自由权,学校的办学自主权,乃至地方教育行政部门必要的裁量自由权等。教育的自由一旦受限,教育中的各主体就很难发挥积极性、自主性、创造性,教育就缺乏生机与活力,教育者及受教育者乐观向上的情态就会被削弱、遏制。

简而言之,教育的改良及师生的救赎需要通过内修品格、外创生境的双重因应策略来实现。高等教育一旦跳出强制管理的误区,取法柔性的治理,达成理想的善治,其所求得的秩序,将是自由公平、充满活力、促进发展的"积极教育秩序"。师生主体唯有置身于积极的教育情境之中,才能够有效激发出生命的活力,释放出创造的天性,大步迈上"高质量发展"的康庄大道。

第二节　师者侧影

从挥毫的身姿到键入的背影,师者的形象实现了百年跨越。今非昔比!福兮?祸兮?

古往今来,世人所推崇的师者造型有三:其一,教师"身为世范,为人师表",学生"亲其师,信其道";其二,教书的"一日为师,终身为父",求学的"弟子事师,敬同于父,习其道也,学其言语";其三,上行者"传道、授业、解惑者也",下效者"弟子不必不如师",青出于蓝而胜于蓝。

改革开放以来,师者的形象更是以现代化的速度不停地刷新着文化传统中"先生"的身姿造像,仅以笔触、笔法、笔墨、笔调为例,几十年间迭代更新若干轮,足以令人眼花缭乱。

过去的先生无不是"毛笔先生",面壁苦读,功夫练就,功力了得,惜墨如金,也许一生只得一书一文,凤毛麟角,却能够字字珠玑,成就经典。后来的教师成了"钢笔先生",一人一笔端佩胸前,书生意气风发,承前启后,硬笔行文,可以铸就百元级的"英雄"铭文,亦可写出千元级的"派克"笔调,抑或能够抒发出万元级的"万宝龙"个性文章,各显神通,效力于社稷。紧随其后,教书匠们在不经意间流变为"碳素笔先生",随手可得,随处可见,随地就扔,以一元为单价标注的行文工具造就了史上最繁荣的论文发表和书籍出版盛况,许多人著作等身,因之而功成名就,斩获了前所未有的体制性殊荣,但最终价值几许尚有待时间的考验。而眼下,许多师者学生一股脑儿以"键盘先生"的角色粉墨登场了,从各自终端出击迅速遮天蔽日,无成本的键入,无休止的粘贴,无节制的复制,数码天地里造就出新一代文字精英,为师为学、学问学术、斯文儒雅因之而改写了游戏规则,鱼龙混杂,天下文章虚实难辨矣。

无论用什么样的笔墨书写,文字垃圾从来都多于文字精品,唯一不同的是,过去的文字垃圾除非刻意伪装,一般只敢撕碎扔进自家的字纸篓里,因而危害不大;现在的文字垃圾有意无意、无所顾虑,总是随手倾泻在网上,所以危害不小!

时至今日,洛阳纸贵已是明日黄花。你是谁?你用什么笔、为了谁、写下何种文字?这依然是师者不得不面对的价值拷问。

一、好大学与好老师

当下,"好大学"与"好老师"备受关注,对两者间的关系也众说纷纭。然而,究竟是好大学孕育了好老师,还是好老师成就了好大学?从组织角度来讲,好大学认为是自己孕育了好老师,但从个体角度来看,好老师认为是自己成就了好大学。事实上,好大学不能没有好老师,好老师也离不开好大学。而跳出关联角色的视线,纵观教育发展历程,当大学成为好大学,老师成为好老师,两者能够相互依存,相辅相成,却并非一种必然,实则纯属偶然而已。

1. 从组织的角度讲,好大学孕育好老师

何谓好大学? 好大学是"双一流"大学、名牌大学、重点大学、"985"高校、"211"高校? 还是硬件过硬、软件够优、经费够多、就业率高的大学? 抑或是课题多、项目多、机会多、资源足的大学? 这些真的很难说清楚,因为没有任何一所大学甘愿承认自己不好,它们当中有的在同类型高校中出类拔萃,有的研究特色鲜明,或长于教学,或长于管理,不一而足。大学就像人一样,"一无是处"和"完美无瑕"两个极端都显绝对。

近年来,随着社会的发展和教育变革,"一流"概念越叫越响,越来越"普及"。在各色专项建设中,政府资金的投入,办学条件的改善,大学实力的提升,为好老师的养成奠定了坚实的物质基础。各类工程立意很高,成效卓著。在这样的语境下,如若教育各要素之间可以自由流动,那么必然会使各种资源自动自发地聚集和重新组合,那么越是好大学就越有可能造就好老师。

好大学无疑是好老师们心之向往的地方,只要好大学发出信号,好老师就会主动接收并自愿向它靠近。日本的早稻田大学,自建校以来,因富有自立精神和批判精神而独具特色,"学术独立"是其最重要的办学理念。[①] 正是在这种自由开放的环境下,来自全国各地志趣各异的师生汇集在一起,在多元价值观的碰撞中相互切磋钻研,不仅提升了学术能力,还丰富了人性涵养,师生可以尽情地张扬个性,各谋发展。回头再看当年除旧迎新的北京大学,蔡元培"循思想自由原则、取兼容并包之义",造就了北大的学术繁荣。陈独

---

① 田凤,项纯.早稻田大学:从日本走向世界——访日本早稻田大学校长镰田　薰[J].大学(学术版),2012(3):5.

秀、胡适、傅斯年、刘文典等一批历史上非常重要的人物,都曾被邀请担当教职,后任蒋梦麟秉承蔡氏制度成规,于是,全国有名的教授、学者齐集北大,学子们莫不以一登龙门为荣幸,远道而来的学生一时考不上北大,也情愿前来做个旁听生。再看美国耶鲁大学,其学校章程规定,"在立法委员会里的 19 名成员中有 3 名委员必须是耶鲁大学校长、康涅狄格州州长和副州长"①,政府官员似乎也参与学校治理,但这种由来已久的关系并没有让耶鲁大学的管理受到任何政治干预,也正是在这样宽松自由的环境下,最好的师资才能发挥最大的功效。可见,好大学不仅需要成为学术志趣者的共同体,还需要有制度的包容才能保持长久的魅力。

如此看来,中国的大学排名中前四十或者前一百位的高校当属好大学,这毋庸置疑,但是在如此条件优厚的大学中,究竟能孕育出多少优秀的老师,抑或造就出更多钱理群先生所指的"精致的利己主义者"②,我们不得而知,似乎也从来没有人具体研究过。一波又一波的教育建设工程启动前后,中国大学的学风是变好了,还是相反? 唯一可以确证的是理论逻辑:好大学更有可能孕育好老师,因为外在环境的影响和制度刺激,总体上能起到积极的促进作用;即便如此,好大学里有真老师,但仍然难免混搭着一些符合指标而虚于内涵的伪老师。习近平总书记号召全国广大教师,要做党和人民满意的"四有"好老师。以此为据,对于那些既拙于专业化的表达,又不能接受公众监督和同行检验的教师,大多应该存疑。好大学应该可以促使南郭先生们原形毕露。当下,师德失范偶有发生,完美的知识分子形象受到了前所未有的颠覆和挑战,这一切好像均与大学自身优劣无关。时过境迁,最需要追问的问题是:原本深谙"传道、授业、解惑"之理的好老师们都到哪里去了?

一流大学有三条标准,即人才济济、资源丰富、管理有效。放眼望去,中

---

①　何妹.世界一流大学的精神与气质:访耶鲁大学校长 Richard Levin [J].大学(学术版),2010(6):7.

②　丁帆.先生素描[M].南京:江苏凤凰文艺出版社,2019:169.

国的巨无霸大学似乎已然达到了这样的标准：一些知名专家、学者、学科带头人、名师；一批重点学科、研究机构、中心、实验室，一堆科研经费、项目、课题；一幢幢雄伟的教学楼或实验大厦；优美的校园风光，喧嚣的校园文化。然而相形之下，最基本的常识性的问题还是难以回应：既然一副一流大学的样子，为何依然还是极少看到拥有原创思想的思想家、创新型技术的科学家和气宇轩昂的真大师们的身影？

此外，如果好老师只有一流大学才能孕育的话，那么偌大中国的高等教育又是谁在支撑着呢？无论如何，总会有一些想要成为好老师的人们独善其身、兼济社会，竖起好老师的标杆，向着传道者的光辉形象一点点靠近，即便他们处在相对边缘、条件简陋的所谓弱势院校里。其实，在体制话语中所谓并不入流的弱小大学里也不乏好老师，因缘聚合时也会灿若星空，成为普罗大众的文化使者。有的老师严谨憨实，有的老师关爱学生，有的老师品格清雅，有的老师默默耕耘，有的老师独辟蹊径，有的老师匠心独运，他们无法企及高大上的考核指标，抑或根本不屑于被纳入高大上的评判指标，但他们无疑对得起党和人民，对得起如饥似渴的受教育者，对得起教育天职，同时具有文化的品格和良知。好老师生存方式不同，潜心育人的行动相通！

教授不是大学的雇员，而是大学的本身。[①] 放眼望去，中国的大学教授群体并没有产生与体量相称的社会影响力，责任究竟归咎何方？大家都在找外因也不公平。先不要说西方意义上的知识分子，也不要说中国传统士大夫的风骨傲气，现在的许多教授甚至连一点脾气都没有了，一副集体无意识深思状，知而不言、想说不敢、能说不说，各种世故逢迎，昔日大学教授的节操和品格故事真的被尘封已久，后人便只能发出"大师远去再无大师"的感慨。

说也奇怪，旧时大学的教授与今天相比，无论是学历、结构还是规模都存在很大的差异性。但是，旧时大学的教授们的掌故逸事却成为后世谈论经久

---

① 丁东，谢泳.教育放言录[M].福州：福建教育出版社，2008：57.

不衰的原因。据传,梁启超向清华大学校长曹云祥推荐陈寅恪时,曹问:"陈是哪一国博士?"梁答:"他不是博士,也不是学士。"但是,陈寅恪在国际学术界的声望非常高,甚至柏林大学、巴黎大学几位名教授都对他很是推崇。① 作家沈从文 36 岁时被聘为西南联大的教授,可是,论学历,小学没毕业;论学术研究,他是作家,没有任何学术著作。张狂不羁的刘文典,平时上课都是边抽烟边讲课,在他旁边,校方还专门安排了一个杂役提着茶壶随时为他加水。刘文典之后,号称"民国第一才子"的钱锺书也是一位狂人,他曾这样批评联大外文系:"西南联大的外文系根本不行,叶公超太懒,吴宓太笨,陈福田太俗。"这三个人当中,"陈福田当时是系主任,叶公超后任国民政府外交部长,而吴宓则是他的恩师"。另有冯友兰也"攻击"过胡适。② 可见,当时的知识分子自我意识极强,而且性格各异,如此,大学却仍能全方位地包容他们,给予他们独立生长的空间。

2. 从个体的角度看,好老师成就好大学

北京大学是好大学吗? 在蔡元培到北京大学以前,代理校长是胡仁源。他所聘请的一些教授,大多是清末遗老和士大夫。在教授中间,有拖着辫子的辜鸿铭,也有封建文人如姚仲实等。在学生中间,也大多是着长袍马褂的遗少,上也者在报章上写写文章;下也者则打打麻将,逛逛八大胡同。学术研究的风气异常缺乏。③ 蔡元培到北京大学后大刀阔斧地改革,形成了百家争鸣的园地。"只要在学术上有一定成就,不管属于何种派别,不管站在什么立场,都可以请来同一学校讲学。"于是,在物资匮乏、生活困苦和设备落后的情况下,北京大学大师云集,成为新文化运动的中心和多种社会思潮的策源地。

---

① 黄延复.文史大师陈寅恪[M]//冯友兰,吴大猷,杨振宁,等.联大教授[M].北京:新星出版社,2010:14.

② 李子迟.晚清民国大学之旅[M].北京:中国致公出版社,2010:266-271.

③ 李子迟.晚清民国大学之旅[M].北京:中国致公出版社,2010:46.

　　而今,北京大学是我国最具偶像价值的大学、最著名的大学之一,是中国大学的代表,是中国专家、学者、名人、院士的摇篮,中国文理科综合类院校的排头兵,被誉为"中国的哈佛",更是生产高端学术的聚集地,是万千学子魂牵梦绕的地方。目前,北京大学最新名号为"双一流"建设高校,其拥有优秀的资源、师资,较多的经费、课题和项目。但是,那又怎样? 在如此优越的条件之下,思想者和科学家如雨后春笋般涌现出来了吗?

　　西南联大是好大学吗? 据资料记载,1939 年 4 月,西南联大新校舍落成,学生宿舍全是土墙茅草顶结构;教室、办公室为土墙铁皮顶结构,食堂、图书馆为砖木结构。[①] 杨振宁回忆道:"教室是铁皮屋顶的房子,下雨的时候,叮当之声不停。地面是泥土压成的,几年之后,满是泥坑。窗户没有玻璃,风吹时必须用东西把纸张压住,否则就会被吹掉。"[②] 整个学校占地 124 亩(1 亩≈0.067公顷),只相当于今天的一所中学。联大组建后,随着一批名教授的到来,汇集了一大批专家、学者,师资充实,五色交辉,相得益彰。住最简陋的屋,吃最粗糙的饭;在轰炸下学习,在硝烟中授课。艰险如此,教师认真上课,学生认真读书。没有偌大的校园,先进的设备,优美的环境甚至像样的教室,哪怕一张完整的书桌。可就在那最不起眼的校园里,曾行走着多少聪慧的人物、伟大的灵魂、率直的学者和真正的大师!

　　有了合格的好老师,在哪里办学不都可以成为好大学吗? 梅贻琦之大学、大楼、大师之说广为流传。时至今日,也仅仅是流传而已! 梁启超、陈寅恪、王国维、赵元任四大国学导师成为清华国学研究院之魂,正是由于他们的存在,清华国学研究院创办两年后就声名鹊起,由此发出了中国学术独立的呼声。这一传统,也离我们很远很远了!

　　时光流转,散落世间的好老师很难再聚力成就一所好大学了,他们只能根据体制的吸引力辗转依附于那些"高大上"的城市以及"高大上"的学校周

---

① 李子迟.晚清民国大学之旅［M］.北京:中国致公出版社,2010:260.
② 李子迟.晚清民国大学之旅［M］.北京:中国致公出版社,2010:261.

围讨生活;好大学也非常难以静心孕育好老师了,因为他们背负众望而不得不在指标的生存链上勇往直前、不能自已。这是一个成就了指标而忽略了人的时代。好大学与好老师的偶遇变成了必然。我们祈求:"天网恢恢"的工程,政策、计划、资源、项目、评估、排名等强大的外力,不会把好老师的教育情缘和学术志趣消磨殆尽;而潜心于表格、课题、职称、项目、资源、评奖、篇目、刊物级别等生存困境中的好老师还能维系住对于学科学术的兴趣和好奇心!

有一种老师,总在繁忙中逍遥自得,这才是好老师;有一些大学,总在风雨中借力成长,这才是好大学!

二、真正的好老师,难免"讨人嫌"

学生满目都是,高徒实在难求;教师到处都有,严师悄然隐退。

近些年来,严肃、严格、严厉等本真的学术沟通方式在浮躁的教育氛围中退缩一隅,少数导师被简化为知识的"卖方",部分学生被简化为知识的"买方",教育科研训练被简化为"实用"和"有用"的耦合游戏。失却"严"的教育同时也无所"畏"惧,"亲其师,信其道"的师生关系渐行渐远。丰富、灵动、饱含情感、富于艺术性的教育过程逐渐被简化为苍白而冰冷的交付程序。

严在其外务必专注于向学生传学问之道、解学业之惑,严在其内就要注重人格的修炼与威望的塑造。教不严,师之惰。说一千道一万,教育质量不高,还是严师太少。严师隐退,教育目标形同虚设;严师隐退,教育过程松散简化;唯有严师回归,教育质量方有所保障。

无独有偶,在不同的国度及不同的时代场域之中,总有一群人,试图固守一方净土,超凡脱俗且不识时务,这些人正是世人眼中那伙顽固不化的知识分子,是学生心目中真正的为学为师者。

正是这些人,义不容辞地担负起教书育人、富强国家、复兴民族的责任;也正是这些人,义无反顾地挑起"为天地立心,为生民立命,为往圣继绝学,为万世开太平"的重担。斗转星移,无论哪个时代,这种人身上总有一股清气,如同雾霾天里拂过的一阵清风,偶尔温润一回世人日渐干涸的心灵,因为稀薄,故而弥足珍贵。

大学老师,这一在常识视野里"高、大、上"的职业,间或被世人称为"燃烧的蜡烛""无私的春蚕""辛勤的园丁""灵魂的工程师"等,各有品相,不一而足。然而,撇开那些名不副实、道貌岸然的伪老师不提,在诸多外加的美誉与盛赞之下,真正的大学老师并非只是裹挟着欢快而来的天使,更不是携带着无穷礼物的圣诞老人,他们的真实生态其实复杂而多样。其间,就包括一小部分率性真实、刚直不阿、彻底不会随波逐流的人群,这些人在独特的时空里难免成为"讨人嫌"的主,成了粉饰者眼中的"牛蝇"和抹不掉的"沙子"。

成也萧何,败也萧何,他们的特点同时也构成了他们的"缺点"。例举如下:

——这些人往往不喜欢开会,而喜欢驻守三尺讲台。

真正的老师,肯定不喜欢,甚或是讨厌文山会海。院内院外、校内校外、上传下达、远近大小的各类会议让他们如坐针毡,甚至痛恨不已;真正的老师往往更关心如何耕耘好自己的一亩三分地,满足于驻守讲台,把自己所知所感毫无保留地传递给台下的学生,通过师生之间的眼神交流、思想碰撞获得存在感、成就感和快乐感。唯有在教室里,在讲台上,他们才能体会到教育的价值以及生命的意义。

——这些人往往不好被管束,他们并不认同教育中的上下级关系。

真正的老师,很难成为学校领导眼中的好员工,因为他们总是对管理说三道四。真正的老师,往往笃定这一信念:管理就是服务,校长就是给师生"搬凳子"的人,师生才是学校真正的主体。在他们看来,学校里遍布着朋友关系、师生关系、亲情关系,唯独不存在上下级关系。如想对其加以管束,左右摆布,当然是一厢情愿,徒叹奈何!

——这些人往往不识时务,成为其他人眼中的"榆木脑袋"。

真正的老师,着眼大义而不肯将就现实,迂腐顽固、明知故犯……真正的老师,眼睛里容不得沙子,管不住自己的嘴巴,收不住批判的笔墨。明明拿着俸禄,却没有"拿别人手短,吃别人嘴软",一样对世道人伦口诛笔伐。

——这些人往往不会随波逐流,总是习惯于特立独行。

真正的老师,大多不会趋炎附势、见好就收,既不因为各级经济、政治或文化的威权而王顾左右而言他,更不会被各类海量信息冲淡了独立人格与自由思想;真正的老师,常常成为王小波笔下那一只"特立独行的猪",虽然被人误解与嘲笑,但彻头彻尾做回真正的自我,这在他们看来比什么都重要。

——这些人往往不会人云亦云,有时候形单影只,会成为孤独的思想者。

真正的老师,很少言听计从、百依百顺,不屑于在世俗言行中亦步亦趋、随声附和,做一只卑微的"应声虫";真正的老师,往往听从自己内心的召唤,犹如《皇帝的新装》中那个说真话的小男孩,永远长不大,敢冒天下之大不韪。他们慎独、孤寂,但不乏快乐欢喜,处处践行"吾爱吾师,吾更爱真理"的信条。

——这些人往往不是"好好先生",他们相信"玉不琢,不成器""精诚所至,金石为开"。

真正的老师,绝不会为了在学生评教中博得一个好分数而迎合和取悦学生;真正的老师,往往相信树人如树木,树不扶会长歪,人不教会变坏,甘做一名初时让人生厌,但久了却让人怀念的"说教者";大刀斧正、严厉苛责只是为了"青出于蓝而胜于蓝"。师者的良心促使他们当头棒喝,意指醍醐灌顶之功。

——这些人往往爱憎分明,盖因秉持理性,所以难得糊涂。

真正的老师,一定爱憎分明,并因之而喜怒形于色、言于表,"横眉冷对千夫指,俯首甘为孺子牛"是他们的人生信条;真正的老师,事事较真,他们不是不知道,而是不愿意假装知道,为了守护学校这一人类精神的家园,他们不惧四处碰壁,头破血流在所不辞。

……

正是这些真正的老师铸就了大学教育的塔基。不阿谀奉承、无曲意迎合,人格独立,主张平等;不唯马首是瞻,铁面无私、始终执着,他们知道"教不严师之惰";等等。然而,在特定的时空里,这些人搞不好或迟或早就会成为"讨人嫌"的主! 学生嫌、同事嫌、领导嫌、单位嫌……毕竟,"鸟语花香、莺歌燕舞"才是正途。

都说做老师是世界上最大的良心活。要做个好老师其实是天底下最难的差事。习近平总书记说:"一个人遇到好老师是人生的幸运,一个学校拥有好老师是学校的光荣,一个民族源源不断涌现出一批又一批好老师则是民族的希望。"① 所以,只要于学生的发展有利,于社会的进步有益,于民族的复兴有功,即使时代需要我们做个"讨人嫌"的主,又有何妨?

师者无所羁绊却秉持操守,金刚怒目却菩萨心肠。谁能理喻,谁能持守?

三、大学老师、知识分子与社会良心

为师者必须扪心自问,你是偶然当了老师还是必然要当老师? 这是两种截然不同的职业选择取向,其将决定你的事业旅程能够走多远。

许倬云先生曾提出,"我们面临的今日世界,只有专家没有知识分子",这是当今全球面对的严重课题之一。他进一步举例说:"以美国的学术界与同时代的欧洲学术界相比,美国学术界缺少知识分子。美国的知识分子在作家、记者与文化人之中,不在堂堂学府之内。学府里只见专业教师、专业研究者,他们只问小课题,不问大问题,也很少有人批判、针砭当代,更悬不出一个未来该有的境界。他们只看见保守与自由的对抗,却不再提问'自由'该如何从新界定?"一晃眼,时过境迁,快速发展中的中国教育又将何去何从? 无独有偶,高等学府内"只做大课题,不问小问题"的专家云集,蔚为大观。②

① 习近平.做党和人民满意的好老师:同北京师范大学师生代表座谈时的讲话[M].北京:人民出版社,2014:4.

② 董云川.热闹的专家与寂寞的知识分子[N].中国教育报,2016-05-23.

传统中国社会的"旧知识分子"一般指狭义的"读书人",这种人大多迂腐抽象,不接地气,原则大,理想多,常常蜷缩于书斋之中,深藏于学府之内。而今时代变迁,"新知识分子"往往以"专家"或"双肩挑学科带头人"的面貌示人,间或还会组成一个个名目壮大的团队,享有各级各类政府津贴,往往以"大江、大河、大山"等头衔称谓,十分著名,他们占有甚多优势资源,似乎什么都不缺。事实果然如此吗?

西方的"知识分子"可以从两个维度来分类:一类是所谓的"Intelligentsia",他们是这样一群人,意图将另一个文化"全盘引进",从一片土地整体移植到另一片土地,这些人也可以被视为"文化行者";另一类则称为"Intellectuals",他们是那些在本社会、本系统之内,或做解释工作,或悬挂理想,或做良师、良吏的知识分子,亦被称为"社会良知"。虽处于不同的文明系统,中国的知识分子却也异曲同工。北宋张载的二十余字竟成为跨越时空的经典表述而纠缠着不同时代知识分子的共同期许,据此圈定了知识分子价值彰显所应有的四个向度。"为天地"者择重理念的向度,承担着解释自然和宇宙现象,辩解生命及古今价值的责任;"为生民"者归属躬身践行的向度,着眼于众生普度情怀,不论文武,赴汤蹈火,在所不惜;"继绝学"者着眼创新发展的向度,致力传承文化,务求推陈出新;"开太平"者指望愿景的向度,他们无法容忍短见与庸劣,憋不住针砭时弊,力图革新,朝向美好。

知识分子作为社会的良心,与其身份息息相关的词汇可以关联到理性、反省、良知、良能、冷静和批判精神。环顾现今的高等学府院墙内外,似乎沉思少了,批判没了,理性淡了,反思模糊了,在高潮迭起的文化洪流之中,以专业化为特征的知识群体自然分道扬镳。四个向度的取舍状况构成了从古至今中国有担当、负责任的知识分子自我期许的常态。于是乎,有的致力于学科与技术的发展;有的专注于伦理与哲学的探究;有的甘为"良吏"效力于社稷;有的潜心传承而成为"良师";有的投身于社会前沿成为一代"弄潮儿";有的幽居田野漫步于"桃花源"中。人各有志,不一而足。值得注意的是,斗转星移,知识分子的活法和取向却大体趋同了——大都以专家自居、自娱、自誉。

专家们常常忙于为现象提供解释,还有多少人去为真相呐喊而无惧权威?专家们热衷于为政策提供注脚,还有多少人敢于直抒己见而不畏强权?专家们辗转于各种五花八门的评审活动中,还有多少人潜心于冷清的学术世界而不计回报?再仔细想想,在热闹的教育、学术和文化的语境中,静心修身、十年磨一剑的学者在哪里?代代传承、殚精竭虑的愚公在哪里?砥砺德行、据理力争的对立学派在哪里?

从今往后,一个好的教育工作者务必修炼"三心":对学生有爱心,对岗位有责任心,对学科有敬畏心。而反躬自问,如何改变"知道分子"的身影,做一个具备良知、良能的铮铮铁骨的知识分子,依然是一个合格的大学老师不可或缺的必修课程。

四、无根的"高级人才"

足够数量的高级专门人才是高等教育发展的主体依托。时过境迁,高层次人才献身教育的动机不再单纯,人才流动呈现出多种样态。传统意义上的理想感召和价值坚守受到挑战,而现实功利诱惑所促成的阶段性流动汇成了高校间人才变迁的主流。而要稳定师资队伍,必须遵循人才流动的内在逻辑,建立相应的政策保障,才能够使得不同类型的人才各展其能、各得其所。

1. 众生相

教育振兴靠人才,人才市场异彩纷呈,你方唱罢我登场,人事江湖热闹非常。由于战略喜人、战术诱人、形势逼人,于是,高等教育领域人头攒动,大批人才往来其间。

第一大类,是"真心实意类"。有怀揣梦想投身教育的,有专业对口来改变学科面貌的,还有更多学成之后回家创业、就业的。大批有识之士、优秀人才寻梦而来,好人好事先后发生,感天动地的创业拓荒故事激励着一代又一代的新人,这些人对一线教育的整体贡献可圈可点,值得称道和敬重。这一类人从理论上来说虽然不少,但实际上远不足够。

第二大类,是"板上钉钉类"。他们是沉默的大多数,是高等教育人力资源的塔基,这个群体构筑起不同地方高等教育的人事脊梁。其中不乏暂时没有更好去处的"高手",或已经小有成就但无法在"东部"发光只好选择点亮"西部"的高级专门人才。遗憾的是,构成塔基主体的这部分人在以标签为指针的人才甄别时代变成了弱势群体,他们很少在制度设计上得到特别的重视和对待,在熙熙攘攘的人才江湖里极少有他们表现的余地。虽然这些人支撑维系着庞大高等教育系统的日常运转,但在标志性人才抢夺的时代,这些人很容易被置于鸡肋之地,许多人从来没有想过要跳槽出去,今后也不想跳槽出去,其实也跳出不去。他们在五花八门的以"高大上"为标志的"引进人才"的制度下自惭形秽,在来来往往闯荡江湖,解决配偶工作,博取便捷功名,直奔项目、职称、称号、获奖,赚得满钵即归的人才面前乱了方寸,毁了三观。他们甚至不知道自己世世代代扎根本土的理想能否抵挡得住"先转移,再转正"的"外来和尚们"。因为生于斯、长于斯,当然也就无法得到超常的物质或精神礼遇,这类人亦可称为"不得不留守型"。区域人才战略最值得反思和关注的正是这个群体,只有专心并着力改变这一部分人的命运,才能从根本上改变不同区域教育人力资源的均衡局面。

第三大类,是最具有时代特征的"功成收割类"。基本路径或手段是通过弱势地区超常规"引进人才"的渠道,自东向西,从大到小,由上至下的阶段性调动,也就是通过从发达地区到欠发达地区的异校动作,把前期个人所积累的学术成果之期货价值迅速兑现,主要打法包括:① 战略转移——史称"树挪死,人挪活","宁为鸡口,不为牛后"。据此迅速便捷地戴上学科带头人的桂冠。② 战术攻坚——将发达地区不再新奇的项目通过异地迁移转化成具有创新卖点的项目进行操盘。其中不乏"跳蚤类学术明星"——通过在签约履职服务期及享受待遇赔偿可能性之间的博弈，于不同学校间快速跳动以实现利益最大化。③ 跨越式发展——实现职称破格或博取特殊人才称号，在原单位评不上的职称、拿不到的称号，到了新单位则信手拈来。④ 迂回包抄上位——交叉调动获取超常待遇，在原岗位按部就班的年收入可以在某些地区的新单位直接兑现成月入薪酬。⑤ 出口转内销——先留洋镀金，或闯荡东部，或北漂探寻，转身携金字招牌回乡忽悠，本土人才摇身一变"羽化"为引进人才，实现淘金目的。⑥ 回马枪手——起先"孔雀东南飞"，然后"倦鸟归巢"，曲径通幽成为效力家乡的典范。上列种种，按照台面上的标准用语来描述的话仅仅是广大高级专门人才中的"极少数"，但其实近年来在高等教育超常规人才争夺的现实中却随处可见。深究一下，这一类人无论多少都影响极大，正负皆有。如能恒常爱岗，则利国、利民；如若蜻蜓点水，则无益于教育事业的健康发展；如若虚晃一枪直奔功利，则难免动摇教育守卫者的信心！

2. 找理由

话说回来，我国东部人才济济，西部人才也不少，再看看"北、上、广、深"，那里有多少非本地原籍的但在此建功立业的高级专门人才也就不证自明了。现在，真正缺乏的是更多学有所成、心有归依，并愿意长期留守本土的实干人才！愚以为，无论基于什么样的理由，出自什么样的动机，只要能够在本土教育岗位上安心、安定、安稳地履职，无论是一个五年计划，还是持续的坚守，他们不管来自何方，统统都是"世界上最可爱的人"。要改变不同区域教育的面貌，促进本国、本土、本地教育的均衡发展，少不了更多、更好、更坚韧不拔的专门人才，百年树人、代代坚守是为必须。其间的关键在于如何"把心留住"，又如何"把根留住"。

选择扎根并献身教育的深层次动因是什么？大道理毋庸赘言，只需从人性的角度上简单查找一番即可发现让有识之士自觉、自愿留在应许之地从事教育事业的真实理由。

常言道：爱在哪里，家就在哪里；事业在哪里，家就在哪里；父母在哪里，家就在哪里。就个体而言,首先,选择在本土做教育有爱的理由吗? 如果有的话,家乡教育的哪一个部分值得你去爱,是空白的课程,弱势的学科,还是多彩的文化样态? 其次,现时代坚守边远基层从教的意义感何存? 留驻这里是打算锦上添花还是想雪中送炭? 接下来,父母的期盼是你决定回家工作不远游的理由吗? 是否只因为陪伴是最长情的告白,所以才促成了无奈的返乡决定?

人潮涌动当然自有缘由。人之为人,首先,在"超我"的角色上,奔着爱的方向而去才可能成就义无反顾之举;其次,在"自我"的定位上,确立起与事业价值的关联度才能决定职场的忠诚度;再次,在"本我"的根性上,家乡父老的期待与家人的牵挂,自然会成就扎根职业的牢固理由。

众所周知,人才浅层次流动的动因来自待遇和金钱,而深层次留驻的理由绝非货币或物质所能够决定。可以肯定的是,缺乏物质待遇的诱惑当然不行,但只以名利待遇做诱饵看来也不行,会让人找不到持续坚守的充分理由。近年来,高校间的人才混战造就了许多无根的"浮萍",人来人往却心神不定。万物有因必有果,必须从个体骨子里找原因,从整体根子上找缘由。有必要回归教育常识和人文初心,先搞清楚人才为何来,人才为何去。再进一步弄明白什么人会留住,什么人会坚守。当我们把眼光穿透"资本转移,资质转换,指标变现,利益最大化"等现象所构成的迷雾之后,再深入发掘一番人才流动表象之下潜藏着的动机,不难发现问题的实质是因为时代的确不同了,理想号召的力量难以抵挡现实功利的潮流。

国家重视,学校着急,个人不笃定。大家都在说:"事业留人,情感留人,待遇留人。"然而,什么才是某一特定区域真正能够留得住人的事业呢? 蔡希陶、费孝通、邓稼先等人的选择还能不能得到今人的普遍认同? 欠发达地区教育的情结何存? 生活其间的人们的情感有所归依吗? 献身弱势地区的教育事业是因为文化认同的牵引还是因为改变弱者命运的冲动? 接下来,什么样的诱惑才值得一个人敢于做出闯荡莽荒的决定呢? 显然,重赏之下必有勇夫,超越常规的待遇即可有效驱动有需求者的身份转移。

人的行为无不源自动机,而选择什么样的动机则决定了最后能够走多远。就当前高等教育而言,教育者行为选择的动机从高到低依次如下:首先要有"信仰",知道献身的意义;其次要有"激情",找得到心动的感觉;继而要有"兴趣",对所选择的天地人事充满好奇心;然后出于"需要",只因为离不开岗位的待遇;最后只好"不得不"或无法自立,周而复始都在做别人要求做的事情。如此衡量,如果一个效力于某一特定类型高等教育的人,对于自己所从事的工作既没信仰,又没激情,更没兴趣,只是因为生存的需要和迫于外部压力,整日忙碌于被动的事务之中,何来岗位责任,又何以成就未来,更遑论奉献一生了。

教育要有根,学者才有梦。一国一地的文化教育格局必须把根留住。然而,教育还有根吗?如果有的话,何以为根?以排除法来界别,教育根性的表征往往不是"高、大、上",而是"小、特、弱"。有鉴于此,选择在教育领域里"淘金"的人到底需要探寻什么样的理想和归属也就不言自明了。以哲学的某种眼光看,"小的才是最好的";以教育学的某种眼光看,"改变才是最好的"。和谐社会要为人才实现教育平实而伟大的目的提供契机,才会有更多的人因此燃起文化兴邦的梦想。而今,高等教育已然进入了一个十分繁华、超级现实且偏于冷漠的时代,人才争夺引发"江湖混战",人们的注意力大都被外部诱因所裹挟,因而不得不从更深层次反省重构。依从人才流动的动机逻辑,并建立相应的动机保护与激励机制,才有助于生成良性积极的人事变迁环境。

3. 寻安心

凡有人的世界看来都不能求全责备,最好的状态其实是各得其所而已。不论是"借过"择业还是"路过"就业,是蜻蜓点水还是扎根奉献,只要能够让想出名的人出名,想盈利的人得利,图安稳的人舒心,大家就可以各展其能,各尽其用,最后各得其所而已。

人来人往本来正常不过,现阶段只是由于人才流走的内因与外因之间严重失衡,亦即"内因不明、外因过甚"才综合造成了不正常、不均衡、不稳定的状况,整体呈现出异动之相。从内因来看,是人们失去了稳定坚守的道义感;而从外因来看,五光十色的诱惑无处不在,以至于教育的梦想饱受袭扰。

此处仅以西部大开发为例,西部并非现在才落后,西部的政治地位、经济条件、人文地理、民族传统等一系列要素加上千百年历史的浸染和沿袭才综合形成了当下的面貌。"冰冻三尺非一日之寒",东西部现代教育的差距形成于百年之久的历史,不可能改变于片刻之间。西部教育的落后现状以及其与东部教育之间的品质差异绝非短期内可以弥补,正因为如此,短期内实现均衡发展的目标是为奢望,而盲目地追赶东部则完全没有意义。西部高等教育必须正确认识、理性作为、单刀独进、异峰突起,这才是实在的作为方式。就人才的生长环境而论,首先要着重培育多元创新的政策土壤,可以满足不同的人各展风采、特色发展的期望,同时要为异质文化的生存发展留有余地和空间,以使得教育文化呈现出多姿多彩的生命力。如此样态的教育也许不强,但饱含价值,而且极富魅力。

多年前,笔者在厦门大学主办的一次学术会议上提到:"纵观古今,自然科学的成就往往出在前沿,而人文社会科学的成就往往出在边缘。跟不上日新月异的前沿趋势,自然科学的研究必然会落后;同时也因为前沿或中心地带太过喧嚣,所以并不利于人文的反思与考辨。"现在补充一下,所谓前沿、边缘之分,除有区域地理的意思,更包括政治、经济、文化的内容。前沿总是充满诱惑,必须得你追我赶,否则难免被淘汰;而边缘地带的教育生活,则必须以信仰情怀为依托,才能够让人心有所归,继而砥砺前行。

"扎根教育"是个空洞的词组,要使得其间充满意义,则必须在人力资源保障制度上予以创新以保持弹性和张力。比如:可预料的归期,可感知的献身感,进出自由的弹性机制,阶段性高薪,探险意识的补给,好奇心的满足空间。与其被动地接受宿命安排,不如主动顺应人心和世道——从人性根源和时代功利出发设计制度,就能够留住更多人才,打破恶性循环的局面,不断促进教育自身的健康发展。

只有把话说透,争取让不同类型的人才各得其所才是相对正确的选择。要让那些不计得失、安心教育本身的人才有可能实现他们的理想;要让那些有专业责任心,必须留在适当岗位上效力的事业型人才心有所归;也要让那些以利为基准、以名为导向的打工型人才可以实现价值的对等交换。要努力改变各种人才"只好留、习惯留、不得不留"的现状;要以开放的心态看待引进人才,留一生最好,留一段亦可,不留也罢。而对于更多愿意献身教育的有识之士来说,应该创造出梦想去、冒险去、喜欢去、愿意去的良性局面!

总之,人上一百,形形色色。从事高等教育的人们各不相同,也不能苛求苟同。良性的制度设计只要能够把理想(脑)留住,把感情(心)留住,把技术(手)留住,而不只把身体留住,如此,高等教育就会越来越好。

佛曰:定生慧。不定,何以生慧?

第五章　育才生境

大学不再是理想主义的温床。

　　事物的形态及其生命的活力是推动自身发展变化的根本力量,表征于外是事物看起来如此这般的样貌,而隐含于内是事物得以安在并能够长久存续的基质。在哲学家眼里,生命力是"像一种特殊的力量或本质那样起作用"①的维持生存发展的能力。黑格尔指出:"力是无限的,也是有限的,无限指它的发展无穷,潜在的力是无限的;有限则指它总以一定形式表现出来。"②以此为据,观察近年来发展速度惊人的中国大学教育,盖因时代之求、国家之需、个人之急,共同集成了强劲无比的发展动力,取得了前所未有的进步,形成了空前繁荣的局面,造就了过去想都不敢想之高层次教育的庞大格局。就表征而言,高等教育的演进状态热闹非凡,方兴未艾。但深入肌理,作为国民教育体系中高层次的存在样态,大学教育自身的活力、内在的能量源以及可持续发展的动因在实践中尚存疑虑,在理论上尚待确证,仍然值得教育研究者追究探问。一方面,"生命并不是一种凝固的实体,而是活力,生命的意志、渴求、期待、冲动更能表征这种活力"③。教育源于人这种特殊生命体的活力,高等教育是这种活力的进一步升腾。另一方面,教育是"人对人的主体间灵肉交流活动……使他们自由地生成,并启迪其自由天性"④。尼采曾指出,教育

　　①　王同亿.语言大典(下)[M].海口:三环出版社,1990:3051.
　　②　冯契.外国哲学大辞典[M].上海:上海辞书出版社,2008:167.
　　③　刘铁芳,高晓清.张楚廷教育思想研究:第二集[M].长沙:湖南大学出版社,2015:191.
　　④　[德]雅斯贝尔斯.什么是教育[M].邹进,译.北京:生活·读书·新知三联书店,1991:3.

的任务在于"把那个整体的人培养成一个活的运动着的太阳和行星的系统，并认识其更高级的驱动机制的规律"①。教育者不仅要始终把被教育者的生命力置于中心地位，而且要努力使自然无序的生命个体凝聚成真善美和谐的格局。俗话说，走得越快，越要小心。无论何种事物，明显的刺激诱因均可以迅速激发外表的亢奋，而唯有内生的动因才能够调动持久的活力。就教育事业而言，头脑的热度不等于躯体的温度，整体的状态不等于个体的心态。蓬勃发展的中国大学教育唯有不忘初心，回归教育生命的本源，关注教育生命的主体，才能够绽放出教育生命的光彩并葆有旺盛而持久的生命活力。

大学教育内隐的生命态偶有式微，表现至少有三：首先是课程教学按部就班，缺乏活力；其次在科学研究上，穷理的学究弱势，学术理想淡漠；继而在校园生活中，利益至上，个性风采缺失。

深入教育教学一线，可见热闹的宣传活动与冷淡的教育行动之间形成反差。感性观察，作为教育教学主体的师生情态并非如所取得的业绩指标那样热情洋溢。而理性辨析，作为文化组织的大学形神两分，逐渐演变为一架高速运转但体温偏低的制度工具。教育过程少有关怀，学术研究缺乏敬畏。优质的高等教育润物无声，如沐浴阳光，静待花开；好的大学生机勃勃，充满活力，温润暖心。缺乏温度无疑是大学未来朝向一流的内在掣肘。

而当我们"提其神于太虚而俯之"，不难发现，教育葆有旺盛生命力的前置条件包括：理想永远不能少；多元万万不可缺；人文情怀更要伴始终。

---

① ［德］尼采.作为教育家的叔本华［M］.周国平，译.南京：译林出版社，2012：7.

第一节 冷漠的教育

一流大学建设方兴未艾,虽看法识见不尽相同,把脉方式各有差异,但总体发展态势乐观积极。推动事物的发展变化历来有不同手段,对待事物的方式、态度当然也就大相径庭:莺歌燕舞、欢呼雀跃是其一;袖手旁观、隔岸观火是其二;添油加醋、盲目掺和是其三;添砖加瓦、务实践行是其四;不一而足。如若采用道家三分逻辑,任何时候对待任何事理,皆有乐观、悲观和客观三种人、三种言行并存。再综合下去的话,毛泽东同志教导我们说:"谁是我们的敌人? 谁是我们的朋友? 这个问题是革命的首要问题。"① 然而,社会现象以及教育问题的复杂性在于:以"朋友"面目现身的一些人有时候难免帮倒忙,所谓"正向捧杀";而被视为"敌人"的一些人也许会真正地促进事物的成长,所谓"反向激励"。虽然众口一词"忠言逆耳利于行",终究人人皆知"媚语顺意更舒心"。辩证统一之后,唯有理性客观的认识、决策乃至行动方有助于实现健康的发展愿景,而从哲学角度出发,理性往往又不得不以反思批判为特征显现于世。

一转眼,一流大学建设已经顺利迈进了新的历史阶段。时至今日,政策上整体发动,理论上周密论证,操作上全员联动,依照常规语句表达——已经初见成效了! 如果仅仅从各种排名以及办学综合指标上来衡量,我们有足够的理由相信,在政府和高校的共同努力下,于不远的将来,我国大学即将在全球大学榜单上与发达国家的一流大学比肩接踵,甚至于赶超亦不在话下。但是,一系列"量化"指标的达成能否真正代表一所大学为世人敬仰和公认的一

---

① 毛泽东选集:第一卷[M].2版.北京:人民出版社,2006:3.

流品格？答案尚存疑虑！因此,针对我国大学教育的现状,拨开指标数据及量化排序的迷雾,以最朴素的文化逻辑来反思教育的问题,或许更能逼近一流大学建设短板的事实与真相。而当我们真正把视线"回归"至教育教学一线的时候,不难发现中国大学犹如一个正在发热的巨人,头脑滚烫,体征畏寒。

一、现状把脉:热闹的表象掩盖不住冷漠的真相

大学虽先后被赋予各种各样的职能,但人才培养始终居于"执牛耳"之位。无论在哪一个国家,育人才是大学最核心且不可替代的元职能。而与人才孕育直接关联的无非温暖的教育过程、热情的教学环节、感人的师生互动、激情的学问探究,以及充满着温情的校园文化和高深的学术氛围。有人说,中国大学现在啥都不缺了,就是缺少温度。的确如此,"春江水暖鸭先知",教育冷漠心晓得。

凝神反思,教书育人在高等学府里是否仍居优先地位？承载人才培养职能、实现最朴素的教育和教学的常识是否已经被其他抽象化的概念所遮蔽？表面上看,我国大学教育在形式上已经具备栖身世界一流的实力,有外国学者就曾这样感慨过:中国"985工程"高校的硬件已经是世界一流,其条件之好远远超出他们的想象,让他们感到震撼和羡慕。此外,我们从各种各样的大学排行榜上看到,已有部分大学的学科和学校综合排名涌进前列,表现不俗,似乎已经可以与许多世界一流大学相抗衡了,仅仅是想到这一点就足以让人亢奋不已。但如此成就之下不可回避的事实是,"当这些外国学者深入到教学第一线听课、召开学生座谈会、调阅各种教学文件时,他们又不约而同地认为:中国一流大学的本科人才培养与世界一流大学相比,无论是在教育理念、培养模式和教学手段上,都还存在差距。最为突出的是学生普遍缺乏批判性

思维、基础不够厚、口径不够宽、跨学科程度弱、国际视野不足",等等。[①] 如果说这些评价是教育观察者从宏观的教育结果角度给出的,那么与此形成反差的则是站在观察者对面的受教育者所给出的评价。国内学者从学生的视角对大学教育问题进行的研究表明,作为受教育者的大学生对我国大学教育的现状充满失望,学生对于我国大学教育中的课程组织形式、师资力量和师生课外互动等多个方面极为不满。有学生直接坦言,上了大学后才发现现实的大学教育与自己中学时的想象极为不符,老师的教学内容比较枯燥,带动不了学生的兴趣性,有敷衍的嫌疑,没有给学生树立榜样;学校办事效率不高,形式感太强。[②] 还有学者曾对我国高校中的师生关系进行调查后发现,与中小学教师在大学生心中的地位进行对比,高校教师在大学生心目中几乎没有地位,比如,当问到学生自己印象最深刻的老师出现在人生的哪个阶段时,有48%的学生回答是在高中阶段,近30%的学生回答是在初中,近20%的学生回答是在小学,仅有4.2%的学生回答是在大学。[③] 亦有对大学教育的诟病时常见诸报端,如师生关系破裂的丑闻,同窗之间互相揶揄迫害的案例,教育主体之间争名逐利的人际争斗等,此起彼伏。

表面上看似目标明确、风景独好的中国大学在教育的深层生长逻辑上实则迷雾重重、危机四伏,呈现出冷漠的镜像——从科研到教学,从学习到生活,个体的人被铺天盖地符号化的量化指标所遮蔽,育人天职在高大上的指标衬托之下变得虚无缥缈,朴素的教育行为无所依托;学科之间的微妙关联被行政决议"时而组合过来、时而拼凑过去",课程内容变幻无常且远离经典;知识本身变成了抽象的学术概念,通识教育形同鸡肋,"无用"的学术少有人问津,融会贯通成了天方夜谭;理性教育中对学生的"严"与"爱"在市场消费的逻辑之下变成了对"消费者"的"迎合"与"迁就";师生关系冷漠,对学术、社

①　邬大光.大学人才培养须走出自己的路[N].光明日报,2018-06-19.
②　黄海军.全国本科教育满意度调查报告[J].大学(研究版),2017(10):51.
③　杨艳,洪恩强.江西高校师生关系现状调查[J].当代教育理论与实践,2010(5):95.

会和国家的责任感弱化,传道授业的本分被稀释;面对"我们是谁""我们要到哪里去"这样的深层次问题,教育主体变得茫然而不知所措。我们忽然发现,今天的中国大学没了故事,少了感动,缺了关怀,了无情义,师生在认知、理性、情感、意志、投入状态和价值认同方面普遍遇冷,高深学府内的教育活动落入了庄子所称"不得不"之境地。人们被安排、被规训、被督促、被评量、被指责、被说教,而献身高等教育应有的激情、冲动、兴趣与好奇心如潮水般退却消弭。瑞士教育家裴斯泰洛齐曾经的担忧似乎在高等教育的现实中一语成谶:"世间有文法学校,书法学校,海德堡学校,就是没有人的学校!"大学专注并栖身于办学指标的高位,却远离了师生的心灵。

二、症候诊断:魂不守舍难免言行冷淡

大学如果面向一流,那么在教育教学基础环节上的真正掣肘何在? 把脉反思,大学之情状魂不守舍,在高调宣扬、渲染人才培养的重大意义和取得的杰出成绩的同时,在具体的教育实践中却不断将鲜活的教育主体抽离,把人与物对立,直至将有生命的教育活动降格到无人之境地。理想的大学场域,理当充盈着生命感、求知欲和创造的志趣,其气氛可以感知,其温度可以感知,其牵引力可以感知。以此为凭,对照现实的教育场景,不难发现以下几种状况。

其一,教育评价符号化。在卡西尔的人学视角下,空间被分为三种类型和水平,分别是"低等生物所具有的空间""高级生物的空间""符号空间"。其中,他认为"符号空间"为人所独有,这一抽象的空间"不仅为人开辟了通向一个新的知识领域的道路,而且开辟了人的文化生活的一个全新方向"。[①] 不可否认,符号空间为人类的存在与延续带来了极大的便捷性,没有符号的存在,

---

① [德]卡西尔.人论[M].甘阳,译.北京:西苑出版社,2003:75-76.

我们很难想象大学这一场域会是怎样的景象。然而,大学近年来却对符号顶礼膜拜,整个高等教育场域把符号体系当作运行和发展的根本导向与最终归属。大学被各类指标、数字、计划、工程牵着走——从生源选拔到人才输送,从学科评估到科研产出,从学校排名到经费争夺,横竖摆脱不了被符号钳制的命运,在各类符号标签面前,"得之若惊,失之若惊"。在如此生态的制衡之下,一方面"江河学者""百千计划""杰出壮年""卓越新秀"等标签数不胜数,"全优英才""实权校友"等各类人才蜂拥而出;另一方面,论文低水平重复、仿造抄袭、剽窃篡改等学术失范现象愈演愈烈。符号空间本为人及其言行的空间,但历经现实过滤,作为主体的人却从其间逐渐淡出,继而被符号取而代之。长此以往,学术浅薄、思想滞后、质量滑坡是为必然。有学者感叹:真学术寡,伪学问众;真知者少,伪学人多!

其二,课堂教学空心化。众所周知,教育才是一流大学建设中最基础的环节,而课堂教学作为学校教育开展的最重要的方式,其成效直接关乎教育品质。许多著名大学都有知名教授坚持课堂一线教学的惯例。而今,大学的不少课堂乏善可陈。教师与学生之间构成片面的知识授受关系,教学的意义和生动的过程虚化,现实、鲜活的师生主体从抽象的教育内容中剥离,教学场域往往缺乏活力,鲜见热烈的学术辩驳。更为严重的是人才培养过程中缺乏对学生人文素养的关注,学生专业基础薄弱,综合能力差,国际视野狭窄,反智主义泛滥。不可否认,教风、学风遇冷亦有师生自身的因素,但更主要的恐怕还是大学场域及其运行法则出了问题,比如缺乏教育理想,课程内容老旧,课堂形式呆板,课程评价手段机械化等。道高一尺魔高一丈,各种管控手段因此应运而生,诸如课堂微博点名、课前"刷脸"拍照、学生指纹打卡、师生蓝牙感应匹配等新手段在课堂管理中层出不穷,更有甚者为了诱惑学生"上坐"课堂,竟然使用"微信发红包"的方式确保学生到位!扪心自问,这样形式化的课堂组织方式,即使能把学生全部管控在课堂的实体空间之中,也很难真正达到教学目标与相应的效果。教学管理的规则与手段是冰冷的,教学的主体与主体间的关系是鲜活灵动的,强化冰冷的规制并不能激发鲜活的生命主体,外在的教学管控手段与教育教学本身的目标南辕北辙。

其三,主体关系冷漠化。教师与学生是大学校园中的活动主体,良好的师生关系、师师关系及生生关系是大学教育主体和谐发展的重要前提,也是大学持续获得发展动力的基本条件。对此,有一段被广为传颂的论述:真正的教育是用一棵树去摇动另一棵树,用一朵云去推动另一朵云,用一个灵魂去唤醒另一个灵魂。德国哲学家雅斯贝尔斯说:"大学……是教育新人成长的世界,是个体之间富有生命的交往。"① 这一论述在很大程度上代表了人们对于教育所持有的理想,也代表了世人对于大学理念的期盼。我们反观现实大学校园,教师之间、师生之间交流匮乏,群体关系淡漠,学术共同体关联感缺失,师生之间甚至因为一点小事就反目,学者之间为了职称、项目而彼此揶揄,同学之间为了评奖、评优而彼此投诉等事件不时见诸报端。一方面,学术的创新和发展需要学者之间的紧密合作与交流,学生的成长更离不开教师的引导与关爱;另一方面,教师之间为了权力和利益彼此孤立,被动陷入恶意竞争的陷阱,师生之间关系"游离",人与人之间日益疏离,教育信仰和担当精神渐隐于刻板的教育形式和过程之中。

其四,人才培养功利化。不论从教育学、人学,抑或从语言学的角度来审视,"人才"一词都是个上义词,其内涵包含"人"和"才"两个概念。在人力资本理论中,"人"是"才"的基础,蕴含的逻辑是:成"人"是成"才"的必要条件,不成"人"就谈不上成"才"。同样地,在教育的逻辑下,一流的人才培养有赖于一流的教育,一流的教育则要以个体的人的自由发展为鹄的。反观眼下,高等教育情境中不乏把"人"当作"物"管理,把"才"换为"材"输送的现象。大学依照行政逻辑划分,各据江湖排位介入资源纷争。一面以高深学问传播者的名义引诱公众进入,另一面又以权力资本生产者的形象将

---

① [德]雅斯贝尔斯.什么是教育[M].邹进,译.北京:生活·读书·新知三联书店,1991:150.

自己的"产品"输送入市场。在承诺与兑现之间,大学输出的"产品"便自然携带了母体里自相矛盾的基因:一方面不愿意承认高校是培养工匠的熔炉,另一方面却又不得不为学生的就业生计谋取出路。由此产生的现象就是在诸如"研究型""研究教学型""教学研究型""教学型""应用技术型"等身份归依下,各高校关于人才培养的"新概念"奇招频出,而实际的培养模式和方法却换汤不换药。一些高校为了满足就业率而技术性"加工"就业数据,以适应社会毫无底线地降低课业标准直至将社会"培训班"模式纳入大学正式课表。于是,在毕业生总数不断攀升、成"材"率迅速提高的同时,却有更多的人发现,大学不断地向社会输送着"精致的利己主义者",以及不计其数"高不成、低不就"的毕业生。

三、根源辩证:外现东施效颦,内隐哲学贫困

倘若以育人为天职的象牙塔不再温情脉脉,真实的教育生命被数据指标隔离,抽象的办学愿景与具体的教学活动脱节,结果便不言自知、不辩自明。造成教育冷漠的原因多种多样,有国际学术话语权诱发的大学依附论因素,有行政逻辑干预后产生的"构成论"因素,还有大学自身的价值取向因素,更深层的病灶在于高等教育陷入了新一轮的"哲学贫困"。

1. 对西方学术评价体系的表面依附

哲学家康德在总结欧洲启蒙运动时这样说道:"启蒙运动就是人类脱离自己所加之于自己的不成熟状态。不成熟状态就是不经别人的引导,就对运用自己的理智无能为力。"① 中国近代大学始建于内忧外患之中,而历经百年沧桑之后尚不成熟的教育组织,不成熟的典型表现之一就是一直以来大学的评价体系都以"别人",特别是以欧美大学的指标为依据。其曾深受苏联模式

———————————

① [德]康德.历史理性批判文集[M].何兆武,译.北京:商务印书馆,1990:22.

的影响,之后又转而模仿欧陆高等教育及盎格鲁-撒克逊体系,这就导致了我国大学与欧美大学之间呈现出一种"边缘—中心"化的趋势。当今,高等教育全球化在给全球教育资源带来红利的同时,根本上仍然带有新的殖民输出模式的痕迹。因为对于高等教育基础薄弱的国家而言,其自身不仅没有向外输出高等教育资源的优势,而且还不得不去引进和接受高等教育强国的教育输出,由此也就不可避免地会面临被殖民甚至自我殖民的风险。对此,美国学者菲利普·阿特巴赫曾一针见血地指出,"在许多方面,全球化只是强化了现存的不平等,并且形成了新的壁垒"①,这对于高等教育基础本就薄弱的国家而言更是雪上加霜。于是乎,在当前,我国不少大学的一流建设在缺乏内涵自信的情况下,不得不在表面上依附于西方大学的学术评价指标体系。在这种导向之下,高等教育当然也取得了显著的进步。但正如北京大学王义遒教授所担心的那样:"一些学校在研究建设世界一流大学时,出发点是一套世界一流大学的指标体系。这些学校对照着这套体系,有什么,缺什么,补什么,希望一步一步地满足这套体系的指标;一旦满足,就大功告成,成为了'世界一流大学'。我感觉完全按照那个指标体系去做,并没有真正抓住建设世界一流大学的灵魂。"② 这不禁让人想起涂又光先生的发问:中国所办的大学应该办成"在"中国的大学(a university in China)还是中国"的"大学(a university of China)? 后者当然才是我们的根本诉求。

高等教育的资源配置总是需要一些可观测的"量化"标准,而假以"国际"称号的各种评价指标体系纷纷登堂入室,从配角转为主角,上位神速,大大迎合了操盘者和响应者急功近利的需求。大学为了获得资源及时上榜,满足上级需求,自然跟风追潮不断调转船头。在这一过程中,最便捷有效的方法就是将自上而下的指标层层细化,继而在大学主体之间展开分工,并辅之以利

---

① [美]阿特巴赫.全球化与大学:不平等世界的神话与现实[J].覃文珍,译.北京大学教育评论,2006(1):95.

② 王义遒.建设世界一流大学究竟靠什么[J].高等教育研究,2011(1):1.

益引诱个体之间展开争夺。于是,大学的发展便在可及的现实与不可及的理想之间蹒跚而行,发展愿景与量化数据的直接关联又进一步促使大学的言行举止演变成为一种不断翻新更迭的文字游戏,这种游戏忽视了师生的存在,只顾及指标化的业绩,大学教育渐行渐冷。

2. 大学身份及价值取向的迷失

尽管"一流大学"这一概念迄今并无明确定论,但人所共知,"从事教育的组织"是大学的根本属性,一流大学必须是一流的教育组织,一流的教育组织应当有独立自主的身份及运行演进逻辑。学界普遍公认,一流大学必然要拥有与大学本质一脉相承的先进教育理念及自由独立精神。这两者是大学能够为社会培养领军人才,能够取得原创性的科研成果,能够对本国乃至世界的社会、经济与文化发展产生重要影响的前提。据此,我国大学在身份归依及价值取向等核心层面却呈现出自相矛盾的景象:它的身体里理应流淌着学术的血液;它的精神里自然夹杂着政治的气质;它的灵魂里不可回避地飘荡着市场的声音;它"网罗众家",什么都像,却又什么都不像;它的运作逻辑既不完全是行政的,又不尽然是市场的,甚至表现出越来越偏离教育及学术本性的趋势。各种逻辑线索纠结交错、博弈变化,大学成为众多"无序"集合的矛盾体。

从体制架构上看,政府与大学之间形成了上下级的隶属关系,而这种看似明确的上下级层级关系并没有在本质上让大学成为上级政府下辖的单纯行政组织,大学仍然是个复杂的自组织系统。从市场的角度来看,市场主体应该具有自利性、自愿性、平等性和竞争性。参与市场行为的主体,不论是政府、企业、个人或者机构都应当遵循适者生存、优胜劣汰的竞争规则,其根本的生存法则是:要么上位,要么退出。但是中国大学却能上不能下,缺少真正的退出机制,因此,无论办学质量如何,即便冷到冰点亦可存续。回到教育的角度来考察,大学本质的功能乃是育人,而高深学术才是育人的硬道理。像其他任何社会组织一样,生于社会又长于社会的大学,无论在任何时候都不可避免地会存在着社会的意识形态倾向、经济利益的目标追求以及服务地方发展等多种多样的诉求,但唯有围绕学术培育人才方是大学运行的正途,大学的其他功用均由此而派生。此即社会之所以对大学"趋之若鹜",或来"顶礼膜拜""求仙问药",或来"镶金镀银""陶冶情操"的根本原因。

大学的"品格"与"高贵"还在于其与生俱来的独立性。如德里达所言,"大学不仅仅是研究场所,不仅仅是谈论工业、商业和由国家确定的场所。大学与所有类型的研究机构不同,它原则上(当然实际上不完全是)是真理、人的本质、人类、人的形态的历史等等问题应该独立、无条件被提出的地方,即应该无条件反抗和提出不同意见的地方","大学不光相对于国家是独立的,而且相对于市场、公民社会、国家的或国际的市场也是独立的","大学必须有一个调节的理念。这就是不惜一切代价、无条件地追求真理","大学有义务像建立权力那样建立独立性"。① 但回到现实,大学的身份归依和价值取向被逐渐异化,大学的发展时而以市场为导向,时而以政令为导向,更多的时候则迷雾重重方向不明。学人困顿,学术迷茫,大学也不知所措。

蔡元培先生在就任北京大学校长时说道:"大学为纯粹研究学问之机关,不可视为养成资格之所,亦不可视为贩卖知识之所。"② 回望中国大学的发展史,仔细观照当下外表热闹、内在冷淡的大学——"文化元素虚浮,行政体制强大,市场机制充盈,江湖意气风发,规则暗流涌动,各路豪杰交替表演,你方唱罢我登场,喧嚣尘上,热闹非凡。占山头、排座次、搏资源、明争暗斗、各显神通"③。一百多年过去了,蔡先生的陈述句变成了疑问句,然而答案却遥遥无期。

---

① 杜小真.大学、人文学科与民主[J].读书,2001(12):4-6.
② 蔡元培.北京大学一九一八年开学式演说词[M]//高平叔.蔡元培教育论著选.北京:人民教育出版社,2017:171.
③ 董云川,刘尧,刘徐湘,等.当大学成为江湖·大咖与青椒[J].高教发展与评估,2017(3):56.

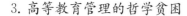
3. 高等教育管理的哲学贫困

钱学森先生的"明知故问"诱发了广泛讨论,多年过去了,对高精尖人才的期待普遍演化为大学不惜财政资本哄抢"标签人才"或"培养未来大师"等名目繁多的烧钱计划。管理和发展逻辑依然不断循环:一管就死、一放就乱,出问题再去弥补,有质疑才去规划,而规划的大方向总是抛出一系列"工程"和"计划",然后鼓励大学群起而分之。大家误以为通过外力策动,教育本身的问题就会迎刃而解。

其实,"钱问"所真正揭示的是中国高等教育的本体危机,或者说是高等教育管理的合法性危机。而这一危机的表现形式与美国大学在二战后经历"黑暗时期"时的处境极为相似——是时,美国大学成为"学术界'大为不满'的'冬天'"①,人们对大学失去了信心,言辞激烈地对其横加指责。此时,布鲁贝克冷静而敏锐地指出,这一切问题的出现本质上乃是高等教育管理哲学出现了问题。时过境迁,我们不难发现,当今大学在管理上出现的顽症痼疾,根本上仍然源自高等教育管理的哲学困顿。

一般来论,教育与哲学均在根本上指向人的维度,所以教育之贫困与哲学之贫困密切关联。布鲁贝克指出:"大学确立它的地位的主要途径有两种,即存在着两种主要的高等教育哲学,一种哲学主要是以认识论为基础,另一种哲学则以政治论为基础。"② 这两种哲学观在大学本质、大学功能及大学管理等方面的看法存在差异。认识论哲学认为"大学是一个'按照自身规律发展的独立的有机体'(哈特,1961)"③,在这一逻辑之下,人们接受大学教育是以"闲逸的好奇"为目的,同时认为大学是研究高深学问的场所,且高深学问

---

① ［美］布鲁贝克.高等教育哲学[M].王承绪,郑继伟,张维平,等译.3 版.杭州:浙江教育出版社,2001:1.

② ［美］布鲁贝克.高等教育哲学[M].王承绪,郑继伟,张维平,等译.3 版.杭州:浙江教育出版社,2001:13.

③ ［美］布鲁贝克.高等教育哲学[M].王承绪,郑继伟,张维平,等译.3 版.杭州:浙江教育出版社,2001:16.

是客观存在的,大学需要在"学术和现实之间划一条明确的界限"①;但政治论哲学则将大学看作国家的附属品,认为"大学只不过是统治阶级的知识之翼"②,大学教育只是手段而不是目的,大学的学术自治和学术自由是有限的。然而,随着近代哲学认识论转向的完成,自我成了哲学的研究对象和第一原则,科学理性逐渐确立了自己作为近代认识论主体的地位,高等教育的认识论哲学和政治论哲学的对立便愈发严峻。在科学理性的逻辑之下,大学对外部现实世界采取"主客二分"的认识方式。其认为整体可以分解为局部,知识分类的细化程度直接代表着人类认识世界的深度,大学学科门类细分、专业分解繁复、评价指标量化等就是明证。与此同时,随着国际竞争的导向,教育日趋被当作角逐高地,高等教育哲学的政治论范式进一步强化了其对"大学作为附属品"的认知,个体接受大学教育由原本的"私人事务"转变为"公共事务",政府全面地介入大学的每一个领域,教育的私权演变成为国家的公权。具体而言,这两种认识论在当下中国也是一分为二的:一些人极力认为大学之所以弊病难除,根本上是因为外力的介入;另一些人则认为,中国大学要迅速实现一流,必须紧靠政府的支持。由此,对教育管理哲学的认知便长期处于非此即彼的争论之中,以至于无法回避争论且又无所作为。

四、感性施治:激发内生动力,焕发师生热情,造就温暖大学

一所杰出的大学一定是有温度的大学,一所有温度的大学必然是坚持育人为本的大学,而育人的理念不应只出现在自以为是的浮夸文字或学校格式化的宣传语之中,一定要浸润于校园生活的每一个环节,倾注于师生的

---

① [美]布鲁贝克.高等教育哲学[M].王承绪,郑继伟,张维平,等译.3版.杭州:浙江教育出版社,2001:15.

② [美]布鲁贝克.高等教育哲学[M].王承绪,郑继伟,张维平,等译.3版.杭州:浙江教育出版社,2001:34.

心灵体验。在有温度的教育情景中,卓越者自会凸显,平庸者亦会受到鞭策。也正是在这样的教育逻辑之下,普林斯顿大学才会在只有 6 000 多名学生,没有医学院,也不是综合性大学的背景下培养出 2 位美国总统;又在诺贝尔奖百年的历史中培养出了 24 位获奖者;才会用它的宽容和"大爱"包容 9 年写不出 1 篇论文的安德鲁·怀尔斯教授,任其埋头苦干、静心研究,解决了困扰世界数学界长达 360 余年的费马大定理,并最终获得历史上唯一的菲尔兹特别成就奖;才能够允许患有精神病的天才数学家约翰·纳什静心地生活在校园内,并给予其极大的关爱,使他在与疾病搏斗 30 年后获得了诺贝尔经济学奖。①

　　大学教育的温度来自哪里? 如果从教育的本质来看,只要大学坚持以师生为主体,育人过程张弛有度,恪守学术本真,自然就生机勃勃、发光发热。因为教育过程乃是主体生长的过程,失去了有意义的过程体验,教育目标自然无所依托。教育是对主体的塑造,这一主体不仅指形而上学层面的主体,还包括人类学和社会学意义上的主体,教育的特殊性恰恰就在于它融合了形而上学、人类学和社会学等多个层面的复杂性问题。本质上来说,教育要解决的正是这种主体复杂性的问题! 然而现实冷酷,教育在很大程度上忽略了主体,变成了平衡权力资本的"游戏",大学场域内权力资本横冲直撞,"以确立对在场域内能发挥有效作用的种种资本的垄断……和对规定权力场域中各种权威形式间的等级序列及'换算比率'(conversion rates)的权力的垄断"②。进一步说,随着教育本质逐步异化,教育中人的主体地位被降格甚至抽离,大学成了"市场—政府—学术寡头"这一"权力三角"之间的权力资本博弈地。③ 如此,主体感受何以能够温暖如初?

　　就本质而论,作为一种特殊的文化组织,大学的根本运作逻辑应当具备

---

① 杨福家.一流大学需要大楼、大师与"大爱"[N].文汇报,2002-09-17.
② [法]布尔迪厄,[美]华康德.反思社会学导引[M].李猛,李康,译.北京:商务印书馆,2015:17.
③ [美]克拉克.高等教育系统:学术组织的跨国研究[M].王承绪,等译.杭州:杭州大学出版社,1994:143-146.

绝对的"排他性",即大学应当始终遵循其作为"社会良心"助力人类追求"理性与良知"的本质,并绝对恪守其探求"高深学问"以帮助人类社会朝着"真、善、美"的"幸福之路"前行的根本使命,它在不同的时间里可以被赋予不同的附加功能,但其本质的使命是不应当改变的,这也就要求大学的运作逻辑在根本上必须指向人的发展。但是,当大学学者的独立性逐渐失却而纷纷朝向市侩,当他们"已经无需在家里坐拥书城,他更多的时间是在外边跑来跑去"①;当大学不再把育人当作目标,不再把知识当作材料,把研究和教学当作技术,把学科和专业当作基础时,日益疏离的人们又怎能在教育中投向彼此温暖的怀抱?

回归高等教育本真,大学的生机何在?内涵式发展以什么为导向?教育的本真需求少不了以下取向:教师对于学术、学生和国家及民族拥有责任感,对教书育人的本分充满执着;大学的精神取向高雅,能够教给大学人对于社会流行观念的判断力;注重教育过程及教育生命的体验甚于注重教育形式;始终担负培养富有学识、智慧并能为自己的生活和社会承担责任的成年人的教育职责!所幸,本科教育的"成都宣言"决断明确,即高等教育必须坚持把"培养人"作为根本任务,把人才培养的质量和效果作为检验大学工作的根本标准。其中所隐含的本体论思想毫无疑问是能够经得住时间考验的。因为,凡是脱离人去谈教育,再脱离教育去谈大学发展,是永远都不会有出路的。教育如若要把人塑造成生活中的自主行动者和责任担当者,首先就要以人格性为导向,以人的充分自由为发展导向。在这样的教育中培养出来的人才能够自立,能够把握自我,从而能够成为社会的一个有机组成部分,并且能意识到自身的内在价值。② 同时,教育中的主体一旦能够"自己把握其自己的自我,就达到和完成了教化"③。从这个意义上来看,恪守教育

① [德]海德格尔.人,诗意地安居:海德格尔语要[M].郜元宝,译.上海:上海远东出版社,2011:45.
② [德]康德.论教育学:附系科之争[M].赵鹏,何兆武,译.上海:上海人民出版社,2005:15.
③ [德]黑格尔.精神现象学:下卷[M].贺麟,王玖兴,译.北京:商务印书馆,1979:40.

本分,不功利、不自恋、不着急、不盲目,回到大学最朴实的身份中去,着力培养学生的历史眼光、未来眼光和世界眼光,同时以世界一流人才的普遍特质作为检验大学培养一流人才的标杆,丰富教育活动的多样性,为教育主体的生命活动注入生机与灵动,这才是大学升温提质、突围"冷漠"、朝向一流的正途。

《战国策》中有记载"三人成虎"的故事,大概意思是说,集市上本来没有老虎,但说的人多了,就让人信以为真了。在"指标为王"的时代,在校校、人人都竞相角逐一流高地的时代,大学能否不忘初心、坚守本分、回归常识,保持旺盛的生命活力,仍然是我们必须面对的大问题!

第二节 唤回生命教育

理解生命是自然科学和人文学科共同面对的基本问题。总体而言,自然科学把握的是生命的指征及其周围的物质世界,人文学科把握的是生命的本质及其意识生活的内部世界,两者好比"器"与"道"的关系。生命教育不仅要接受科学的引领,更应当导入人文的精神。能否真正将生命教育切入生命的内涵并融于鲜活的个体生命,根本上取决于教育内容以及教育过程能否贯通科学理性与人文涵养,兼容科学与人文之魂。

争创一流是当代高等教育界的流行用语。然而,一流的高等教育如何表征,有没有层次或类型上的差异? 如果有差异的话,这种教育该依托何处? 一流的课堂如何表征? 这显然少不了平等沟通,争鸣辩解,教学相长,师生同乐。一流的课程如何表征? 课程的设置内容能否承载真正的文明,包容文化的多元,饱含思想的字符,容忍创新的模式? 在信息化与全球化背景中,简单的知识拷贝、话语复制以及重复记忆必将经受革命性的挑战。一流的教师如

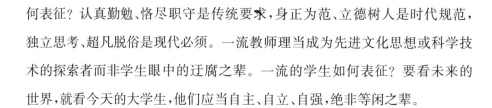

何表征？认真勤勉、恪尽职守是传统要求，身正为范、立德树人是时代规范，独立思考、超凡脱俗是现代必须。一流教师理当成为先进文化思想或科学技术的探索者而非学生眼中的迂腐之辈。一流的学生如何表征？要看未来的世界，就看今天的大学生，他们应当自主、自立、自强，绝非等闲之辈。

一、教育及其相关生命的现状：人性旁落

对生命及其存在意义的追问，始终是摆在人类面前的纠结辩题。而谈到教育的生命或关乎生命的教育，本质上都无法绕开人的教育。总体而言，人不仅是实体的存在，更是意义的存在，人生必须追问意义，生命必须活在意义之中。人的生命与动植物的生命有着本质的区别，动植物及其生命活动是直接同一的，它们不能把自己同自己的生命活动区别开来，它们本身就是这种生命活动。但人不一样，"人则使自己的生命活动本身变成自己意志的和自己意识的对象。他具有有意识的生命活动"①。对生命意义的追寻是人的生存方式，人就是在有意无意追寻意义的过程中才获得了精神生命的超越和心灵的安顿。

虽然生命的存在需要获得精神的超越和心灵的安顿，但是，在传统经验所建构起来的意义世界被现代科学技术融解的过程中，人类日益丧失支撑其生命活动的价值诉求与意义归宿，迟早会产生身心分离的碎片感、疲惫感、宿命感和无助感。对此，北京师范大学石中英教授有一段很经典的论述："现代人文世界支离破碎、日益萎缩。其结果是，我们所经历的社会是一个比较富裕但是无论如何却不能算是幸福的社会，我们所过的是一种整天忙碌但却不知道为何忙碌的生活，我们所获得的是越来越多的自主性和权利但却从开始内心里就懒于应用它们，我们所体验的是一种越来越孤独、越来越寂寞却因

---

① ［德］马克思.1844年经济学哲学手稿（节选）［M］//中共中央马克思恩格斯列宁斯大林著作编译局.马克思恩格斯选集：第一卷.北京：人民出版社，2012：56.

此越来越冒险甚至疯狂的感觉。当意义失落的时候，人们如何为自己的价值与价值生活提供依据？没有合理依据的价值及价值生活是社会世界种种病态和荒谬的总根源。"① 这不禁让人联想起心理学家弗洛姆振聋发聩的声音：19 世纪的问题是上帝死了，20 世纪的问题是人死了。②

　　20 世纪以来，在以理性主义及科学主义为现代性旗帜的引领下，人们的思想逐步从蒙昧走向开化与自由。一方面，主体性的高扬、成功欲的膨胀、生命尊严的彰显给生命带来了前所未有的高峰体验。另一方面，知识至上的感召、工具理性的肆虐与享乐主义的横行又逐渐遮蔽了"人之为人"的意义感与幸福感。人逐渐被视为追求物质利益、耽于感官享受的功利主义者，成为工业化进程中的"机器"，逐步弱化了对生命意义与价值及其终极关怀的追求。与此同时，教育也相应沦为实现社会现代化的主要工具，并因其能明显满足政治、经济、军事等方面的需要而当仁不让地成为国际竞争的首要阵地。在实证主义与科学理性的凯歌声中，教育中的个体演变成为纯理性的存在，生命在颓废而漠然的狂欢之中绝望地解构着周围的一切，人成了马尔库塞笔下的"单向度的人"——没有信仰、缺乏人性的技术工具；教育活动的中心似乎只剩下实证化和功利化的知识，而非充满灵性的人；教育的过程仿佛是过度技术化和模式化的生产流程，已不再是对人的全面发展提供滋养的环节。于是，一方面，我们惊喜地见证着教育的巨大发展与进步，教育的规模日益扩大，知识量和信息量与日俱增，越来越多的高学历毕业生不断涌向社会；另一方面，我们却极其无奈地看到，教育正在变得越来越空心化并越来越不像原初的文化组织，与个体的内心世界和活生生的生命渐行渐远。这不仅不利于一代又一代新人的全面发展和健康成长，更有悖于教育的本质和文化的使命。

---

① 石中英.人文世界、人文知识与人文教育[J].教育理论与实践,2001(6):13.

② ［美］弗洛姆.健全的社会[M].欧阳谦,译.北京:中国文联出版公司,1988:370.

二、教育及其相关生命的内在指向：意义性

从生命存在的意义而言，"纯工具化"理性的教育生存状态已经脱离了生命的本源。以绝对主义的客观知识为媒介，试图构建一个终极的、永恒的、完美的、至善的、世界的极端道德理想主义，这既脱离了现实生活世界，又脱离了个体的具体生命，其结果只会导致生命的泛道德化及死亡的理想化。这一点早有前车之鉴，回顾欧洲历史上的"科学危机"便可不证自明。胡塞尔生活的时代正值实证主义盛行——"在当时所有的科学学科中，实证主义都占据着统治的地位"①，实证主义的科学观念成为当时盛行的科学观念。于实证主义者而言，科学之为科学的前提乃是它是能被证实的，也即它是实证的。何为可实证？在他们看来，"实证"是一种"事实"，即"仅仅是那种可计数、可衡量和可测定的东西，可以在实验中加以分析"②的事实。而且，"科学倾向于将自己的用于研究科学的测量、预见和控制参量的方法，延用于人的生活领域的企图。对人的敬畏、意象、审美、伦理、真理的说明都归结为物质，并且试图以此方法得出关于心灵痛苦、人生苦难与道德问题的答案"③。依照这样的标准，那些自古希腊以来一直支撑人们生活的伦理宗教及生活中积累的经验或观念就不可能是实证的，因而也就是非科学的。超出了科学的适当范围的"科学"便走进了科学主义，在某种意义上而言甚至成了一种准宗教。于是，自柏拉图以来的为人类存在奠定基础的哲学观念也就被当作一种非科学的观念遭到了遗弃。如此一来，实证主义导致的结果是人们的生活信念崩塌，世界落入虚无，科学与价值分离，人类搞不清生存的意义。黑格尔就曾批评过世人"太忙碌于现实，太驰骛于外界"，呼吁人们要"回到内心，转回自身，以徜徉自怡于自

---

① ［德］海德格尔.时间概念史导论［M］.欧东明，译.北京：商务印书馆，2009：16.
② ［德］海德格尔.时间概念史导论［M］.欧东明，译.北京：商务印书馆，2009：16.
③ 吴予敏.美学与现代性［M］.西安：西北大学出版社，1998：119.

己原有的家园中"。① 这个"原有的家园"即是指人的有意识的生命。在他看来,回归生命的充盈和意义的澄明才是个体生命的永恒价值所在。

在日常生活中,人与周围事物相处的原初方式其实是远比狭义的科学更基本的生存方式。在自然状态下,而非在主观科学认知的视野下,我们周遭的事物并非总是"脱己地",反而总是"随己地"存在着。换言之,只要人生存着,不是存在于真空之中,就是存在于意义之中。倘若人不从自身生存出发去理解和解释周围的事物,那么人的生存就是空白的,没有意义的。同样地,如果我们对周围事物的理解和解释是贫乏的,那么我们生存的意义也难逃贫乏的命运。人类永恒地存在于时间和空间之中,其有限的肉体生命不可避免地会消亡。于是,死亡降临的必然性让我们感到忧伤,死亡不知何时降临的未知性又让我们感到焦虑。那么,生命存在的意义与价值是什么呢? 人们总得要在时间与空间之外找到一种永恒不变的本体作为精神依托的根据。更为确切地说,只有当有限的个体与这个无限的本体发生联系的时候,生命才能获得永恒的价值与意义。正如有学者指出的那样,"人不但有对自我的意识,有探索人生意义的愿望,而且有对终极存在或宇宙本原(尽管对之有不同的理解)的意识,有探索它并同它和谐一致的愿望。要理解人与世界,就必须研究形形色色的人生观和世界观,其中包括这种精神性的终极关切,包括这种超越自我而与终极存在和谐一致的愿望"②。就这一点而言,古今中外的思想家们之所以要对人的存在问题开展探问,与其说是出于科学或者形而上学研究的需要,倒不如说是出于人文信仰的需要。换言之,科学及形而上学的研究都应当以对人的生命存在意义的探寻为出发点,如康德所言:"人,……任何时候都必须被当作目的……你的行动,要把你自己人身中的人性,和其他人身中

① [德]黑格尔.小逻辑[M].贺麟,译.北京:商务印书馆,2009:30.
② [美]鲍柯克,[美]汤普森.宗教与意识形态[M].龚方震,陈耀庭,等译.成都:四川人民出版社,1992:《宗教与世界》丛书总序.

的人性,在任何时候都同样看作是目的,永远不能只看作是手段。"①

三、教育生命因人文涵养之迥异而大不同

从不同的角度介入,人的生命类型可划分为不同层次,如自然生命、生理生命、社会生命、价值生命、智慧生命、人文生命等。但归根结底,教育生命涉及两大层面,即自然生命和人文生命。前者是人生存与发展的前提,后者则是人生存与发展的愿景和鹄的。换言之,前者决定能不能活下去,后者决定能不能活得好。正是生命所内含的人文性,生命存在的价值与意义才可以被彰显。因此,从现实的角度分析,科学主义"用概念指导人生"的方式仅仅解释了浮在生命表面的"像",而隐藏在生命内核里的"象"则是其难以洞察到的。就像现代西医至今还是不能确认中医所把握之"脉络"一样,现代科技检测仪器依然无法描绘清楚人类大脑或心理活动的物质轨迹。按照尼采的批判逻辑,科学主义"用概念指导人生"的做法回避了生命的根本问题,使得现代人的生存表现出了一种"抽象性质",浮在人生的表面,灵魂空虚,无家可归。灵魂空虚的另一面却是膨胀的欲望,人们急切地追求着尘世的幸福,整个社会因沸腾的欲望而惶惶不可终日。② 出路何在? 尼采将他的希望寄托在悲剧世界观的复兴之上,但正如历史所给出的证明一样,他很快就失望了。因为,直到今天,他所描述的现代人的生命状态依然是顽固不化的事实,生命的意义在科学主义的解构之下越发显得苍白无力。可是,人生的丰盈与复杂、生命的活力与奔放、个体对苦难的同情与超越……又都实实在在的是"人生而为人"无法回避的问题或需要持续追问的辩题。

那么,生命的意义与价值又如何彰显呢? 从教育的角度来看,生命的人

---

① [德]康德.道德形而上学原理[M].苗力田,译.上海:上海人民出版社,1986:80-81.
② [德]尼采.悲剧的诞生:尼采美学文选[M].周国平,译.上海:上海人民出版社,2009:74.

文性其实已经明示并确证了答案。任何对存在及其意义与价值的追寻最终都应当以人为出发点！而人文学科所内含或牵涉的文学、艺术、历史、哲学以及宗教，与人类的生命发展史密不可分，因此便更加有助于教育生命的人文性构建。毋庸置疑，正是因为人文的介入，人的生命才不断地发生着裂变。

因为文学，自然生命被赋予了意义。在文学的字句中，人类的喜怒哀乐、生死忧患尽显无遗，作家们通过博大的悲悯情怀和永恒的人文，沿着文字符号的边框来解剖人性和看待世界，给世人以深刻的警醒和向上的力量。人们因此相信，曹雪芹能在贵胄公子潦倒至食粥度日的状态下，仍然用生命为人世间无可挽回的凋零抒写出"红楼"挽歌；沿着雨果的笔锋，我们亦相信了悲惨世界里从来不乏博大的胸怀，看到了美丽与丑陋同体，渺小与伟岸共存。

因为艺术，自然生命被添加了色彩。艺术让我们明白，本色的生活多姿多彩。世界并不缺少美，而是缺少发现。如朱光潜先生所言，"离开艺术也便无所谓人生，因为凡是创造和欣赏都是艺术的活动，无创造、无欣赏的人生是一个自相矛盾的名词"①，从这个层面而言，人生就是一种广义的艺术，音乐、绘画、舞蹈都是生命的展现形式。在艺术的视界里，生命的波澜起伏、喜怒哀乐层层铺开，"高贵的单纯和静穆的伟大"皆可尽情挥洒！

因为历史，自然生命成为时代变迁的纽带。无论怎样标榜客观公正，人类社会的历史，依然免不了成为人主观书写的符号本：一些人在记录、一些人在加工、一些人在改造、一些人在传播，更多的人要么漠不关心，要么人云亦云，当然也有人仗义秉公，似司马迁一般以残缺的身躯去努力记载他认为是正确的史实。岁月无痕，宇宙洪荒，自由不死。生命的伟大与渺小，个体的成功或失败，都将被时间的长河稀释殆尽——依然是秦时明月，不再是汉时边关，英雄人物此起彼伏，生命的意义与价值在夕去朝来的岁月轮回中承接着人类古今的记忆。

---

① 朱光潜.朱光潜全集:第二卷[M].合肥:安徽教育出版社,1987:91.

因为哲学,自然生命被引入反思与智慧的游戏。如果没有哲学思辨,人类就难以甄别并确证自己作为高级动物的地位。感性的人类历尽沧桑,之所以能够成为动物世界的霸主,根本的缘由还必须归功于反思与理性。从古希腊哲学的智慧,到近代启蒙运动的呐喊,再到现代哲学缜密的逻辑推导,世界何去何从看起来与哲学家无关,但世界的走向却每每验证了哲学家早年的预言。因此,离开了知识以及对知识的反省,离开了德性以及对德性的追求,离开了智慧以及智慧的引领,人类社会岂不是索然无味?

因为信仰,自然生命方能够实现觉悟与超越。信仰存在的价值很难直接由科学技术佐证而得,生命后台以及在更深层次上的存在方式很难被简单的"伪科学"指责所否定。面对人生的善与恶、苦与乐、悲与喜、生与死……千百年来人们借由信仰的方式寻找着超脱的路径。帝、主、梵、佛、天、道、神各显神通,使芸芸众生辗转其间,获得相应的群体秩序及超越现实苦难的真实体验。有无相生,难易相成,生死轮回,虽然现代科学能量巨大,人工智能日新月异,但从绝对意义上说,面对无影无踪又无所不在的灵魂,科学并非万能,而信仰显然有助于达成觉悟与超越现实。

简而言之,寻找真相与事实是科学前进的目标,探究活着的意义和死亡如何被超越则是人文存在的鹄的。古往今来,层层叠叠的现象背后分别对应着各种各样的理论解释,其中无不潜藏着挖掘人生本体价值的动因。当然,生命的自然性是人之所以存在的前提,但如若欠缺了人文的滋养,生命必将黯然失色。

四、生命教育的关键:回归生命本身

基于以上理解,生命教育要真正切入生命的意义层面,就应当摒弃以"纯工具理性"为主导的"实证主义"教育,走进关注人的生命、提升生命价值的人文关怀——以人文涵养浸润生命的本真存在,赋予生命更多的人文情趣,包括对个体生命情感的关怀,对人生终极信仰的关怀,对个体社会责任感的关怀,对人类苦难与死亡意义的关怀,引导人们超越自身的有限性和现实的物质纷扰,去追求生命存在的永恒价值与意义。毫无疑问,人文学科及其教育在这一过程中所扮演的角色便显得更为重要。因为,从生命教育的内容来看,如何理解生命一直都是自然科学和人文学科共同面对的基本问题,但总的来说,自然科学把握的是生命的外观及其周围的物质世界,人文学科更多把握的是生命的本质及其意识生活的内部世界,两者好比"器"与"道"的关系。尽管从表面上看,自然科学似乎总在前进,而人文学科似乎总在丧失阵地,但归根结底,只有丰富的人文涵养,才能促使人们真正从本质上去思考并解析个体生命中诸如善与恶、美与丑、秩序与自由、生与死等混沌纠葛的问题。换言之,生命教育能否真正切入生命的内涵并融于人的生命,根本上取决于其内容是否真正具有生命力,是否真正切入科学与人文之魂,融会贯通科学理性与人文涵养。因为,正如许多哲学家都意识到的那样,自然科学由于其客观性及非人格性,与人的主观存在没有直接联系,所以,纯粹的科学理性训练只能使人成为某一类别的人,而难以使个人成为真正自由的人。但是,对人文学科的知识传授与领悟以及探索自然科学背后的人文精神则能更加直接、更加深刻地表现出人的本性及人与世界的关系,更有助于洞察和发掘生命存在的意义与价值。

有人说:"对于人生的绝大多数时光而言,生命是平淡的,这种平淡往往掩盖了生命的意义的真实显现,而对于一个过于一帆风顺的人而言,只有当他面临死亡时,才会从内心深处真正领悟生命对自己的意义。"[1]生命总逃不脱终结的那一天,人有死,故人有限,人始终都被整体地锁在了"向死存在"的生存道路上。人之所以为人,就在于人身上承担着海德格尔所说的"存在之天命"。只有当活生生的生命个体自我觉悟到死亡的命定性之后,人才能从

---

① 刘翔平.寻找生命的意义:弗兰克尔的意义治疗学说[M].武汉:湖北教育出版社,1999:7.

自我与存在之间的终极伦理中演绎出生命的本真状态。假若人不是以"向死存在"的方式活着，那么，人作为人而生存的整个意义世界就必然会遭受覆巢之灾。可是，面对必然降临而又无法超越的死亡，人类如之奈何？在自然科学（特别是生命科学和医学）的视角里，生与死的意义已经被实证的逻辑淹没得渺无痕迹了。但人文学科依然在不停地揭示，恰恰是"向死而生"这种生存的最本己的可能性才唤起了生命存在的真正意义。如海德格尔所言，死亡使得此在摆脱一切世俗关系，唯独剩下它自己。此在则通过对死亡的领悟，意识到自己存在的唯一性，进而促使它对自己人生的无限可能性进行本己的选择，但这绝非"期望死亡"或者"沉沦于死亡"，反而恰恰是在凸显生命最内在的需要——对死亡的理解才是对生命意义的真正理解。犹如俗话所说的那样：咱们不怕死，但绝不找死。从这个角度辨析，对生命的成败起落、痛苦忧愁等一系列的反诘追问都是纯科学理性的逻辑所不能够观照的，而人文学科及其精神涵养却能给予个体在面对苦难与死亡时，从生命的深层意义上去领会、把握生或死的价值的可能。

中国文句的演进速度超乎想象，高等教育界"高大上"的话语连篇累牍，你方唱罢我登场。紧接"双一流"大学其后，一流专科、一流高职、一流硕士、一流博士、一流民办、一流独立学院、一流中外合作、一流专业、一流人才培养工作、一流后勤、一流学生管理、一流课堂、一流教学方法等说法势必蜂拥而上，一浪高过一浪，直至下一轮次的改革新概念出台，方会自然调适更改。在这样的生命环境和生存语境之下，我们不知道普通大学老师所开展的普通教学还有没有意义。普通院校所完成的普通教育工作如果不能栖身"一流"的话还有没有继续的必要？不在"一流"院校供职的好教师是不是一流教师？考不进北大、清华而步入地方院校课堂的学生有没有可能是一流的学生？没有重点实验室称号的场所能不能做出一流的科学实验？当"一流"脱离了生命主体之后，其说法和做法未必一致。不信走着瞧！

回到生命教育的本质上来，无论是自然科学世界的科技精英还是人文社会领域的思想家,除去极个别特例,无不具有良好的大学教育背景和旺盛的生命特征。古今高精尖人才最后被世人认可的杰出成就大概与其曾经接受过的 A 校的博士学程相关,也许与 B 校的硕士训练相通,也许与 C 校的本科课程相连,甚至会与其在高中时期对某个老师的崇拜或小学时期犯错之后老师宽容的拥抱密不可分。更有甚者,抑或这个人根本就没有上过大学(如梁漱溟等),要么就是没有获得毕业资格(如陈寅恪等),也没有被列入一流大学的一流人才工程(如屠呦呦等),也不是正统本科专业的优秀生(如莫言等),但是绝不会不读书。

最后,带着科学巨子爱因斯坦的"学校的目标始终应当是:青年人在离开学校时,是作为一个和谐的人,而不是作为一个专家"① 的告诫,提升个体存在对于生命意义的人文价值体验,帮助他们不断地把生命中所拥有以及所碰到的一切都转化为光亮和火焰,正是当下学校生命教育中不容回避、必然要勇敢面对的命题!

第三节 大学仍需"三问"

张含英校长的"三问"蕴含着大学人才培养在认知、技能和创新三个重要维度上的深沉关切。高等教育虽与时俱进,常变常新,但仍需不断回首并明确检讨如此基本命题,以免忘却初心。基于高质量发展的时代诉求,大学教育在认知上,应当启迪学生反省觉悟,促使学生甄别真相,明辨真理,转识成智;在技能上,应当充分肯定知识学习对于技能提升的根本意义,扬弃过分功利的知识观,将对"技"的追求上升为对"艺"的执着;而在求变创新层面,应当

---

① 赵中立,许良英.纪念爱因斯坦译文集[M].上海:上海科学技术出版社,1979:70.

摒弃保守的价值观,摆脱现实的桎梏,着力培养学生独立思考的能力、怀疑求异的精神和挑战权威的勇气。唯有三者共同发力、协调并举,高等教育才有可能在"普及化"语境里寻求到"高质量发展"的真谛。

据教育部发布的《2019 年全国教育事业发展统计公报》显示,2019 年我国高等教育毛入学率达 51.6%。按照美国学者马丁·特罗的量化标准,我国已进入高等教育普及化阶段。不过,时任教育部高教司司长吴岩提醒:"我们要特别警惕'身子'进入普及化,'脑子'还在大众化,习惯还在精英化的问题。"① 这说明"精英化""大众化"时代的思维及习惯仍有可能纠缠"普及化"时代的高等教育价值取向。虽有领导振臂高呼,但不无遗憾的是,近些年来的教育发展似乎并未如期出现"回归"的倾向。而今,当我们在新时代语境里提及"教育常识"的时候,其意并非单纯指经验知识,其实是指"常识"背后高等教育之所以存在的根本道理。所谓"回归",也不是说原原本本地回到过去特定的状态,而是立足于普及化时代的高等教育在"更高的阶梯上"对自身价值原本取向的找寻和坚守。真正的矛盾是知易行难,真实的问题是声东击西。那么,什么才是高等教育的常识性诉求? 怎样才能透过"现象"看穿"假象",从而领会"真相",凸显普及化时代高质量发展之高等教育的价值定位呢? 种种疑惑的根源不得不求解于更深层次的问题,即高等教育发生、发展的常识性内涵、操作性规定及其所求索的价值的指向。如若对这些关键问题悬而不答,或语焉不详,或避重就轻,都将从根本上制约普及化时代高等教育的回归之路。古人云:大道至简。以下仅取原北洋大学张含英校长的"三问"(懂么、会么、敢么)为据,深入讨论一下那些可以被轻松地写入文本、挂在墙上,同时也容易被热闹的教育事实有意无意忽略的简单道理。

---

① 吴岩.积势蓄势谋势 识变应变求变[J].中国高等教育,2021(1):5.

一、"懂么"：事实、真理、智慧之三境界

张校长的首问是"懂么"，其问题指向学生在认知上所应该掌握的内容，这是教育行为展开的起点，也是后续教学价值评价的基础。只有先知道什么是对的，才能够判断什么是好的。不知一般，何来一流？那么，到底学生应该懂什么？就认知性内容来说，高等教育可以传授的无非三类：感性层面的"事实"，理性层面的"真理"和悟性层面的"智慧"。

1."真相"有待甄别，历史也会"新编"

对客观事实或者经验材料的把握是一切认知以及研究活动的基点。社会进入信息时代，事实性材料爆炸式增长，高等教育进入普及化阶段之后，社会与校园之间的界限日渐模糊，学生在搜集和掌握事实信息方面的效能未必不如大学老师，甚至很可能有过之而无不及。如此，大学教育在引领或教导学生掌握事实方面岂非多此一举？答案显然不是。

首先，要引导学生"去伪存真"。丘吉尔说，当真相还没穿好鞋子，谎言已走遍天下。"真相"和"谎言"的裹挟纠缠在网络时代屡见不鲜。每有事件起，必有谣言生，辟谣与真相又因种种阻隔而姗姗来迟。如果说，占有信息的状况考量了学生的勤勉，那么，甄别信息的能力才能反映学生的眼光。其次，要让学生学会"去粗取精"。所谓"精"与"粗"的区分主要在于事实信息的典型性上，反映的是信息的质量问题。面对信息的汪洋大海，学生即便能够辨别真伪，但如果"胡子眉毛一起抓"，断然难有作为。因为，并不是每个事实碎片都能够对应说明所要理解或探讨的问题，教育者必须引导学生挖掘出那些能够于个性中反映共性、于特殊中寄寓普遍、在反常中暗含本质的事实，这样才能够凸显问题的实质和增强说服力。再次，要学会"适可而止"。普通大学生很可能达不到对于哪怕是典型性事件的完整掌握，这不仅仅受时间、精力、能力、条件的限制，也不仅仅受全球化时代语言及国别间信息共享机制的限制，

更在于,客观上有些问题暴露的过程是渐进的、漫长的,不可能一下子将事实信息全部释放出来,主观上有些信息是暂时不能够或不适合在特定历史阶段予以完整公布的。这些都为学生在甄别事实时竖起了止步的界碑。如若简单强调学生做学问时对于信息"完整性"的掌握,就难免让学生将精力耗散在无意义的搜集、整理等表面功夫上,久而久之亦会错失登堂入室的机缘。最后,要摒弃所谓"绝对客观"的历史观。克罗齐说,一切历史都是当代史。[①] 任何历史都是人写出来的,是人就必定受到感知能力、观察视角、价值观念、现实需要等因素的选择和过滤。历史为我们所打扮,我们也将成为历史,并且一并为后人所审视和选择,所以才会不断出现所谓的"历史新编"或"重写某某史"的说法。这不是为怀疑主义、虚无主义、相对主义张目,而是要切实提醒好学的学生懂得"实事求是"箴言中"实事"的具体性和相对性,摒除幼稚的理想主义,从而为真理的追寻开辟现实的道路。有鉴于此,对于大学生来说,以名家名著为主的"经典阅读"是为必须,而以网络传媒为主的"碎片化阅读"是为大忌。

2."真理"从不圆满,也并非唯一

对感性事实材料的研习是大学专业教育的起点,将之上升为理性认知,则是对真理的专业化探索。从感性认识到理性认识的过程,在毛泽东的《实践论》中已经有了深刻的揭示和阐述。笔者所关心的是"真理观"的问题。何谓"真理"? 按照标准的定义,真理是人们对客观事物及其规律的正确认识,是绝对性与相对性的统一。于是,在大学教育中,最好不要简单化地给学生形塑出一种错觉:"真理"是完美的、唯一的,一旦掌握了"真理"就如同手执"尚方宝剑",无往而不利,任何跟"真理"相悖的言论都将被视为"乱臣贼子"。进一步说,狭义的真理观往往只强调了真理的肯定性、绝对性、完美性的一面,而忽视了其否定性、相对性、缺陷性一面。因此,高质量的大学教育自身

① [意]克罗齐.历史学的理论和实际[M].傅任敢,译.北京:商务印书馆,1982:3.

就肩负着批判、辩解的功能，在必要的时候，只有将"真理"的"负面形象"加以揭露，才能还"真理"以"全身"和"真身"。①

　　从反映面来说，具体的真理所能够反映的面总是相对而有限的。苏轼诗云："横看成岭侧成峰，远近高低各不同。"相同的事物，从不同的角度、站在不同的位置观察会有不同的样貌，这就使得不同的人对于事物本质或本质属性的把握千差万别。大学教育传承与创新并重，谁也不能简单地宣称自己手中的就是"真理"，别人眼中的就是"谬误"。就发展性而言，真理是以实践为中介对客观世界的反映。可是，实践又是不断演进变幻的，今天看起来是"真理"的认识，随着实践的推移迟早会显露出自己的局限性和狭隘性。个体如若固执己见，整体如若故步自封，大学亦有可能蜕变成"谬误"的帮凶。从主体来看，虽然在最终意义上真理必定会成为大多数人生长发育的精神武器，但是这并不能否定真理常常首先掌握在少数人的手中，这些"少数人"必将因此而经受磨难。历史上，自然科学的发现一开始往往遭到诸多的误解和歪曲，一些人因坚持真理而以身殉道。而社会科学尤其是涉及意识形态领域的真理深刻地触动不同阶级、群体的根本利益和价值观念，因其与世俗根深蒂固的见地、难以自我反思的情感机制和意志功能联系紧密，所以其生长命运必然更加曲折跌宕。

　　为此，大学教育更应该取法于伏尔泰的精神，对自己有坚持，对他人有尊重。教育者不仅要努力激发学生探索未知，而且，对于大多数在偏信权威、顺从多数、喜欢恒定的社会文化传统中熏陶出来的大学生来说，更为重要的是棒喝警醒，教育者应不断促使其与既定"真理"保持理性的觉察和审视的距离，明白"尽信书则不如无书"的道理。往小处说，这是为了使大学生在知识探索和求真道路的艰辛历程中减少因偏执、狭隘、自欺而导致的无谓的虚耗、损失和挫折，同时也是为了让大学生对他人，特别是与自己朝夕相处的同学

---

① 陈嘉映.走出唯一真理观[M].上海：上海文艺出版社，2020：23.

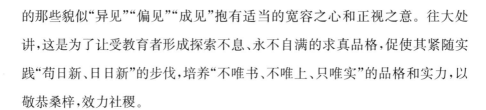

的那些貌似"异见""偏见""成见"抱有适当的宽容之心和正视之意。往大处讲,这是为了让受教育者形成探索不息、永不自满的求真品格,促使其紧随实践"苟日新、日日新"的步伐,培养"不唯书、不唯上、只唯实"的品格和实力,以敬恭桑梓,效力社稷。

3."智慧"有待启迪,务须转识成智

很多人认为,能够学好"知识"、完成"学分"、触摸"真理",就尽到了大学生的本分,在此基础上,若还能取得好成绩、获得奖学金也就功德圆满了。实际上,这种观点早已经不能满足新时代高等教育发展对于当代大学生提出的要求。大学生不仅应该对真知、真相孜孜以求,而且要努力转识成智,攀登智慧高峰,这就断然离不开"悟性"的指引。悟性并非空穴来风,其以感性为基础,又不受理性的束缚,既交融于事物之内,又超然于事物之外。

一方面,悟性是一种触类旁通、举一反三的学习能力。平时所说的"认知能力"常指对于特定领域知识的掌握能力,侧重于抽象思维能力,其评价标准往往也相对狭窄。悟性是指一个人总体的学习能力,悟性越高,学习能力就越强,就越容易在特定专业及与之相应的特殊能力基础上向其他专业乃至其他学科灵活迁移,实现融会贯通。当今世界,社会分工固然越来越精细化,但与此同时,也很难让人一辈子只在一个特殊的领域谨守一亩三分地。越来越大的职业流动性是社会化大生产深度推进的必然要求。马克思曾充满期待地遥想共产主义社会的人,在摆脱旧式分工的局限性和狭隘性后,在不同职业和身份之间灵活变换的自由状态。① 回到当下,普及化的高等教育,其特征之一被概括为"学习化",即"人人皆学、处处能学、时时可学"②。可是,即便能构建起庞大的教育硬件体系,如果学生缺乏与之相应的变通学习能力,那么"学习化"的目标仍不免沦为纸上谈兵。

① [德]马克思,[德]恩格斯.德意志意识形态[M]//中共中央马克思恩格斯列宁斯大林著作编译局.马克思恩格斯选集:第一卷.北京:人民出版社,2012:165.
② 吴岩.积势蓄势谋势 识变应变求变[J].中国高等教育,2021(1):5.

另一方面,悟性更强调与人整体的心理结构和人格结构的融合,强调学习过程中的情感体验。在理性能力的养成中,情感、意志、想象等因素更多地是作为辅助性或隐性的因素在起作用,而悟性与人的情感、意志、想象等因素息息相关,而且更深地关联着人的经验、直觉、德性、审美等,它诉诸人的心理或精神结构的整体。理性不是非理性,非理性也不是理性,这是它们各自概念内涵定位之根本所决定的。但悟性不迷信理性,也不沉溺于感性,而是这两者的高度融合,是一个人学习能力的"突变基因"。而且,悟性蕴含着丰富的情感体验,其中最典型的就是心灵的愉悦,即"寓教于乐"中"乐"的体验。孔子说:"朝闻道,夕死可矣。"[①] "道"需要"悟",不是"道"本身诱人赴死,而是悟道之后产生了充盈的愉悦体验,刹那间绽放出永恒,让人无惧无畏、坦然去留。可见,对于"觉悟"的强调,实质是从认知的角度努力摆脱工具理性的束缚,将学生当作一个有血有肉且知情意与真善美相统一的整全的人来看待。这正是康德所言的人是"目的本身"[②] 的价值原则在高等教育中的具体落实。

如果摒弃简单化的思维,不难发现,高等教育从"精英化"到"大众化"再到"普及化",既在现象上展示了教育发展的规模成就,也在事实上显示出教育质量错位的尴尬局面。如果要进一步构筑起高质量教育发展的新体系,那么对于学生的悟性及其培育的研究理应成为现代大学教育的新命题。只有穿越"理性"通达"悟性",促使固化的"真理"上升为灵动的"智慧",学生在认知上才能算是真的"懂了"。

二、"会么":知识、技能、艺术之三环节

知识的掌握总是要回到实践的。庄周梦蝶:"不知周之梦为胡蝶与? 胡

---

① 程树德.论语集释:全四册[M].北京:中华书局,1990:244.
② [德]康德.道德形而上学奠基[M].杨云飞,译.北京:人民出版社,2013:64.

蝶之梦为周与?"① 梦归梦,醒来还是得踏踏实实地做一个内化知识、外化技能、巧用工具、高效从事生产实践的人。张校长的第二问即指向学生实践技能的掌握。当下教育改革由于孤立地强调所谓的应用技能,致使高校陷于"职业技能""应用技术""动手能力""实践训练"等一系列概念的纠结之中。在新时代再议这个命题,仍有必要从知识与技能的内在联系入手。

1. 技能既以知识为起点,也以知识为内核

"技术"侧重于工具本身的性能,而"技能"是指劳动者运用特定工具从事特定生产的能力,是智力与体力、精神与身体的协调统一,也被称为"才"或"技"。不管是技能还是技术,都是人的特定知识对象化、物态化的结果,前者是对人自身的改造,后者是对客观世界的改造并体现为人的体力与智能综合效率的延伸或放大。所以,知识对于技能的形成具有根本意义。相反,技能缺少知识的指导和总结便会极大地影响技术的形成、提高和转化。传统手工技能往往因为缺少对技能及制作经验的理论抽象,所以极大地依赖师徒之间的言传身教、心领神会。微观上看,特色化的传承方式是维护特定行业及特殊技艺者生存的法宝。但宏观上看,单一的传承难免会阻碍技艺的提高、推广和规模化的再生路径,当特定的技能找不到合适的继承者,就会面临失传的危机。我们的传统文化基因缺乏对理论抽象的兴趣,使得传统工艺和技能缺乏理论的总结、提炼和升华,传统手工业自然难以孵化出现代的科学技术。所以,当大学教育尤其是职业教育孤立地强调学生应用能力的养成之时,我们千万不要因噎废食,而应当从更深层次上弥合知识与运用的辩证关系。唯其如此,我们才有可能更有效率地促进不同类型的大学生的应用实践和创新能力的生成,也才有可能在高等教育层面上处置好"职业教育""技术教育""应用技术教育""实践能力培养""实践创新能力养成"等一系列错综复杂的关系,从而避免非此即彼、厚此薄彼的倾向,也不至于从理论或实践两方面扭

---

① 曹础基.庄子[M].开封:河南大学出版社,2008:111.

曲知识与技能的关系。

通常一定的技能总是跟一定的社会需要联系在一起的,社会需要对于个人技能的培育起到根本的限定作用。技能总是在特定的专业知识的引导之下训练而成的,而时代的特定需要或取向,不仅对于技能具有选择性,还进而从源头上对知识进行着选择和过滤。这有助于培育适应特定社会所需要的技能并对相关知识进行激发和强化,而其他知识则有可能被推至幕后或沉入湖底。需要有短期与长期、物质与精神、个体与群体之分,因此知识的价值也是多元的。[①] 斯宾塞的《什么知识最有价值》一文,从功利主义的角度对人类知识及技能进行了取舍,但是,他所列出的五大类知识(包括广义上的技能)涵盖面极其广泛,几乎涉及今天所有的学科类型,并且能在较大程度上兼顾个体与群体的长远需要。[②] 问题在于,他将貌似"无用"的"哲学"以及其他对人的精神品格构成深远影响但又确实不会在短期内直接给予人实用价值的知识排除在外。可悲的是,一些学校及其教育者往往没能站在一个更高的视角辩证看待斯宾塞的"知识观",肯定其对于"有用知识"的远见,克服其对于"无用知识"的短视,反而更加功利、更加狭隘。他们为了填饱短期需要而断送长远需要,以现实物质性的需要放逐人之为人的精神性需要,并以个体暂时的满足而罔顾国家、民族长远的未来。这使得一些学生尤其是应用技术类型及职业教育类型的学生普遍缺乏扎实且相对完善的高质量知识结构。他们一旦养成所谓的"一技之长"就极容易固化在这种技能当中,"熟能生巧"也只是量的积累,难以达到质的提升,这使得其职业非但缺乏流动的可能,也缺乏上升的空间。将人训练成机器,将自己变成螺丝钉,这种单调乏味、周而复始的劳作和技能,不仅容易令人产生疲劳和厌倦,甚至,在特殊情形下,劳动也很有可能异化为"满足一种需要即维持肉体生存的需要的一种手

---

① 钱颖一.教育的三个基本问题:学什么? 怎样学? 为什么学? [J].教师博览,2022(7):60-63.
② [英]斯宾塞.教育论[M].胡毅,译.北京:人民教育出版社,1962:6-83.

段"①。随着国家、社会的不断进步,生命需要的丰富化和个性化发展的诉求越来越强烈,单调乏味、稳固不变的职业定位会使人在精神上感到越来越不堪重负。科学技术的进步,人工智能的广泛应用,缺乏知识含量的简单的劳动和技能一旦被机器所取代,这部分劳动者一技傍身的愿望也就化为泡影。而且,这样的过程总是随着科学技术和人工智能越来越迅猛地向社会生产力转化而变得习以为常。由今天预见未来,这种被功利主义教育观催生出来的"一技之主"迟早会被智能化时代所抛弃。

显然,在普及化阶段,社会与学校、学生与社会人员、学习与工作之间的界限不断淡化,这种状况势必为大学生更好地积淀知识、积累经验、养成高级技能提供更有利的条件和多元发展的可能。未来,知识与技能的关系将越来越复杂,越来越微妙。

2. 技术训练的高标是工匠,技能运用的极致是艺术

我们强调知识是技能的起点和内核,并不意味着技能要被知识所取代。相反,这对大学教育中的应用技能培养提出了更高的要求,其集中体现为对"工匠"及"工匠精神"的推崇。而"工匠精神"之所以在当代被大力提倡,正深刻反映着国家的进步和人民需要层次的跃升。"工匠"之不同于"技工",至少体现在如下两个方面。

第一,工匠所指技能的复杂程度及复合程度大大增加。对于受过高等教育的学生来说,不能够积极运用自己的专业知识养成适应社会需要的实践技能固然是可悲的,但是,如果其所习得的技能可以轻易被取代的话,大学教育的价值也就值得怀疑了。显然,复杂的、复合的高层次技能的养成需要更多的专业知识和更长的训练时间,才使得手、脑、工具之间的配合、协调达到得心应手、契合无间的程度。② 这对大学教育尤其是应用技能教育中的实习、实

---

① [德]马克思.1844年经济学哲学手稿(节选)[M]//中共中央马克思恩格斯列宁斯大林著作编译局.马克思恩格斯选集:第一卷.北京:人民出版社,2012:56.
② 李进.工匠精神的当代价值及培育路径研究[J].中国职业技术教育,2016(27):29.

训、实验之类的实践性课程及其相应的训练环节提出了更加严格的要求。物理化学家、"中国稀土之父"徐光宪院士强调"上课比天大"。实践训练过程所需要的时间虽然可以因硬件的改善和过程的优化而缩短,但本质上来说绝不能打折扣,因为特定的技艺如同特定的工艺,存在代际的积累和层阶的递升,并无捷径可走。过强的功利主义教育取向不仅会降低学生对技能功底的掌握程度,而且总是指望着投机取巧、精简步骤、快速获取,希图实现技能的"跨越式发展",这无疑会导致实践性课程及训练沦为形式,其效果大打折扣,最终与"工匠精神"背道而驰。

第二,对"技"的追求达到极致,则自然进入"艺"的境界。人的生产不仅要合规律性、合目的性,而且"也按照美的规律来构造"①。审美是人的基本需要,它不仅在艺术创作与欣赏中出现,而且还融入一切生产及生产的各个环节当中。审美也是人的高级需要。当人的基本需要难以满足时,审美需要往往处在不自觉的状态中,基本需要一旦得到满足,审美需要就会从幕后被推至前台。然而,要让劳动者尤其是生产制造业的劳动者对自身技能的掌握和发挥达到如同欣赏艺术的程度,除了跟技能本身的复杂程度和熟练程度有关,还需要诸多条件。其一,劳动者须能从自身技能的发挥中获得对自然之"道"、人生之"德"的领悟,亦即通常所称的"觉悟"。《庄子》中"庖丁解牛"的故事展现了厨工神乎其神、宛如艺术的高超技艺,他之所以能够达到这种境界,乃是因为其"所好者道也,进乎技矣"②。其既依托"技"又超越"技"而达至对"道"的领悟。不过,道家之"道"如同儒家之"天",蕴含着天地宇宙之"大德"。③ 要想获此"大德",人自身就必须是一个"有德"之人,使得"天道"与"人道"、"天德"与"人德"之间形成某种异质同构的关系,作为方法的"觉悟"才有可能"德才并举",并以审美观照的形式体验宇宙人生之理和人之为人的崇高

---

① ［德］马克思.1844年经济学哲学手稿(节选)［M］//中共中央马克思恩格斯列宁斯大林著作编译局.马克思恩格斯选集:第一卷.北京:人民出版社,2012:57.

② 曹础基.庄子［M］.开封:河南大学出版社,2008:113.

③ 胡伟希,田薇.本体与境界:中西哲学之比较与沟通［J］.学海,2001(3):49.

本性。其二，劳动者须对自己所应掌握的技能充满兴趣，即"庖丁"所说的"好"。"好"当然首先指人有较为强烈和积极的情感意向。一个人对自己的劳作须感兴趣且有所执着，才能达成满意的结果，产生美感。马克思说，在"中世纪的手工业者对于本行专业劳动和熟练技巧还是有兴趣的，这种兴趣可以升华为某种有限的艺术感"①。而到了资本主义初期，劳动的异化使得劳动本身成为一种苦役，"只要肉体的强制或其他强制一停止，人们会像逃避瘟疫那样逃避劳动"②。这种极端化的异化劳动自然就不会给劳动者带来美感。更重要的是，心理之"好"实质还蕴含着审美距离生成的条件问题。"审美"需要"距离"，不过这种"距离"主要还不是指物理上的时空界限，而是指精神上的，③ 即生产者能够自由地面对自己的产品。其中"自由"一词颇为关键，它意味着劳动产品对于生产它的劳动者而言是一种良性的、积极的、肯定的关系，用马克思主义美学的话来说就是，这个产品能被看作是对劳动者本质力量的确证。④ 只有这样，劳动者才会反过来把自己的生产环节及技能的发挥过程当作"艺术"展现的过程来欣赏和追求，才有可能将"技"提升为"艺"。此时，产品以及劳动过程、劳动技能的展现过程对他们来说已然演变成为一个创造美的过程。

因此，高等教育对于"应用技能"或"工匠精神"的培育绝不单纯是技能本身的问题，无论是对于学术之"道"的领悟，还是对于特定技能的"好"，都要求将学生的技能培养与知识、情感、智慧、德性、审美等联系起来。若据此反观当下高校的实践教育或技能培育现状，事实与理想无疑具有很大差距。在狭隘而功利的教育观的裹挟之下，教育无暇顾及受教育者人之为人的精神属

---

① [德]马克思，[德]恩格斯.德意志意识形态[M]//中共中央马克思恩格斯列宁斯大林著作编译局.马克思恩格斯选集：第一卷.北京：人民出版社，2012：187.

② [德]马克思.1844年经济学哲学手稿(节选)[M]//中共中央马克思恩格斯列宁斯大林著作编译局.马克思恩格斯选集：第一卷.北京：人民出版社，2012：54.

③ 叶朗.美学原理[M].北京：北京大学出版社，2009：429.

④ [德]马克思.1844年经济学哲学手稿[M]//中共中央马克思恩格斯列宁斯大林著作编译局.马克思恩格斯文集：第一卷.北京：人民出版社，2009：191.

性,而当简单化的、口号式的应用技能教育甚嚣尘上,大学教育甚至难以企及中世纪的手工业者所能够获得的"有限的艺术感"。

三、"敢么":质疑、求异、创新之三阶梯

求新求变是人的天性。在思想上,人类总是渴望尽可能地减少乃至从根本上清除客观世界对于人而言的异己性和神秘性。古往今来,历史学家和哲学家之所以希图"究天人之际,通古今之变"①或构造包罗万象的理论"体系",乃根源于"人类精神的永恒的需要,即克服一切矛盾的需要"②。在技能或技术上,人类总是希望运用更加纯熟的技艺,借助更加优良的工具去变革客观世界,从而获得更多、更好的回馈。在当今时代,高等教育在满足人类理论创新与技术技能创新的需要方面发挥着不可替代的作用,乃至成为社会创新发展的重要引擎。置身于高等教育体系中的大学生,无疑是未来推动时代前行的后备队。如果大学阶段的教育没能在学生身上植入创新的种子,很难想象未来的高等教育以及整个社会的创新体系能够引领潮流,成就伟业。为此,大学教育务必关注并聚焦学生创新精神和创造能力的培育,这也正是回应张校长之最后一问"敢么"的要义所在。

1. 独立精神是创新的前提,创新断然离不开"胆识"

创新本就意味着要在前人所未涉足或止步或曾经误入歧途的地方开出一片新天地,这绝不是简单的继承、借鉴或复制所能奏效的,必须以独立思考的能力训练和探索精神的有效激发作为前提,大学教育的根本任务之一就应扎根于此。

第一,大学教育要削弱由上而下的权威意识,以巧妙的方式促进师生共

---

① 吴楚材,吴调侯.古文观止[M].海口:海南出版社,1994:195.
② [德]恩格斯.路德维希·费尔巴哈和德国古典哲学的终结[M]//中共中央马克思恩格斯列宁斯大林著作编译局.马克思恩格斯选集:第四卷.北京:人民出版社,2012:225.

长。独立的前提意蕴是平等,学生的独立精神建立在师生的平等关系之上。而教育者过强的权威意识并不利于学生独立精神的生成,其中尤以狭隘的权威观念危害最大。狭隘的权威心理源于狭隘的自我中心意识和专制理念,它不仅将权威与真理挂钩,而且将权威与利益挂钩,把一切挑战权威的行为都视为对自我利益的损害或威胁,其极端表现就是不管是谁,更遑论学生,只要有不同意见,就激起情感的厌恶和反击,并借助话语霸权加以挞伐。这种狭隘的教育心态会从根本上阻碍大学生独立精神和创新能力的形成。第二,学生在成长过程中萌动的"新"意必须得到维护和肯定。这些"新"表现为新观点、新思路、新工艺、新方法的发现、改良或突破。虽然,"新"意很可能还处于萌芽阶段,其却是学生独立思考和探索精神的良好发端,能够极大地强化学生的自主意识,成为创新道路上源源不断的能量包。第三,培养问题意识,格物致知。孔子说:"不愤不启,不悱不发。"①方法与时俱进,课堂主客体翻转。"启发"主体意识的教育必须以充分尊重和鼓励学生独立思考为前提。强调"启发"之前,学生自己必须先达到"愤"("心求通而未得")和"悱"("口欲言而未能")的心理状态,这是学生独立思考能力充分发挥的结果。②大学生一旦达到将通而未通、想言而未能言这个临界点,这正是考量大学教育策略的关键环节,教育者在此间常常不需要给予正面的直接解答,而更多地从侧面进行引导激发,以实现举一反三的教学效果,从而能够使得学生在比较、权衡、体悟之中激发灵感,最终冲破"玄关"、获得真知。

2. 怀疑是创新的起点,"异见"难能可贵

每个人都是在特定历史文化环境和知识体系的所谓"先验"前提下存在的,缺乏这个前提,一切事物及其对事物的思考都将变得不可能。从这个角度来说,将自己看作群体的一员、历史的一分子,就必须首先对人类一切知识

---

① 程树德.论语集释:全四册[M].北京:中华书局,1990:448.
② 朱熹.四书章句集注[M].北京:中华书局,1983:95.

和文化成果持总体的肯定、信任的态度。然而,任何既定的事物都少不了时空条件的限定,因而总是相对的。随着时空流转,事物自然会暴露出自身的局限性,这些局限性正是人类可以怀疑一切先在的成果的可能性空间。而所谓"创新",实际上就是对原有知识和智慧成就乃至在更为广泛的意义上包括应用技术成果的补充、修正、完善乃至扬弃。所以,大学教育的要义就在于时刻鼓励学生持有怀疑精神,在传统师道尊严的屏障之下,更应该特别保护和培育学生的质疑挑战精神,否则一切创新就缺少了源头,后续的一切努力亦将事倍功半乃至化为乌有。当然,也要防止矫枉过正。"怀疑"只是立论的起始,尚需要严谨求证予以支撑,如若凡是别人说的跟自己的不同,乃至只要是自己不喜欢的人说的都一概怀疑、反驳和批评,这同样是一种扭曲的病态心理,跟狭隘的权威意识一样,反而成为创新的掣肘和绊脚石。

创新的根本源于"求异"而非"求同"。"求异"便会有"异见","异见"的不断积累最终会构成对既定知识体系的根本性挑战。鲁迅先生说:"怀疑并不是缺点。总是疑,而并不下断语,这才是缺点。"① 怀疑只是创新的起点,怀疑并求异且有"异见"更为重要。在此,"异见"是相对于时间性的"成见"而言的,并无褒贬。相对于深入人心的"成见","异见"像个异类,且在主流话语场域之外。但是,真正的"异见"并非毫无根据的、刻意的标新立异,而是有相当的理论依据和事实支撑。正因为各有各的依据、逻辑并且能够解释对方观点所无法解释的现象,它们彼此都无法抹杀对方的合理性,因此形成并立对峙的局面。虽然,"异见"作为后起之秀,其真理性往往不容易很快为社会大众所理解、接受,并且常常在与"成见"的碰撞当中处于暂时的舆论下风,但是,"异见"反映了实践的最新发展及其要求人类更新和完善认识的必然趋势,因此,不见经传的"异见"终将成为家喻户晓的"成见"。到这时候,它就成为新的"异见"的对立面。因此,教师对于学生新奇怪异的观点,只要不是价值观

---

① 鲁迅.鲁迅全集(全二十卷):第六卷[M].广州:花城出版社,2021:279.

上的误入歧途,就不应当急着加以评价和褒贬,而应抱宽容且拭目以待之心。

有时候,学生并没有掌握充分的佐证材料,也缺乏明晰的逻辑依据,只是因为前人的观点不能够很好地解释新的现象,所以提出自己的假设和猜想,这种情况,老师也应当给予适当的肯定。科学研究中某些新概念、新范畴、新范式、新理论往往都是在猜想和假设的指引下,从抽象的可能变为现实的可能,并最终转变成切切实实、有理有据的理论创新。胡适先生因此而提出了"大胆假设,小心求证"的治学方法。①

3. 坚守真知,敢于挑战,方能超越发展

由于真理的不确定性,新生代的创新精神往往集中体现于"敢不敢挑战权威""能不能执着己见"。"权威"与"真理"具有内在联系。真理总是由人来创造并且为人所用,而权威基于以往对真理的探究及掌握,偶尔成为真理的"代言人",并在社会中、在学术界相应地树立起自身的话语权能。然而,"权威"和"真理"显然不能够简单地等而视之。准确一点说,权威的确立归根结底是基于真理的可能性之上的。马克思说"真理占有我,而不是我占有真理"②,正是这个意思。可是,真理是多面的、是变化发展的,一旦权威未能跟随实践的变化而更新知识系统就有可能落后于现实的进展,故步自封乃至成为旧理论、旧工艺、旧方法的代表。加之"权威"这个词本身就意味着对于资历的强调,一般而言,青年学者(更别说大学生)很难被称为权威。但是,资历老也往往带有生理与心理的某种固化或僵化,其对于新鲜事物往往不太敏感,这是人之常情。这时候,以挑战权威为形式的,对于旧真理体系、技术体系的辩证否定就成为大学创新的必经环节。不过,传统文化积累了过重的唯上意识,诸如"尊师重道""崇尚权威""先做人后做学问"之类的训导,"师道""世道""上级""训诫""规矩"中的良莠并存,确实需要时刻扬弃,与时俱进。

① 马一里.论胡适"大胆假设,小心求证"方法的意义[J].北京师范大学学报,1990(4):104.
② [德]马克思.评普鲁士最近的书报检查令[M]//中共中央马克思恩格斯列宁斯大林著作编译局.马克思恩格斯全集:第一卷.北京:人民出版社,1995:110.

如此,大学教育方能够摆脱俗套,突破旧习,造就出"刚毅坚卓"的新生代。

创新总与困难相伴相生,易如反掌就谈不上创新,而创新越明确困难也越大。因此,创新必定会给敢于挑战的人带来身心的考验,孤独、焦灼、痛苦乃至绝望有时也在所难免。王国维说,古今之成大事业者须经"三种之境界"①,没有"独上高楼,望尽天涯路"的大孤独、大寂寞,没有"衣带渐宽终不悔"的坚守与执着,就绝不会有"回头蓦见""灯火阑珊处"的神奇和永恒。因此,学生的抗挫能力也是创新道路上需要不断升级的必备护甲。

高等教育普及化是一种发展状态,建设高质量发展的高等教育是一种诉求,而普及化时代的高等教育,务须努力解放教育的生产力,不断促进教育品质的提升理当成为一种必然性的、常识性的追求。若非如此,教育的发展难免整体失衡。所谓教育质量,就个体而言无非品相杰出,出类拔萃;就整体而言正是结构优化,和谐并举。大学进入普及化时代,要警惕"一流"概念在普及的同时被逐渐异化。有一就有二、三,而谁也不愿意为二、为三,更不用说为末了。于是,校校、人人争创一流,大家争先恐后"成功"地改写一流的内涵和外延,以使得自身在不同的层级上或不同的类型中成为自以为是的"一流"存在。是故,当下甚嚣尘上的一流教育形式其实难掩教育的普遍平庸之实。

教育之所以为教育的基本逻辑不证自明,大学之所以为大学的基本格调不会改变。高质量发展的高等教育绝对不能在"真相何在""应用何为""否定超越"的根本问题上闪烁其词,务必在认识上明确回应并在行动上践行践履。相较于容易被异化的一流标识,"卓越""优异""杰出"可能更适合,也更应该成为高质量发展的教育标识。卓越展示风采,优异彰显个性,杰出超然创新。唯有改善育人生境,质量标的多元并举,才能够促使高等教育焕发勃勃生机。

---

① 　王国维.人间词话汇编汇校汇评:增订本[M].上海:上海三联书店,2013:127.

第六章　研究生们

为什么有那么多的本科生？因为读了专科没找着工作；

为什么有那么多的硕士生？因为读了本科找不着工作；

为什么有那么多的博士生？因为读了硕士还是找不着工作……

　　教育问题从来都与教育发展相伴而生、如影随形，位于学历教育系统最上端的研究生教育当然也不例外。而教育质量话题与不同时空、不同层次、不同学科以及不同语境的对应，则会产生不同的反应和诉求。在中国高等教育已然迈进普及化阶段的大趋势下，研究生教育规模持续扩张，院校积极性同步高涨，招生形势无比喜人，社会需求相当旺盛。与此同时，兼具探究高深学术及培养高级人才双重职责的研究生教育，由于发展速度与品质提升之间的阶段性错位，尚未相携共长，因而培养问题迭出，质量隐患凸显，社会诟病增多，从整体上看，依然难以满足社会及人民群众在新时期对高层次人才教育所寄予的厚望。

　　并不需要提及更久远的历史，时光仅需回溯一个时代，在 20 世纪末，如果听说谁是研究生的话，所有人立即会投以仰慕的眼光，报以钦佩的神情，因为这个名称代表着高深学问，彰显出文化精英的标签，享有这一称号的人或学识渊博，或思想精深，绝非一般人所能及。20 世纪 80 年代，《中华人民共和国学位条例》颁布以后，我国重新开始了自主培养研究生的历程，30 多年间，"共培养了博士研究生 49 万人，硕士研究生 426 万人"，而"近 5 年培养的研究生约占培养总量的 50%".① 据教育部官网显示,2021 年,全国共招收研究生 117.65 万人,其中,招收博士研究生 12.58 万人,硕士研究生 105.07 万人。累计在学研究生 333.24 万人,其中,在学博士研究生 50.95 万人,在学硕士研究生 282.29 万人。转眼间,拥有高学位头衔的人迅速充盈于校园内外,是为常态。相应的坊间的认可度也发生了大幅度的改变。时下人们普遍认为这些被称为"硕士""博士"的人无非多读了几年闲书而已,与普通人并无二致。他们中的大多数既不"高",也不"精",更不"尖";一些在规模化业绩和光鲜名号之下生存的高学历毕业生们,钻研学问不源于原创,探究人文远离于情怀,高谈社会欠缺于思想;科学实验疏于理想的导引,教书育人少有沟通的艺术。缘何如此?

研究生教育的内涵发展同样也离不开对教育常识的回应与对教育品质的坚守。其间内含对研究生教育"是什么""不是什么""像什么""做什么"的思考与回答。沿着教育本真的路径探寻,研究生教育在理论上应满足研究性、教育性和高深性三大内在规定,而在实践中务必兼顾到高深知识的生产与应用,高深学问的探究与求索,完善之人的向往与培育三大方面。如此,方能够名实相符,实至名归。

第一节　研究生教育的常识、规律与特质

对研究生教育规律的探索同样是高学历教育领域悬而未决的命题。研究生教育应该培养研究生具备批判与反思精神,具有探索与研究性学习能力并存的必要特质。为达到这一培养目标,对研究生教育规律的探索需要明确

---

① 刘宁宁,唐玉光. 我国研究生教育规模的区域差异研究[J].研究生教育研究,2017(4):1.

三个层面的品质内涵：个人志趣及专业认同决定学习效能和成长空间；师生关系决定研究生的成长路径；严格的分流淘汰制是确保研究生培养质量的关键。

研究生教育自有其发生与发展的规律，遵循规律办学，则有助于培养出规格相应且名实相符的高级专门人才，在教书育人的同时能够有力促进科学的进步和社会的发展。现代研究生教育经过近两百年的演进改良，已经在培养目标、培养过程、培养内容、培养方法甚至是培养模式方面探索出了一套相对成形的经验系统。虽无定论，但大体统一，不同国家各有不同，但整体上具有共识，并在全球化的语境中开展了一系列的交流与合作。时至今日，无论是硕士教育还是博士教育，无论是学科学位教育，还是专业学位教育，各国教育制度之间有认同，有差异，有交叉，有分流，但在整体的培养框架和教育模式上已然形成了一致的发展格局。

然而，在实践中，人们对研究生教育的内在逻辑和应循规律依旧存有疑虑，种种对待研究生教育规律的认知偏差尚待持续辩驳和深入探明。

一、研究生教育的时空流转

研究生教育要回归常识，但不能止于常识。基于感官体验和现象经验之上的常识终究要以理性的态度切入理论建构，才能焕发出强劲的生命力。成就自己的研究生教育以何种品相而存在，这有待于进一步研究、探索。海德格尔曾言：任何存在，都是在时间的境域里不断地在场的存在。[①] 因此，对研究生教育的深入理解和精准把握，离不开对其历史变迁的考察与空间位次的求证。

1. 研究生教育的历史变迁

研究生教育最早产生于西方，萌芽于欧洲中世纪大学，发轫于德国新大

---

① ［法］布托.我知道什么？海德格尔［M］.吕一民，译.北京：商务印书馆，1996：21.

学改革运动,正式形成于19世纪初期洪堡创办的柏林大学。近二百多年来,研究生教育以自我为主体,以科学为主线,逐渐发展、不断变革,先后经历了教师主导型、学科主导型和学校主导型三种培养模式的嬗变。

其一,教师主导下的纯粹科学教育模式。19世纪前半期,德国大学在批判继承经院哲学的过程中,创造性地吸取了中世纪行会中"师徒制"的教育形式,首创了以教师为主导的纯学术的研究生教育模式。这种模式以培养"科学继承者"为己任,注重科学研究,热衷于"求真",用最纯粹、最高深的知识去培养心智健全、自由高贵之人。它自产生之初便以纯粹的基础研究为核心,试图通过经验判断、理性思辨、逻辑推理、实验验证等来获取永恒价值和普适真理,以不断满足人的好奇心和求知欲,而非出于某一实用目的。在这一模式下,教师与学生的关系是基于科学研究的师徒关系,导师具有绝对的权威,研究生作为导师的助手,依附于某一教席或特定的研究项目而独立开展论文研究,至于课程学习和学分要求则无关紧要。导师对学生的指导主要体现在研究过程中缄默知识的传递及潜移默化的影响,学生个人的体验与感悟至关重要。然而,该模式由于过于强调大学与社会的绝对距离以及对导师个体经验、知识的高度依赖,难免沉溺于自我编织的概念体系或程式模型中而不顾现实地无限繁殖,致使纯粹科学以超验科学或过度科学的全新形式,再次陷入经院主义的泥沼。

其二,学科主导下的技术科学教育模式。19世纪后期的美国大学在实用主义思想的影响下,借鉴并改造了德国研究生教育的理想和模式,开创了以学科为主导的基于技术科学教育的研究生培养模式。这种模式以培养"学科守护者"为己任,倡导科研与教学相统一,倾向于"求是",通过寻求科学与技术的结合,旨在培养既能进行科学研究又能为工业社会服务的高层次专业人才。该模式以学院制为基础,以研究生院的建立为支撑,通过结构化改革和学科建制,引领研究生教育走向规范化、专业化和制度化。它不仅对科研任务做出规定,还对课程学习和学分年限提出要求。研究生培养从入学申请、课程学习、学业考核到论文撰写、学位授予等环节均要符合一定的形式规范和计划标准。在这一模式下,"知识的拥有者已经从师傅个体转变为非人格化的专业团体,原本零散的个体性专家知识汇聚成整个专业的集体性知识"①,相应地,过去基于体验、感悟的缄默知识的获得也逐渐过渡为专业化、科学化的显性课程知识的学习。然而,伴随着学科权威的绝对服务、学科边界的盲目维护和学科知识的规制管理,学科主导型模式逐步走入学科固化和专业细化的误区,知识在学科的缝隙间不断流失,在专业分化中逐渐破碎。

其三,学校主导下的应用科学教育模式。20世纪50年代以后,随着后工业社会和信息时代的到来,知识经济理念备受推崇,政府机构、科研院所、企业研究部门等以前所未有的热情积极参与到知识生产中来,知识生产方式发生重大变化。面对日益综合化、复杂化的社会问题,传统基于单一学科的知识体系越来越难以满足国家和社会的重大需求,大学作为知识生产机构的中心地位不断受到挑战。美国斯坦福大学以学校为主导,以跨学科研究为基础,本着学校、企业、政府等多方协作共赢的发展理念,率先改革研究生培养模式,开创了应用科学教育模式。这种模式青睐于"求实",注重科学技术和生产应用的紧密结合及一体化,借助产学研合作平台,培养应用型或开发型的研究人才。"它既注重系统科学知识的学习,更强调研究生的科研要结合生产实际中的问题进行。"② 在这一模式下,知识呈现出"去中心化"的倾向,知识生成不再单纯地由学术团体所决定,而是取决于囊括各方利益的多元主体。然而,知识生产与社会利益的紧密结合,也容易引致研究生教育坠入市场化发展的陷阱。

遵循教育史实,回溯变迁轨迹,一些基本的问题仍然值得我们深思。首先,研究生教育处于持续发展变化之中,从农业社会到工业社会再到后工业

---

① 刘贵华,孟照海.论研究生教育的发展逻辑[J].教育研究,2015(1):68.
② 李盛兵.世界三种主要研究生教育模式之比较研究[J].教育研究,1996(2):14.

社会,它根据社会发展的需要不断进行自我变革和调整,形成了三种发展模式。然而,无论哪一种发展模式,科研精神和学术使命始终贯穿其中。纯粹科学模式的"求真",技术科学模式的"求是",应用科学模式的"求实"均为科研精神的集中体现。其次,研究生教育自我主导的主体地位一直没变,无论是教师主导,还是学科主导或学校主导,仅是研究生教育内部各要素之间的流动,归根结底还是研究生教育的自我主导。正是这一主体地位的获得,使得研究生教育在处理与社会的关系时能够做到松弛有度,保持张力。再次,研究生教育的三种模式之间是一种继承与发展的关系,后者是对前者的借鉴、吸收与扬弃,三者之间前后相连、难以隔离。我国研究生教育起步晚、基础弱,产生伊始就依附于国家的政策主导,在工具理性的影响下更是呈现出补偿性扩张与追赶式发展的特点,改革开放以后直接引入应用科学模式,在技术科学模式尤其是纯粹科学模式方面存在先天性不足。或许正是主体性的丧失和三种模式之间的断层与隔离,才造成了我国研究生教育"无所适从"和"似是而非"的现实。最后,研究生教育的发展既有对科学的重视,又有对人文的坚守。无论是纯粹科学模式对"纯粹心智"之人的向往,还是技术科学模式对高级专业人才的追求,抑或应用科学模式对应用开发型人才的青睐,其落脚点均为人才本身,即科学研究和社会服务均立足于人才培养,且最终服务于人类自身。事实上,研究生教育的产生直接得益于文艺复兴对人性的解放,文艺复兴使人不再屈从于神的奴役,还人性以自由和理性,从而促生了研究生教育。当下,我国研究生教育科学性有余而人文性不足,须警惕虽脱离了宗教神学的束缚,却又戴上了科学主义的枷锁。

2. 研究生教育的空间位次

研究生教育不仅存在于时间之中,还存在于空间之中,时间表征其变化轨迹,空间显现其真实状态。对研究生教育进行系统性、整体性地把握,不论从理论上,还是在实践中,空间都是不可或缺的要素。从这个角度看,研究生教育处于教育系统的顶层,这一站位首先决定了研究生高层次的求知需要。教育是一种培养人的实践活动,目的在于不断满足受教者的需求,而人的求知过程又受制于身心发展的基础。身心发展是一个连续的、递进的过程,从量变到质变,从渐进到跃升,通过一系列相连的阶段表现出来。与此相应,教育发展也具有连续性和阶段性。笔者认为,从小学、中学到学士、硕士和博士学程,应依次实施游戏教育、兴趣教育、专业教育、职业教育和事业教育。小学阶段,孩子们天真好动、活泼嬉戏、思维活跃,具有强烈的好奇心和无尽的想象力,教育理当顺应之,将游戏和知识教育相结合,寓教于乐,寓学于趣,使学生在其间健康快乐地成长。中学阶段,学生的个体意识逐渐觉醒,自觉性和目的性萌芽,逻辑思维启动,依赖性减弱,初步具备分析、判断与选择的能力。此时,教育应该以志趣为主轴,不断丰富课堂情境,增强学生"心流"体验,培养学生兴趣,提高其根据志趣进行选择的能力。大学阶段,学生发育成熟,独立意识形成,自我实现、自我完善的意愿强烈,抽象思维能力显著提高,发现问题、分析问题的能力明显增强。相应地,教育就要围绕着专业领域而展开,同步实施通识教育,既要传授专业知识,又要培养自学习惯,努力开拓视野,逐渐完善人格,旨在培养有责任感和使命感的合格公民。到了硕士阶段,学生的世界观、人生观和价值观逐渐定型,思辨与实践能力基本完备,即将走入社会,面临就业选择,或以学术为业,或以其他行当为生。为此,教育应该着重培育学生的理性意识和批判精神,提高其反思和实干能力,为更高层次的职业分流做准备,培养有志趣、有匠气之人。博士阶段,则应开展真正的事业教育,旨在培养献身学术、醉心科研且意志坚定、追求笃定的有志趣、有理想、有情怀的高级专门人才。

综上,游戏教育、兴趣教育、专业教育、职业教育和事业教育构成了一个完整的教育体系,前后相连、彼此交叉、一脉相承。研究生教育位居塔尖,处于整个教育系统的上端,无疑是高层次、高阶段的教育。所谓硕士,即智识丰硕之士,包括学术型硕士和专业型硕士,要么成就本学段的执业目标,要么指向更高学段的发展基础,前者以职业为生,后者以学术为业。无论哪种类型的硕士研究生,均离不开丰硕的理论学习及扎实的思辨应用能力训练。进一步来说,学术型硕士基于认识论,倾向于认识世界;专业型硕士立足政治论,注重于改造世界。到了所谓博士教育阶段,学生皆要努力成为精研博学之士。博士研习的过程不仅需要源源不断地理性反思,充盈着各种各样的"观念",还需要建构起将这些灵动观念凝聚成系统的理论体系,从而在实现个体创新的同时,推动教育整体的发展。

二、似是而非的研究生教育

有不少学者对研究生教育的规律进行过探索和研究,如,有学者认为研究生教育的一般规律为必须适应和促进社会的发展、学科的发展和人的发展;[①]也有学者认为研究生教育的规律需要符合人的智力开发和能力发展的规律,是能够构建人的心理和健康全面发展的规律,同时也要符合院校和科研机构的发展规律,顺应学科知识建构规律,契合"用人单位的专业需求以及知识服务于社会的公共需求的"[②]规律等。这些研究极大地丰富了对研究生教育规律的认知,激发了对研究生教育规律的探索热情,也指引了对研究生教育规律的探索方向。但目前对研究生教育规律的探索也存在局限性,即往往将研究生教育规律与本科教育规律相混淆,将研究生教育现象与教育规律相混淆,将不同学科的研究生教育规律相混淆,从而使得对研究生教育规律的描述似是而非,似乎将所有涉及研究生教育的规律与逻辑都涵盖与描述了,但又似乎并没有抓住研究生教育规律的关键点,没有透彻表达研究生教育规律区别于一般教育规律的独特性。研究生教育,居于国民教育体系的顶端,其教育规律必然有着区别于普通教育规律的本质属性和特征,对其规律

---

① 眭依凡.研究生教育的基本规律研究[J].南昌大学学报(人社版),1999(1):115.
② 安江,邢花,郭莹,等.研究生教育的一般规律研究[J].研究生教育研究,2016(1):29.

的探索也应遵循特定的思路。为此,我们需要明确研究生教育规律究竟"是什么"和"不是什么"。

1. 研究生教育规律有别于本科教育规律

研究生教育是与知识生产,尤其是高深专门知识的生产紧密联系在一起的。研究生教育的核心目标和任务就是对现有的经验、认知和行为进行分析、归纳、再加工,乃至升华为新的智识,从而拓展人类的认知边界,实现知识的更新和创造。研究生教育面对的是集前沿性、原创性和不确定性为一体的高深专门知识,这就要求被教育者具备抽象性和复杂性的高级认知和思维水平①,才能对高深专门知识进行加工、转化与再创造,从而形成指导人类生产和生活的新经验,实现知识的创新。同时,研究生教育从属性上而言是专业教育(professional education),是对某一学科知识进行的深入学习和思考,其使命不仅是对该学科的知识进行创造从而拓展学科认知领域,而且也是对该学科的知识进行学习从而促进学科知识的应用和实践,因此,它就具有了职业性,是为了受教育者将来所从事的职业而服务的专业化教育。而本科教育是与知识学习,尤其是经过加工的系统化、结构化的已有知识的学习联系在一起的,这些知识甚至还有一定的滞后性、陈旧性和不准确性,但它们是某一知识领域的基础性、常识性知识,本科教育是了解这些基础性、常识性知识的必要途径。本科教育不需要受教育者具有复杂而抽象的认知能力和思维能力,基本不需要对知识进行生产与创新。所以,本科教育更应该强调的是通识教育或博雅教育,应该要求受教育者对知识领域有一个广阔的认知,从而健全心智、提高智识,为高深专门知识的学习、应用与生产打下基础,或直接投身于社会生产。基于此,研究生教育规律必然无法等同于本科教育规律,也无法等同于任何学习对象为既有知识经验的教育阶段的规律。

---

① 夏征农,陈至立. 大辞海·哲学卷[M].上海:上海辞书出版社,2015:109.

2. 研究生教育规律不等同于研究生教育现象

研究生教育规律与研究生教育现象的关系就是研究生教育活动应然与实然的关系,二者都来自研究生教育实践。教育现象是教育实践活动所产生结果的实际呈现与具体表达,而教育规律则是对教育实践活动的经验总结与去伪存真,后者是对实践活动的凝练与升华。研究生的教育现象,具体体现在研究生教育的组织形式、教育的规模、培养的结构和产生的效益上,是一种客观存在,这种客观存在并不一定是适恰的,但一定是在特定时期必然存在的。因为特定时期的教育实践活动会受到该时期所特有的政治、经济和意识形态的影响,并在人为因素的干扰下服务于特定时期的社会生态。因此,教育现象往往会偏离教育初衷,甚至与教育规律背道而驰,从而产生规模失衡、结构不均、重眼前效益而轻长远利益的悖驳局面,导致教育实践活动无法为社会活动提供恰如其分的人才资源。而教育规律讲求的是透过现象看本质,是教育实践活动本来应该遵循的路径和规则,是附着在教学活动过程中的培养人才的必要途径,关注的是个体品质和素养的赋予。教育规律不是时时、人人都能准确把握和运用的,需要施教者具备高明的洞察力与高深的智慧方能运用自如。遵循教育规律而开展的教育实践活动,必能带来暗合道妙的教育现象,从而为各个时期的社会生产和生活培养出合格的劳动者与创造者。换言之,教育规律表达的是教育应该是什么样的,教育现象则表达的是教育实际是什么样的,而"应该是"和"实际是"之间差异的大小,取决于教育实践遵循教育规律程度的多少。

3. 研究生教育规律具有学科差异性

基于研究生教育的专业性特征,不同专业的研究生教育必然与不同的学科联系在一起,研究生教育也必然限定于对特定学科知识的探讨与创造。而不同的学科有着不同的知识生产和知识应用模式,不同学科知识的获得和专业的成长有着不同的轨迹和规律,这些差异表现为不同学科知识的认知对象、认知方式和应用方式均有不同。不同的学科意味着不同的认知领域，不同的认知领域有不同的认知对象。不同的认知对象有着不同的内在发展逻辑，其知识的认知和生成方式也不同。自然科学和人文学科的认知对象不同，自然科学的认知对象是客观世界，而人文学科的认知对象是人的社会存在。例如，医学的认知对象是疾病，是附着在生命体上的病态表征，这种病态表征有一定的存续期，在这个存续期内将对生命体的生存状态产生不同程度的影响。因此，对疾病的认知过程就是对生命体生存状态进行观察的过程，这个过程不需要抽象与想象，只需要如实地观照、记录、审视与推演，进而对疾病有更清楚、准确的认知，从而寻求更有效的治疗之法。而哲学的认知对象是人类的思想活动和对世界的认知形态，是对人类存在方式的追问、思辨与归纳，是形而上的认知领域。人类的思想无法捕捉与观测，对其的认知需要认知者运用逻辑与抽象思维，将高深复杂的思维过程进行简化而直白的表达。这二者的认知方式截然不同，知识的应用方式也有所区别。医学通过有形的方式改造人类的有机生命体，而哲学通过无形的方式指导人类的思维和生产活动。因此，自然科学和人文学科的知识生产、认知与应用方式差异巨大。作为以知识生产为目标的研究生教育阶段，其教育规律也将遵守不同学科知识内在的发展和生成逻辑，遵循不同的原则和路径达成学科的教育目标和知识的创新。

三、研究生教育的内在规定性

研究生教育不仅具有基于时空流变的弹性品质和自由空间，还具有不随外在形态变化而改变的稳定属性和刚性准则。弹性品质不是对稳定属性的消解，自由空间亦不是对刚性准则的背离，两者之间内在统一、相辅相成。研究生教育的品相取决于构成其自身的特殊矛盾，即对内在规定的坚守。

1. 研究生教育自然具有研究性

研究性与学术品质直接相关，是研究生教育的基本属性。研究生教育机构首先应该是研究机构或学术机构。从字面上来看,研究生教育可以简化为研究生的教育或研究性的教育。作为研究生的教育,"研究"一词意味着研究生因研究而生,以研究为生,研究生不仅是一种身份符号,它本来就是一种表征内涵的概念。作为研究性的教育,"研究"一词可谓为这种教育立法与定性,这意味着教育要以研究为基础,教育内容源于研究内容,教育过程亦为研究过程,教育充满研究属性。从教育层次上来看,研究生教育不同于本科及以下层次的教育,它是一种高层次的教育,之所以谓之高层次,盖因其研究性。探究需求是人的高层次求知需要,它并非对先知和已知的需要,而是对新知和未知的需要。研究生教育绝不能满足于对既有知识的获取与占有,它必须着眼于未来,探索未知,获取新知。从教育实践上来看,研究生教育是以研究为基础并围绕着研究而展开的教与学的实践活动。学生的学习不再是被动地接受那些比较稳定、相对正确的既定价值学问,而是在导师的指导下穷尽学术、再现真知、发展真理。在研究生教育阶段,新增的知识也许是"半成品",有待接受进一步地检验或验证,正确与否也皆未可知,或者具有阶段合理性、或者荒谬至极,但无论如何,这一过程所提供的研究经验不可或缺且价值独特。作为研究性学习者,学生不仅要系统掌握某一专业领域的理论知识,更要掌握该领域内的研究规范、方法和技能,培养研究思维,提高应用能力。与之相应,教师的教学应侧重在思维启迪、心智发展、创造力培育等方面,为学生探索未知奠定基础。从师生关系来看,教师与学生是基于研究的合作伙伴关系。在研究生教育中,不仅教师用研究方法启迪、激励学生,学生也同样以自己的思考与探索来挑战教师。正如克拉克所言,对于研究生教育,"'一个不停的探究过程'处于控制地位。大家都是探索者,教师和学生完全是科研的伙伴"①。

① ［美］克拉克.探究的场所:现代大学的科研和研究生教育［M］.王承绪,译.杭州:浙江教育出版社,2001:19.

2. 研究生教育当然内含教育性

教育性无疑是研究生教育的根本属性。研究生教育机构不仅是一个研究机构、学术机构或知识生产机构,其首先是一个教育机构。自中世纪以来,历经千年,大学逐渐承载了人才培养、科学研究、社会服务和文化传承等系列职能。这些职能并非同时出现,亦非同时担当。对于大学而言,人才培养是其首要和根本的任务,其他职能必须以此为基础依次展开。研究生教育只有通过培养心智健全的高层次专业人才,才有可能更好地履行科学研究、社会服务和文化传承的职能。与单纯从事知识生产的专门的研究机构不同,研究生教育不仅参与知识生产,更注重教书育人,知识生产只是手段,教书育人才是目的。事实上,研究生教育得以存在的合理性与合法性取决于其教育性,即对人的高层次求知欲的满足。也只有基于教育属性,研究生教育机构才具有无可替代性。英国社会学者杰勒德·德兰迪认为,在后现代社会,随着知识生产模式的转变,"现代大学不再是知识生产领域的支配者,并且其地位不断下降"①,大学中心主义的没落已成事实。显然,作为知识生产机构,研究生教育的中心地位正在被动摇,但作为高层次人才培养机构,研究生教育永远不会没落。正如弗莱克斯纳所言:"人类的智慧至今尚未设计出任何可与大学相比的机构。"② 实际上,教育性从属于一切教育,作为最高层次的教育,研究生教育既要体现其他教育类型的共有属性,遵循一切教育的基本要求,还要凸显其自身的特有属性,满足自身的内在规定。研究生教育一方面要顺应学术发展,符合研究需要,持续关注学术研究走向与发展趋势,着重培养学生的学术研究与学术创新能力。另一方面还要体现职业要求,满足社会需要,关注社会变化趋势,不断提高学生的职业认知、职业批判与职业选择的能力,为职业分流做准备。

---

① [英]德兰迪.知识社会中的大学[M].黄建如,译.北京:北京大学出版社,2010:125.
② [美]弗莱克斯纳.现代大学论:英美德大学研究[M].徐辉,陈晓菲,译.杭州:浙江教育出版社,2001:10.

3.研究生教育必然体现高深性

高深性是研究生教育的应有属性。追本溯源,研究生教育自产生之初就是一种人们为满足对高深知识的需要而进行探究和求索的活动。因此,对研究生教育而言,无论是研究性,还是教育性,均应体现出高深性。高深性是研究生教育区别于本科教育和基础教育的鲜明特征。所谓高深性,从字面上看,是要同时具备"高"与"深"的性质。"高"本义为"从表层到顶层距离远",意指外在的凸显之形,方向是向上的,体现外显特征。"深"本义为"从表层到底层距离远",意指内在的沉潜之态,方向是向下的,体现内隐特征。具体到研究生教育,"高"意味着研究生教育应该具有一些有形的、可视的、高大上的外部特征,如层次高、平台高、学问高、教师高、科研经费高、学生年龄高、学习成本高、就业起点高、从业收入高等;"深"则意味着研究生教育应该具有一些无形的、看不见的内在品质,如深远的文化底蕴、深奥的学术探索、深层的知识挖掘、深刻的学术印记、深厚的学术素养、深长的学术情怀、深情的学术精神等。高深性要求研究生教育既要高,又要深。高与深相对相立,并行不悖,高是深的外在表现,深是高的内在要求,没有深,亦无所谓高,反之亦然。从字面上来看,高深性仅仅是对研究生教育纵向层面的要求,但从内涵上来看,高深性还应体现为横向的拓展性。学术研究并没有固定不变的研究领地,"它总是在不断地诞生,同时不断地从一个领域拓展到另一个领域,同一领域的知识又不断向纵深拓展,不同领域的知识还相互交叉、渗透、融合"[①],由此构成研究生教育的整体图景。

四、不可或缺的特质

既然研究生教育规律不同于本科教育规律,与研究生教育现象也有本质

---

① 李枭鹰,牛军明,武凤群.大学课程高深性的探幽与溯源[J].大学教育科学,2017(5):54.

的区别,且具有学科差异性,同时,它还是为实现高深专门知识的生产而培养专门人才的途径和方法,故研究生教育规律一定有着区别于一般教育规律的不可或缺的特质。

一方面,研究生教育绝对少不了批判与反思的精神。批判与反思是创新的动力和基石。研究生教育是推动高深专门知识生产和应用的载体,而高深专门知识作为一种知识存在,具有创新性与超越性。研究生教育或者说高深专门知识的生产,从本质上来说都是对普遍的理性知识的追求,实际上就是对一切具体直观性存在的超越和否定,也是对以常识为根基的现实生活和社会秩序合理性的批判和超越。① 因为只有批判和反思,创新和变革才能实现,对知识生产而言,才能带来认知边界的扩展和认知概念的更新。就如熊彼特所认为的,大学以批判为生,批判是大学区别于其他组织的标准之一。② 研究生教育更加强调批判性与创新性,没有批判与反思精神,知识的创新将毫无可能。因此,在研究生教育中,对研究生批判与反思精神的培养与训练必不可少。没有批判与反思,研究将陷入自我满足的泥潭。而批判和反思又分为对自我的批判和对外界客观存在的批判。自我的批判与反思,就是对个体自我行为与思想的再认识和再审视,如《大学》所说的"苟日新、日日新、又日新"。只有培养研究生的自我批判和反思精神,才能不断督促自我成长与超越,从而具备研究活动所必需的心智素质和学习素养。对外界客观存在的批判与反思,即对物质构成及社会秩序的质疑,只有质疑才能有超越和突破,也才能蕴含变革的契机,这是科技发展和社会进步的必经之路。总而言之,只有批判和反思,才能带来创新和变革,这也是研究生教育所应该赋予学生的核心特质。

另一方面,研究生教育断然不能缺乏研究性学习和探索的能力。研究是对未知进行探索和认知的过程。研究生教育阶段的学习,不再是按照固定和严密的教学方式和教学结构学习已被探知和认同的普遍的理性知识,而是在

---

① 刘振天. 大学社会批判精神的源泉及当代境遇[J]. 北京大学教育评论,2003(3):61.
② [美]熊彼特.资本主义、社会主义和民主主义[M].绛枫,译.北京:商务印书馆,1979:182-196.

相对自由和松散的学习环境中自主探索未知,将已有的知识进行加工、改造和再生产。在以批判和反思作为创新动能的基础上,受教育者更需要具备探索世界、认知客观存在的能力,这就是探索能力和研究性学习的能力。在研究生教育阶段,知识的获取已不是学习的主要目的,学习的主要功能与目的已经转变为对已有知识的运用和对未知知识的探索。而研究性学习,就是以问题为载体,通过主动探索未知事物而进行学习和研究,从而培养创新能力,产生新的认知与知识的行为。所以,在研究生教育阶段,探索和研究性学习应该重于知识的获取。知识获取只是手段,是认识世界、改造世界的工具,而研究生的核心任务在于对未知的探索和对探索结果的进一步深入认知。因此,探索能力和研究性学习能力的培养对于研究生教育至关重要。甚至可以说,研究生教育是否成功,取决于在教育过程中是否教会了学生如何去做研究,就是我们通常所说的,是否培养了学生独立从事科研的能力,独立从事科研的能力就是研究生探索能力和研究性学习能力的集中体现。

而批判与反思精神和探索与研究性学习能力往往是相辅相成的。学生只有具备了批判意识且在理性批判下的合理反思,才能激发出对质疑与未知的探索精神,研究性学习能力的获得才能成为现实。因此,对研究生教育而言,不能孤立地看待批判与探索、反思与研究,这二者代表了研究的本质和自然属性。研究生教育如果没有批判的探索将会漫无边际,没有现实性与针对性就会做无用功,而没有研究的反思也将流于形式、纸上谈兵,显得毫无意义。不管是批判和反思精神的获取,还是探索与研究性学习能力的习得,都需要有其萌芽与成长的条件和土壤。

1. 个人志趣及专业认同决定学习效能和成长空间

第一个层面,即学生个体层面。学生个体必须具有接受研究生教育的纯粹的个人志趣和对专业的强烈认同。所谓纯粹的个人志趣,即学生选择接受研究生教育,纯粹是出于对知识生产的热爱与执着,学生本身对学术职业具有认同感和崇敬感,并认可自己在追寻梦想的过程中所付出的努力的价值,而非出于就业压力或其他世俗的理由违心地选择研究生生涯。对于学习,研究生只有真正发自内心地认同与产生兴趣,才能真正激发学习热情和学习动机。研究生对专业的认同感是进入专业研究领域的基础条件,对专业不认同,自然不会产生学习与研究的动机与行为。而个人志趣又决定了研究生是否能对该专业领域的研究做到持之以恒、百折不挠,即在专业领域的探索空间和维度,取决于研究生对学术事业的志向和兴趣。专业认同和个人志趣对研究活动的重要性,意味着研究生教育必须做到两点:一是在招生时,能够识别出具有高度专业认同感和研究志趣的学生;二是在教育过程中,能够激发学生的专业认同和研究志趣。当前的研究生招生制度,决定了绝大多数研究生,尤其是硕士研究生,是在导师没有对其进行充分了解的情况下,按照应试教育的方法,以考试成绩作为重要甚至是唯一的标准而进行招录的,这也就意味着学校和导师在学生入学之后,才真正有机会对学生的专业认同度和研究兴趣与潜能进行判断。所以,对研究生教育而言,更值得和更必要的探索方向是如何激发研究生的专业认同,使之"干一行爱一行"。同时,在这一过程中,逐渐引导和培养研究生的个人志趣与科研热情,使其能够真正做到全身心地投入,从而提高学习的效能和拓展自我的成长空间。

2. 师生关系决定研究生的成长路径

第二个层面,即导师对研究生的指导。导师需要具有知识传承者和引导者的自觉和担当。从研究生教育的发展历程来看,研究生的培养模式主要经历了学徒式、专业式和协作式的转变。① 不管培养模式如何变化,研究生教育当中最永恒的社会关系即是导师与研究生之间的师生关系,无论是学徒式、专业式还是协作式的研究生培养模式,都离不开导师对学生的指导。在当前的研究生培养模式中,师生关系主要有以下几种表现形式:一是教学相长的关系,即导师与研究生的教与学的过程,是相对自由的知识探索过程。在此

---

① 刘贵华,孟照海. 论研究生教育的发展逻辑[J].教育研究,2015(1):67.

过程中,导师与研究生之间的关系是知识的共同分享、共同创造和共同发展的关系。导师无法就某一研究问题给出确切的答案,学生也不仅仅是被动地接受知识的传授,导师和学生是知识探索与知识生产的共同体。二是科研合作的关系。基于师生之间教学相长的关系,以及二者是知识生产的共同体,科研合作的关系和纽带自然就会搭建起来,学生不仅是学习者,更多的时候是导师的科研助手,对导师的知识生产和科研创新起着重要的推动作用,师生双方组成了学术利益共同体关系。三是情感传递与道德传承的关系。在学习和科研过程中,导师的指导方式、人格魅力与学术品格,往往会对学生的人生价值观和学术价值观产生重要影响。在这一关系当中,学生往往由于导师个人魅力的感召而成为导师人生哲学和学术思想的继承者和传承人,这也是师生关系所能达到的最高境界。[①] 不同的师生关系会对研究生的成长走向产生不同的影响,而师生关系是否和谐,更多取决于导师想要学生成为的角色和学生自觉履行的责任。美国学者哈特尼特早在40多年前就指出,师生关系是影响研究生教育质量的最关键因素,但在整个研究生学习阶段,师生关系却往往让学生感到最为失望。简言之,就是师生关系对研究生的学习体验具有至关重要的影响,但又最难以让学生感到满意。师生关系如何构建,是探讨研究生教育规律的重要组成部分。

3. 严格的分流淘汰制是确保研究生培养质量的关键

第三个层面,即高校的培养制度。研究生培养不仅要尽量做到入口把关,过程监控,也要做到出口的分流与淘汰。不是所有的研究生都适合做科研,从而进入学术劳动力市场从事知识生产活动,这对博士研究生阶段的教育而言更是如此。严格意义上来说,科学的研究生培养制度应该包括严格的招生选拔制度、合理的培养制度,以及科学的分流、淘汰与激励制度,以便更好地保障研究生的培养质量。严格而科学的分流淘汰制度是一种动态的调

---

① 施鹏,张宇. 论研究生教育中和谐师生关系及其构建路径[J]. 学位与研究生教育,2015(5):39.

控机制,有助于为不同志趣的研究生群体提供不同的职业发展路径,从而找到适合自己的发展方向和空间。① 随着社会的发展,学术劳动力市场日益饱和,全球研究生的培养规模都显得过量与庞大,表现出明显的供求失衡状态,从而使进入学术职业的门槛越来越高,学术职位也越来越难以获得。随着经济全球化的发展,社会对人才的实际需求不断地对现有的人才培养机制提出更新、更高的要求,这也迫使研究生的培养模式需要进行相应的调整。而在对就业预期、社会需求与职业兴趣等多方面因素的考量与权衡下,一部分科研能力不足的学生需要进行被动的淘汰,以保证合格人才进入学术劳动力市场。另一部分学生对科研兴趣不足且并不想进入学术劳动力市场,进入研究生教育阶段学习只是迫于当时形势的无奈之举,这类学生则需要有科学的分流措施以使其能够顺利进入非学术劳动力市场。科学的分流与淘汰制度,需要科学的顶层设计,这就要求制度设计者对研究生教育的规律进行深入的思考,识别和制订有利于研究生培养和质量保障的制度体系,这才是保障研究生培养质量的根本性举措。

总体而言,对研究生教育规律的探索和把握,本质上就是对学术型人才或者说是对高深专门知识生产的人才培养规律的把握。这就需要明晰学术型人才与其他人才培养的差异性,明确学术型人才不可或缺的特质是什么,能够培养出这些核心特质的教育规律具有哪些独特的内涵品质。只有对这一系列问题的层层追问与深入分析,高校才能真正把握研究生教育的根本规律,从而为知识生产和科技进步提供大量优秀的高层次人才,满足社会发展的需求。研究生培养是一个系统工程,对其规律的把握需要运用系统思维与建设性思维方式,才能对路径方向有准确的判断,从而为研究生培养规律的总结和研究生培养质量的提高提供保障。

---

① 卢晓东,王小玥. 变革双重低效率的博士生学制初探[J]. 中国高等教育,2004(2):40.

五、名至实归的着力基点

1. 逻辑起点：高深知识的生产与应用

知识是教育的实质与内容，教育离不开知识，知识也离不开教育。在知识方面，研究生教育与其他层次的教育大有不同。一方面，研究生教育聚焦高深知识。所谓高深知识，是指"处于已知与未知之间的交界处，或者虽然已知，但由于它们过于深奥神秘，常人的才智难以把握"①的知识。高深知识往往具有不确定性，多以假设或猜想而存在，需要时间或实践检验予以证实或证伪，它接近于"道"（Being），而非趋于"器"（Doing）。同时，高深知识还具有流动性，它既不会驻足于某一生发点上，也不会终结在既定的知识元上，它大都源于非生产性的精神场域，然后流向应用性的物质领地，继而服务社会生产，而后重塑精神生活，循环往复，不断流动。另一方面，研究生教育着眼于高深知识的生产与应用。与本科教育、基础教育传授系统化、结构化的既有知识不同，研究生教育重在认识世界、发现问题、生产无法预测的再生知识。认识世界最终是为了改造世界，生产知识终究是为了应用知识，只有将生产与应用结合起来，才能真正实现高深知识的应有价值。事实上，对于研究生教育而言，知识生产与知识应用不能分离亦无法分离。生产为了应用，应用检验生产；只生产不应用终将陷入经院和虚无，只应用不生产必将流于形式和浅显。

真正实现高深知识的生产与应用还应做到以下两点：其一，研究生教育需要"工匠精神"，但并不直接培养工匠。"工匠精神"是孜孜以求、精益求精、尽善尽美的精神，延伸到学术研究领域，其本质与学术精神同一。高深知识

---

① ［美］布鲁贝克.高等教育哲学［M］.王承绪，郑继伟，张维平，等译.3版.杭州：浙江教育出版社，2001：2.

往往源于人们对某一领域的长期关注、不停追问、持续批判、不断反思之后的不期而至。这需要研究生教育培养善于反省、批判且能够不断创新、不断超越的学人,而非安于既有材料、囿于固定模式且不断重复的匠人。其二,研究生教育应走出"时用主义"的误区。不可否认,美国研究生教育在实用主义理念的影响下,将研究生教育的发展模式由德国的纯粹科学模式转向了技术科学和应用科学模式,并获得了巨大成功,使其自身走在了时代前列。但实用主义不是"时用主义"。实用主义强调理论与实践相结合,遵循的是学术的应用逻辑,而"时用主义"则强调功利至上,追求当世、当时的应景之用,遵循的是市场的时尚逻辑,即流行什么就迎合什么。杜威有言,学校对社会潮流应当有一种天然的免疫力,即与潮流保持一种批判性的距离。"时用主义"必将导致研究生教育走向功利和虚无。

2. 关键接点:高深学问的探究与求索

高深知识得以生产与应用的关键在于对高深学问的探究与求索。高深知识和高深学问密不可分,高深知识是高深学问的基础与结果,高深学问是高深知识的动力与源泉。对高深学问的探究与求索贯穿于研究生教育过程的始终,构成了研究生教育的关键环节。首先,高深学问限定了研究生教育要围绕学术问题来展开。高深学问主要不是提供答案,而是提出问题,不断催生新思想,带动新探索,进而获得新的发现。学术问题是学术研究的灵魂与生命,它不同于行政专题、社会话题和经济难题,是以未知为导向的,而行政专题等则以时用为标的。其次,高深学问决定了研究生教育要以不断实现超越和创新为宗旨。高深学问探索的是未知领域,面向的是未来世界,这就要求研究生教育应积极地面向未来,而非被动地"适应"现在,要敢于不断突破时代的规定性,超越现实社会,为未来社会培养人才。未来社会需要什么样的人、如何培养人,既无固定的蓝图可鉴,也无现成的轨迹可循,因此无法"按图索骥"地去培养"适应于"某种规划模式的人,唯有寄希望于研究生教育对自身的超越、创新与引领。正如鲁洁先生所言,"教育赋予人以现实的规定性,是为了否定这种规定性,超越这种规定性","只谈教育与经济、政治、文化等等的肯定性关系(适应性关系),而忽视乃至抹煞它们之间的否定性关系(超越性关系),也许正是当前产生许多教育危机的理论根源"。① 最后,高深学问的探究与求索,需要研究生教育把持自己,这里需要注意两点:一是"高调"的研究生教育容易"跑调"。探究高深学问的特性决定了研究生教育要耐住寂寞、安于低调,应如梅贻琦先生所认为的那样,大学教育不能无独,学者应享受孤独,远离他人。反观当下的研究生教育,热闹喧嚣、高调异常已然常态。君不见,时有行政官人,识字不多却学衔等身;也不乏商界精英,学业未成便著书立说、登堂授课;亦不缺学会大牛,四处游走吸粉圈钱;至于学圈上下,逢迎拍马,到处叫卖更不在少数。"高调"遵循的是商业逻辑,追求的是时尚热销,其代价必然是研究生教育被商品化与被消费,且终究被更时尚的东西所替代。研究生教育遵循"高调"逻辑,则必然丧失本真,趋于"走调"。二是"乌托邦精神"远未过时。研究生教育不仅内含着对"在场"的现有价值的不懈追求,更表现出对"不在场"的未来理想的持续想象,因而具有鲜明的乌托邦精神。乌托邦精神铸就了研究生教育的追问、批判、反思、超越与至美的品性。现代研究生教育虽然必须走出象牙塔,但显然不能丢失乌托邦精神。

3. 价值归点:全人的向往与培育

教育是人的教育,教育具有人性已是不证自明的道理。作为教育系统中高层次的教育形态,自然应将人作为自身的出发点,而对全人的向往与培育作为归宿点。"大学之道,在明明德,在新民,在止于至善。"与专门的研究机构不同,研究生教育不仅承担着知识生产的功能,更承担着教书育人的功能。对于研究生教育而言,无论是高深知识的生产与运用,还是高深学问的探究与求索,均应做到以人为本,服务于人。研究生教育的价值取向表现为研究生的全面发展。

---

① 鲁洁.论教育之适应与超越[J].教育研究,1996(2):4-5.

从本质上来看,人是一种未完成性的存在。正是人的这一倾向或潜在性,内在地揭示了人为什么接受教育以及何以能够接受教育。为了不断地完成这一"未完成性",人在不同的年龄阶段内生出众多不同层次的需要,由低到高,各有侧重。教育就是对人的这些高低不同的求知需要逐渐给予满足的活动,即"成人"的活动。显然,研究生教育着眼于对人的高层次求知需要的满足,即高层次的"成人"的活动或"全人"的活动。"全人"的向往与培育,要求研究生教育至少做到以下两大方面:其一,认知理性和实践理性要服从于人本理性。现代意义上的研究生教育自产生以来,先后经历了认知理性主导和实践理性主导两大发展阶段。认知理性青睐于真理本身,而实践理性则热衷于真理的功用。无论是认知理性,还是实践理性,均立足于真理或知识,而与人无涉,它们都忽视了对人自身意义的理性研究,即人本理性。事实上,为学术而学术或为应用而学术,究其根底,均是为人自身而学术,抛弃了人本身,真理或知识也将毫无意义。认知理性的学术价值和实践理性的应用价值,只有服从于人本理性的人本价值才能真正体现其价值所在。笔者以为研究生教育要回到最本真、最原初的状态,就是要回归人本理性,回到人才培养上来。其二,科学研究要回溯为学术研究。学术研究还包括人文研究、伦理道德研究、信仰价值研究等。学术研究的历史可以追溯至古希腊时期,甚至更早。中世纪大学诞生以后,学术研究有了专门属性,但仍旨在服务宗教,如斯瓦姆默丹所说:"我借解剖跳蚤,向你证明神的存在。"①直到19世纪初期,洪堡本着将信仰与理性相分离的原则,遵循自然科学的研究范式,将科学引入学术研究中,开创了科学研究的先例。此后,科学研究就跃升至主导地位,并迅速席卷一切领域,进而坠入了科学主义的陷阱。不同学科的研究生教育具有明显的学科差异性,科学研究的范式并非万能也无法万能,研究生教育不仅要创造科学价值,还要体现人文价值和信仰价值,不断满足学生的人文精神需要,以促进其全面发展。

---

① [德]韦伯.学术与政治[M].冯克利,译.北京:商务印书馆,2018:21.

综上,研究生教育的品相关乎研究生教育合法存在与安身立命的根本,既是为学之学,更是为道之学。老子就有训导,"为学日益,为道日损",这尤其值得我们记取。

第二节　平庸的文科博士教育

研究生教育在整体取得历史性成就的向好情形下,博士教育培养的质量疾患逐步暴露出来,其中文科博士教育的问题较为显著,发展矛盾尤其典型。因为学科边界不清和办学盲动而诱发似是而非的教育行为,又由于标准的模糊和资源的诱导致使学科边界进一步失守。文科博士教育不同程度地存在着偏离"专门化"轨道并疏离"高精尖"特征的倾向。质量重建需要正本清源,通过创设理想的博士教育生态系统,从"谁来教,谁来学,谁来办"等基本问题入手,不断调整完善"招生入门,培养过程以及毕业出口"等质量环节和行动措施,努力建设真学科,聘到真导师,引来真弟子,并在此基础上构建相应的质量保障体系,方能有效促进教育风气改变,稳步提高培养质量,继而促使文科博士教育名至实归。

一、良莠不齐:文科博士教育不如人意

论及博士研究生教育培养及其品质状况,可以取多种方式并从多个角度切入分析。总体上看,博士规格的教育质量标的还是有明确规定及核心指向的,虽然这种标的并不一定能够用简单化、数量化的指标就可以甄别出来。要成为一名合格的博士研究生并如愿获得博士学位,少不了专业攻读的志趣,还要具有厚实的学科基础,兼备相应的学术经历,更要能够经受严谨的学

术磨炼,随时迎接苛刻的学问筛查,并始终知道且能够栖身于本学科的学术前沿。正因为如此,这件事情并非人人可为,更不是人人能为。作为学术金字塔尖的教育类型,博士教育决定了博士只是人群中的少数分子,学有规矩,问有逻辑,符合逻辑、遵守规矩方可学有所成。当前,在文科博士教育领域凸显的质量问题不容小视,某些已经在读的博士生或者已经头顶桂冠的博士们不同程度地表现出淡漠理想、疏于责任、缺少情怀、远离学问、逃避训练、不循规矩等症候,以至于其中的许多人"除了自己的专业不懂,其他的什么都懂"。

如果只用一两个辞藻来描述博士教育特征的话,显然离不开"专门化"和"高精尖"。满足了这两点要求,博士才可能成为与博士名头相称的"专家",而不是时下流行的"砖家"。能够成为博士者,或博约或精深,大多应该位于某一学科专业金字塔的上端,其学科基座坚实,学问关联有度,学术前沿凸显,探究方向明晰,绝不可以稀里糊涂,似走亲戚、逛市场般随便串门。农学、医学、工学、理学,天文地理各有其途且泾渭分明,可以相互借鉴交叉,却不能够轻易涉足,隔行如隔山。而文科专业却完全不是这样,政治学可以指导社会学,社会学可以关联人类学,人类学可以联动民族学,民族学离不开历史学,历史学可以牵涉经济学,经济学可以结合法学,法学脱不了哲学,哲学造就了文学,文学激发了艺术学,艺术学打通了教育学,教育学关乎管理学,管理学再联动一切,循环往复,无始无终。在大文科领域,无论是一级学科、二级学科乃至在所属的专业或更细微的培养方向上,若要检讨博士教育质量的话,断然绕不开"谁来教,谁来学,谁来办"三大基础问题。反观现实,我们不难发现,当下的文科博士教育似乎是经不起拷问的。

首先,谁有资格指导博士研究生?简单说来,现在的博士研究生导师可以粗略分为三类:其一是志向恒常,潜心书斋,专于学问,关注社会,秉持个性,清心寡欲的科班学者;其二是上岗指标齐备,课题等身,论文丰硕,资质合格,顺理成章受聘的教书匠;其三是具有"不可比"特征,能够曲径通幽,取不同路径汇入的各色兼职博导。第三种人的构成十分复杂且具有鲜明的地域特色,其中不乏由教研人员提拔起来的"双肩挑"干部,还有许多"人在曹营心在汉"的所谓柔性引进人才,更有一些在校内由于工作安排错位又特别想当博导的正高人员,有人甚至在 A 学院任职,在 B 学院任课,在 C 学院指导研究生。在这种情形之下,谁有信仰和威望引领新人,谁有水平或才情激励后生,谁有资格或能力指导博士,谁有精力或时间与弟子沟通,也就不言自明了。

其次,谁有资格攻读博士学位?这个问题十分关键,人与人相近,才与才不同。杀鸡、宰牛、屠龙各有其术,也各具风采和成就。高学历、高学位的金字塔并不属于大众产品,并非人人都要攀附到顶。探究人文雅韵,辩驳社稷学理,这毕竟是茫茫人海中少数人的事,因此能不能让合适的人有机会去做适合的事,也就成为现代开放社会以及教育大众化之后需要面对的问题。就文科博士研究生现实的构成而言,其大体也可分为三种:其一,理想执着、志趣明确、才情兼备、功底扎实的求学者;其二,报考条件齐全,有现实的成长目标并具备升学条件的择业者;其三,外语好、会考试、工作不理想或找不到工作的待业者。如此一来,博导们将面对什么样的求学者?招进来的博士生可能会有什么样的进步?入门弟子又会以什么样的表现重新去服务社会?这些与博士培养目标相关的问题大体是可以预见的。假定导师的角色和功能是周全的,那么,第一种弟子在正常情况下很有可能取得学科成就并顺理成章成为新一代学术接班人;第二、第三种弟子也自然会各奔前程、各有所成,经时间洗礼之后一花开五叶——或建功立业或有辱师门,均有可能。

再次,谁来兴办博士教育?此即学校、学院和学科的办学资质问题。对标建设,校校争先,当仁不让。有条件要上,没有条件创造条件也要上。放眼看去,有众望所归的博士点,有表里如一的博士点,有合纵连横的博士点,当然也不乏拉郎配、巧立名、拼凑而成的博士点。模糊界分为这样四类:其一,是学科历史悠久,学术成就斐然,研究风格凸显,知名学者云集的院系;其二,是研究特色独树一帜,顺应时代创新,专业成果迭出,新人辈出的新兴学科机构;其三,是大校名声显赫,局部学科条件不错,正高职称教师众多的院系;其四,是借资源整合或学科交叉名义实施跨校组合或跨院组人,只求满足指标寻求上位的院系。这样看来,卧薪尝胆、想方设法挤进象牙塔的新人将领受什么样的博士教育也就高下立现了。如果求学者考入了第四类学科学位点,导师们也就不得不勉励弟子要努力"自学成才"了。

以上简列的三款导师、三类学生、四类学科点综合构成了复杂多变的博士教育体系,其间的相互关系经过排列组合之后自然出现千百种变化,这些微妙而迥异的变化必将先后发生于三至六年的博士教育生涯之中,从而造成各种各样的教育"后果"。

进入新世纪,高等教育高精尖人才的匮乏,特别是文科领军人才的稀缺,确已引发了从政府到民间的忧思并达成了共识。我们博士教育的表现无疑是不如人意的。纵观偌大的、也许是世界上最大的文科博士教育生产线,解剖世相的哲学家在哪里? 揭示社会规律的社会学家在哪里? 刻画世间百态的文学家在哪里? 警醒社稷的法学家在哪里? 描绘人类进程的史学家在哪里? 提高时代效率的经济学家和管理学家在哪里? 致力于文化觉醒的教育家在哪里? ……当然不是没有,而是不够! 进一步追问下去,高山仰止的思想家现存几许? 高山流水的诗人仙居何处? 卓尔不凡的艺术家栖身何地? 时下"大师"遍野,要么是自称的,要么就是脑门上贴满了标签的。文科世界热闹非凡,既少见皓月当空,也不常有繁星闪亮……情形如此这般,孕育高层次人才的博士教育真的难辞其咎。

凡此种种,仅从一个侧面佐证了文科博士教育欠佳的事实。文科教育无边界以致无底线;少内涵以致易入侵;缺乏权威以致可以随便调整;无原则以致胡乱创设。审视眼下的文科学者的作为方式:多发文章以为就有思想,多做课题以为就有贡献,多出书以为就会赢得读者。再观察一下专业评审或学术会议的情况:宏大叙事、天马行空的发言成为主流;专业问题的研讨极少深入落地;端坐主席台的兴趣超过研讨问题的兴趣;朋友会面的动机甚于辩驳学理的动机;跨专业的"砖家"夸夸其谈,什么评审活动都敢参加,什么话题都可以说几句，什么结论都可以画押投票。所以才会有学者撰文称：时下的学术会议甚至是专业评审，已经和学术无关了！

高等教育有规律，博士教育有规范。往前看，一旦漫无边际的学科交叉，鱼龙混杂的专业组合，浑水摸鱼的伪师生从"个别"变成"一些"，再从"一些"变成"一般"之后，就会造成局部学位点的品质下降，继而一类学科的形象就会被连带侵蚀，然后就是大面积的博士学位点被污名化，迟早会危及宏观博士教育体系的整体信誉，从而辜负国家的信任和时代的重托。因此，在国家整体加强教育质量管理的形势之下，文科博士的培养确有必要单独反省，以利于从根子上辨析成因并查找相应对策。

二、边界失守：文科博士教育标准模糊

冰冻三尺，非一日之寒。正因为文科类研究生学科专业的边界模糊，才给博士教育疾患留下了口实：专业界别不清楚的文科博士教育既为院校的创新预留了可能的空间，也为学科的插科打诨提供了可靠的依据；文科博士教育既可能成为天才们不拘一格的汇聚点，也可能成为庸才们学无所成的杂居处。

资源整合，学科交叉，自主设置！这些原本正面的、具有积极意义的动词词组经由大幅度地"变通运作"之后，在行政壁垒明晰而学科壁垒松散的中国式大学组织系统中，其背后蕴含的初始的教育管理内涵和院校的行动取向不同程度地发生了异化。文科博士教育因为学科间关系的松散连接诱发了越来越多的跨界行为。许多大学近年来如火如荼开展的学科调整与专业重组活动，也有意无意地助推了平庸的人才培养局势，这在一定程度上破坏了博士教育的专门化壁垒。

首先就是攀升路径多样化。高等学校为了抢占尽可能多的博士学位点，方法无所不用其极。国字号著名大学不断地锦上添花，省属重点大学追求"多，还要更多"，一般院校无不把"申博实现零的突破"列为学校当前乃至未

来一个时期的重中之重。无论是什么类型的学校,大家都打着教育资源整合以及学科交叉互补的旗号,无边无际地调动着直接或间接相关的各种资源,在短期内迅速"拼装"出一系列新的学位招生点。紧随其后,各色博士研究生导师应运而生。以专职聘用、兼职上岗、"双肩挑"结合、柔性引进、联合共建、创新团队等各种名义,广揽有名号、有正高职称的教师担任博导,其中不乏少数名声极大或地位极高的博导,事实上他们极少有时间与学生一起交流互动、研磨学业,有的博导甚至从来都没给学生上过课。接下来,由于培养模式高度统一,许多学位点的培养方案表面上雷同,本质上松散。一些学科虽然自称经过整合创新之后构建了新的课程体系,但无非是在"学科帽子"之下因人而异、"因点制宜"地拼凑出一个貌似合理的培养体系,许多学校所谓的特色研究方向或自主设置学科根本没有像样的研究性课程资源来支撑,有的甚至偏离学科的主体知识架构而与同学科的硕士及本科教育前学段相脱节。进一步深究下去不难发现,有的学校的博士教育过程随意,既缺少有意义的培养环节设计,更遑论精准的、个性化的教研方法。一些学位点在特色建设的旗号下随意开课并开展指导,以因材施教的名义扭曲专业教育的标杆,忽视专业教育的基本训练并欠缺对培养质量的基准把控。除了"迎、评、促、建"时刻的亢奋及相应的突击准备,日常教育活动松散,培养环节不连贯,培养计划形同虚设。带来的结果就是,只要敢于选择文科,有的人竟然可以在尚未入门或并不知内情的学科轨道和学术体系里直接攻读博士,而且还能顺利"摘冠"。更有"极少数"的个案其实已经足以危及"一般"博士的健康形象。如此这般,人文与社会学科的学术高地必将失去骨力,高品质教育的金字塔必然倾斜。

继续解剖下去,学科边界失守的纵横演化路径也常常是出乎预料的。一般情况下,大学都是先集中各自分散的学科及人力资源,整体去冲击某个一级学科博士点;成功之后紧接着"借鸡下蛋",迅速衍生出若干个二级学科博士点;随后在短短的几年间,再通过开辟自主设置专业的"创新"路径,或假借所谓的"特色"研究方向建设,连带出一系列的博士教育单元。以上仅仅是纵向的扩展,接下来还有大面积横向的联动。或以学科为单元进行校内外整合,或以学校为主体贯通区域内办学条件,从这个学科跨到那个学科,再扩展到相关学科甚至渗透到更细微的学术领域。对于那些远离了团队的个别教授,因人设岗,因点及人,大量预想不到的学位点经过"乔装打扮",都先后攀上了博士教育这趟"贵族列车"。这是一个看起来像模像样但根本上经不起拷问,且不甚严谨的学科建设路径和演进发展逻辑,正是这样的情形,才促成了博士教育规模在极短的时间内如"雨后春笋"般蓬勃壮大。如此折腾之后,各级各类大学所希望取得的"跨越式"发展很快就通过"快捷方式"得以实现。

所述种种倾向在大文科教育的不同领域均有所涉猎,恕不详列。有理性批评的声音认为,中国大学普遍热衷的上位取向属于"盲目升格"。其实非也！盖因为整体的教育资源投向一直都是与升格状态密切相关的,院校通过每一个角度、每一级台阶的上位行动都可以博取更多的教育资源,只要质量堤坝没有抵达崩塌的边缘,大学及其学科教育自然会像气球般越吹越大,所有行为统统都是有明确意图的,绝对属于"非盲目的升格"。

回到起点来看,原来学科的生发与演进是有边界的,相应的教育行为可以模糊一些,但变通不能突破尺度。高等教育及其高级专门人才培养活动的开展与进步也是有规矩的,可以与时俱进,但不能离学科特性和发展轨道太远。说到底文科与理科不同,文科与文科也不同,文科学术与文科教育依然不完全相同。文科学术成就与文科教育成就相辅相成,二者之间一旦交融得当,则文化繁荣、思想进步、群星璀璨、两全其美;而教育活动如若走偏,则人文凋敝、才思萎靡、精英不现,纵然表面光鲜,依旧难免落于平庸。

事实上,人文成就的效果表达与人文教育的培养规范并不完全等同。前者的创作可以天马行空,标新立异;后者的培养必须行有所规,动有模范。此即教育之所以能够独立存在的根本原因。少数的天才横空出世从不拘泥于时空,但群体的人才生成却必须依靠健康的教育培养。以道家"三分法"解析,事物无不分为上、中、下三境,初级呈现原始自然,中级旨在摆脱个体自然,高级力求回归本体自然。所以,作为人文学术研究的演进逻辑,既要恪守本真,也需深入社会,继而才能卓尔不群;而作为个体社会化的教育活动,则先要尊重个体,其次要规划群体,然后才能够不拘一格育精英。文科教育如若走偏,就会在初级阶段抑制受教育者的天性,在中级阶段规训、扭曲受教育者的个性,这样到了高级阶段也就必然难以释放出受教育者的创造本性。因此,文科博士教育的质量改良路径必先要复归于朴,立足于个体生命,继而要遵循教育规律,严格学术标准,最后方能够回归常识,走出怪圈,创新突围,造就英才。

三、正本清源:文科博士教育需要名副其实

面对文科博士教育"专门化"全面式微的状况,笔者坚持认为,质量建设的目标方向历来明晰,策略也并非如想象般那么复杂。唯需正本清源,努力促使这个圈子里面的人活得"像个博士的样子"才是关键。以此为基准,学生理当检讨,导师务必反省,学位点尤需自律。聚沙成塔,通过舍弃虚浮的套路,重构生存发展的规则,创设开放的人文教育环境,争取让更多的把专业学术视为终身职业的人去攻读博士学位,让更多的把专业学术视为生命依托的人来做博导,让更多的水到渠成且经得住"非突击性检查"的学位点去招生。长此以往,培养风气和质量状况必将焕然一新,文科博士教育自然名至而实归。

面对质疑,高等教育各级、各类组织无不高度重视博士教育质量问题。大学、政府、社会多方介入,齐抓共管,分别从不同的角度通过政策改良、评估加强、社会监督以及有效措施的推广等一系列手段全面促进教育质量的提高。政府主管部门更是高屋建瓴、反应快捷,迅即在行政思路上指明了解决问题的各种方法和途径,包括招生改革、过程督查、论文抽检、答辩控制以及导师队伍建设等。不同局部、不同环节的工作很快得以加强,教育质量同步

改善。但现行的措施、手段能否从根本上解决问题还有待检验。与此相应，有关质量变革的研究也紧锣密鼓地开展起来，专题研究各有奇招，成果迭出，包括对决策部门的建言，完善管理体制的对策，进一步健全机制的考量，以及实现教育资源整合联动的策略，还少不了重点建设的专项突围，深化改革的宏大构想，直至现代化监控手段的介入运用，等等。一时间，质量突围的理论成果从局部到整体快速地孵化出来，看起来"对"、听起来"有道理"的研究层出不穷，但仔细想来，这些理论成果并未触及动摇质量根基的关键问题，从理论到实操的许多举措仍然治标不治本。

事物的发展一般都是由此及彼、由小及大的，教育矛盾的表现亦复如是。依照学生、学者、学术、学科、教育、文化、社会的推演逻辑，教育质量的问题如若从学科波及学校，又从校园扩散到社会，继而再如病毒般蔓延到一个时代，势必引发文化灾难，并相应地造成人文凋敝、思想萎靡、艺术平庸、精神倦怠的后果。再进一步挖掘下去，事物的发展又总是因果相连，改变教育的结果必然要从相应的成因入手。因此，提升文科博士教育质量的思路需要重新考量。学生质量、导师质量以及制度合理性这三大质量动因必须重构。要建设真学科，聘到真导师，引来真弟子，并在此基础上建立起具有相应标准的质量保障系统，才能够确保教育少出"次品"，继而使得今后更多的人所获取的博士学位名实相符。

历经社会的政治、经济变迁以及教育文化的发展，21世纪的文科博士教育业已形成了一个相对规范的、高层次的学术、文化和人才培养生态系统。支配这个系统运转的要素无外乎是由天（政策、时机）、地（学校、条件）、人（导师、学生、管理者）综合起来的专业化活动（教学、研究）。教育生态和谐，整体要素匹配则事业兴旺发达，高人辈出，生机勃勃；教育生态失衡，整体运转失灵则事业凋敝，庸人上位，垃圾学术盛行。显然，现实的文科博士教育质量表征并非处于或左或右的某一个极端上。在教育质量的两极标准之间，尚有多种可能的存在形态。而努力促使教育质量趋于好的一方，避免滑向低质的一方,正是教育生态系统改善及其要素匹配、调整需要着力把控的重点。

以教育效益作为中轴衡量,博士学位点运行状态无外乎四种:一是生态繁荣,个体生命鲜活,思想创新,高人辈出;二是生态适宜,学问相得益彰,个体各得其所;三是生态欠佳,学术随波逐流,个体茫然不知所措;四是生态恶劣,群体趋向乌合之众,个体选择虚浮平庸。

从培养过程的角度下手改造,文科博士教育的生态系统包括"招生入门、培养过程以及毕业出口"。师生从上、下两端分别切入这个系统(教育的黑箱)开展行动,综合促成了教育运行的不同状态,并相应影响了人才培养的结果。结合前文讨论,专心调整好这些要素及其间的相互关系就能够有效地控制培养的质量。在招生入门环节,有三种导师受聘上岗,分别是优秀的学者、合格的教师或混入的"南郭先生",能力孰高孰低历经"过程"检验之后总会有所体现;有三种学生录取进来,分别是优秀的青年才俊、合格的奋进学生或裹挟而入的各色求证者,潜质孰优孰劣历经"时间"洗刷之后自有分别。在接下来的培养环节中,有三种导师在作为,分别是才华横溢的、有心无力的或稀里糊涂的,因此,对其德、能、勤、绩的考量方式便至关重要。有三种学生在攻读成长,分别是志趣明确的、紧张跟随的或拖泥带水的,因此,对其因材施教的策略便十分关键。再后来,到了毕业出口环节,导师总会促成三种教育结果,分别是双赢共进、青出于蓝或乏善可陈;而学生迟早达成三种读博的目标,分别是自立自强、苦尽甘来或被动淘汰。

诚然,完美无瑕的博士教育制度并不存在,世间只有符合不同国情,契合不同教育发展阶段,适合不同教育对象,相对合理的政策选择及其质量保障安排。博士教育制度的设计是为了更好地开展学科教育,有效孕育出一代又一代的"高级人才"。如果博士学科学位点的教育行为在满足了办学指标规定的情况下,质量问题依旧此起彼伏,则制度本身也需要反省调适了。毫无疑问,指标把控有助于学科建设,甚至在短期内可以爆发出极大的、显著的推动力,但学科的可持续生长在根本上离不开内因驱动,必须以内涵建设为主要鹄的。教育质量评估手段及其指标的牵引力等外力作用看起来十分有效，但的确不能直接解决学科的品质问题，整体的质量建设需要内外联动。就当前情况而言，博士教育尤其需要由表及里、从外到内重新变换着力点，努力激发内生动力，不断丰富内在品质，严格把守内行规矩，如此，质量建设的效果才会从根本上得到改变。

说到底，导师的作用至关重要，博导们无疑是博士培养质量的主导因素。什么样的老师才可以顺理成章地进入博士教育场域呢？导师当然可以"述而不作"但不能缺少思想，如孔子或苏格拉底；导师可以"又述又作"但务必学高为范，如胡适或陈寅恪；导师也可以"巧作而拙述"，惜字如金、下笔有神，虽拙于言表亦无碍训导，如梁漱溟或梁启超。无论如何，导师都不可以"不述不作"；即使"有作"，也不可以只写些拼装出来的职称文章，或者产出因项目经费花不了而只好用于出版进而束之高阁的研究报告。

现实中引领弟子们成长的导师们自然各属其类。匠人也行，哲人也可。无论是前者还是后者，只要各具神采，什么样风格的博导都有价值并且有资格指导博士研究生。匠人出作品，哲人出思想；作品可以模仿，思想可以传播；师父手把手教技术，学者心对心育智慧。弟子投奔大学，如能遇到有真功夫的导师，就对得起求学过程中所耗掉的生命时光和资费了。怕的是千方百计、排除万难，好不容易栖身于学术的象牙之塔，却偏偏遇到些"四不像"的引路人。上梁不正下梁难免歪斜。师徒相遇，志趣或相近或有不同，双方一旦陷入不伦不类的教育圈套，时间越长，危害越深，教育就免不了默许虚伪之学，生产平庸之徒。换言之，巧遇哲人引领可以激发新生代，历经匠人打磨可以培养接班人，而遭遇平庸之辈则会贻害后生。总之，什么人进了什么门，然后又遇到了什么人，排列组合的结果综合构成了文科博士教育的客观事实。从这些最基本的事实入手，扶正固本，就有可能找到提高博士培养质量的正途。

最后的问题是合格的学生安在？招生考试固然重要，但谁也没法预测和保证考进来的弟子最后能够成就几许。考试制也好，审核制也罢，笔试也好，面试也罢，背对背也好，面对面也罢，都有可能机缘和合，相得益彰，继而师徒携手共同成长；也有可能看走眼，听偏话，错失良机，埋没人才，读到后面师徒不欢而散。所以重点不是入门，而是要看出门。出门标准才是质量把控的关键。进来可以表演，出门必须看本事。如果我们的博士教育制度能够有效甄别并在培养过程中合理且动态地筛除那些缺乏学科信仰的报考者、没有学术潜质的升级生，以及不具备研究能力的"考试机器"，博士教育必将名至实归，培养质量亦会步步攀升。

第三节　研究生教育的规训与个性

既然有培养规范，就少不了对教育对象的规训，而有效的研究生教育，又必须遵循因材施教的个性化原则。作为最高层次的高等教育类型，无论是硕士研究生还是博士研究生的成长，都更强调学生创造性的学习和创新性的科学训练，这一切都与学生的个性以及孕育个性的教育密切相关。二者因之而构成了一对需要辩解的概念，而绝非简单对立的教育范畴。从学理上说，规训的反面是不规训，而个性的对面是共性。规训的结果是循规蹈矩，极端是盲从盲信。也有的人中规中矩但依然秉持个性。个性的积极表征是特立独行，消极后果是离群索居。当然，还有的人具有共性特征但依然叛逆。

研究生教育有规格但显然不应以整齐划一作为培养的旨归。研究生阶段的教育定位于高层次，聚焦"高质量发展"，更应该着眼于建设具有独特学术个性和独立思想的专门人才生成系统，而孕育这样的人才需要大学营造出与之相适应的制度环境。学校教育的对象是活生生的人，不论处于哪个培养阶段，终极目标都是"育人"而非"制器"。研究生教育的对象和目标的特殊性决定了其培养方式、制度规定和方法手段的多元性和灵活性。其也决定了在培养过程中既要秉持个性，又离不开规训训练；既需要规范约束，又离不开自由思想。

规训与个性构成了当前研究生培养过程中并存着的两个相互对立、彼此矛盾，却又紧密相连、相辅相成的概念范畴。两者看似截然相反甚至水火不容，但又实实在在地共存于教育全过程之中。

一、规训的两面以及个性的指向

制度化的教育显然离不开规训，而高层次的教育一定少不了个性。

1. 规训及其两面性

制度化的流程、环节、规格、标准是教育质量的基本保障。有学者认为："现代学校是一个典型的规训机构，具有规训机制的所有特征，其内部的各类事件无不受到规训权力的支配。"[1] 规训渗透在研究生培养的方方面面，不论是培养形式，还是课堂教学、专业训练，乃至校规校纪，无一不透露出规训的色彩和痕迹。当研究生规模增长太快而引发一系列对教育规则底线的"改写"行为之后，教育质量必然受到威胁。

"规训（discipline）"一词简单理解就是规范化训练，其中蕴含着纪律、规范、训诫、教育、规则等含义。法国思想家福柯在《规训与惩罚》一书中充分运用了这一概念。他利用 discipline 一词在英文中的多词性和多义性，赋予了其"规范化"和"驯顺性"的新解释，他认为规训的核心在于"控制"和"驯服"。学校教育向来具有强制的特征，福柯认为现代学校是一种规训机构，学校通过组织安排教育活动以规训人的行为和精神。规训对个体进行"操纵"，使人的多样性变得"规制化"和"秩序化"。学界对"规训"通常存在两种不同的看法，

---

① 陈向阳.赋权抑或规训：高校学生评教的社会学分析[J].中国高等教育评估，2012(2):7.

即肯定的规训观和否定的规训观。事实上,"规训"一词就词性来说属于中性,本身并没有正负面的偏向。而规训一旦融入教育过程并与价值选择结合在一起之后,自然连带出不同的趋向性。

康德是持肯定的规训观的代表人物。他在《论教育学(附系科之争)》一书中系统阐述了教育规训,并将规训理解为从"动物性"转向"人性"的过程,他认为,规训才是自由的前提。这一假设的前提是其认为人性复杂且矛盾,兼具"性善"与"性恶"的特点,而教育就是要借助规训让人从恶转向善,使人们在遵循一定规范和准则的基础上通过理性做出选择,实现规训和自由的统一。基于这种规训观,惩罚就是一种积极的教育手段,惩罚能够使人从他律到自律,继而迈向自由。①

否定的规训观以福柯为主要代表,持这一观点的学者大多认为规训是负面的,容易背离教育的初衷。规训使人失去自由精神和自主追求,规训是自由的对立面。规训甚至被解读为一种"恶",因为其中隐含了三种未经证明的假设:其一,假设个体是具备良好自控能力和理性能力的人;其二,假设教育规训的出发点是恶的;其三,假设教化和规训之间是绝对对立的。② 就第一点来看,研究生心智相对成熟,自主能力和判断能力显然强于基础教育学段的学生,但专门化的学术规范和研究能力尚待训练。就第二点而言,研究生教育指向培养服务于社会的高层次专门人才,立意显然不是恶的。至于第三点,规训本身就蕴含有教化的色彩,教化是规训的表现形式,二者相辅相成,并非完全对立。其实,不论正面抑或负面的倾向,规训在教育中是客观存在的,无法回避也不能消除。学校教育所需要考量的是权衡利弊,扬长而避短。

2. 个性及其指向性

教与学双方兼具鲜明的个性是高层次教育所追求的品质特征,更是研究

① 刘庆龙.两种规训观及其教育意蕴[J].全球教育展望,2020(3):33.
② 王雅丽."规训真的是一种恶吗":教育规训的伦理学分析[J].湖南师范大学教育科学学报,2016(2):27.

生教育创新的前提。不弃旧,何以出新? 不质疑,何以挑战? 不批判,何以重建? 不否定,何以扬弃? 研究生教育如果远离"独树一帜""特立独行"等个性品质,"高质量发展"必然是水中月、镜中花。

"个性"一词在教育学、心理学、哲学、美学等不同的学科领域有着不同的含义,原属于人本主义的范畴。个性既包含个体独特的心理特征,又包含个人的整体精神面貌。笔者所指既是基于哲学意义上的与共性相对之个性,又是基于心理学意义上的能力、才能、志趣等特征个性,更是基于教育学意义上的学生发展、刚毅坚卓、创新求变的性格特质。

首先,个性意味着差异性。因此,因人而异、因材施教在研究生教育层面上更应该成为前置准则,在具体的教育中体现为对个体差异性和独特性的尊重,甚至是努力维护并促进学生个体之鲜明的个性特质。忽视教育者的个性,忽视受教育者的差异,忽视学科的不同历史和文化背景,东施效颦、刻舟求剑、统一教法、模式固化、千校一策、千人一面,势必严重背离教育个性化原则。

其次,个性的前提是自由。洛克认为自由是人生而具有的权力。马克思指出,新的社会形态特征是"建立在个人全面发展和他们共同的社会生产能力成为他们的社会财富这一基础上的自由个性"①。康德则认为理想的人是"能独立运用自己理性做出判断并能独立承担责任的自由行动者"②。也有学者认为,马克思关于人的全面发展的学说的实质是个性发展。③ 在马克思的自由观和关于人的发展理论中,"自由个性"这一概念被用以表示人发展的最高境界和理想状态,它具有三个基本特征:自主性、创造性和独特性。

再次,个性直接关联着创造性。研究生是思维活跃、才智初现的特殊知

---

① ［德］马克思.政治经济学批判［M］//中共中央马克思恩格斯列宁斯大林著作编译局.马克思恩格斯全集:第四十六卷(上).北京:人民出版社,1979:104.

② 周丽华.用强制培养出自由:康德的教育观［J］.教育研究与实验,2017(4):24.

③ 张楚廷.全面发展实质即个性发展:重温马克思全面发展学说的启示［J］.北京大学教育评论,2004(2):70.

识群体,研究生研习的过程正是创造力孕育的过程,不论是基础研究还是应用研究,创新是高层次研究性学习的生命源泉。有个性不一定有创造性,但没有个性肯定难有创造性。创新是知识价值的核心体现,创造性是人才培养的一大特点,人的创造性严重依赖于鲜明的个性。与初等教育阶段相对"整齐划一"的原则不同,研究生教育更需要彰显个性,卓尔不群。爱因斯坦曾说:"任何一种伟大高尚的事物,无论是作品还是科学成就,都来源于独立的个性。"①

毫无疑问,个性发展与自由探索紧密相连,共同指向教育创新。研究生培养的过程中,学习自由、思考自由、研究自由、表达自由等都是教育自由的具体体现,同时也是不可或缺的基本训练。教育自由为学生提供精神成长的空间,使他们能够最大限度地进行自我创造。深刻的思想只有在自由的个性下才能产生,有创造的人才唯有自由的土壤才能孕育。不论是"自由个性",还是"人的全面发展",都紧密围绕着"个性自由"这一基点展开。康德曾提出"教育是一门艺术",这种艺术的旨归正是人的健康发展及其相应的个性自由。

二、研究生教育的规矩与方圆

研究生教育的最大特点在于"研究",除了极少数天才,大多数研究生综合能力的获得必须依靠严格规范的科学训练和严谨的教育质量要素控制。

首先是导师制度。导师水平、导师风格以及导生关系在很大程度上决定了研究生未来的发展取向。

研究生培养少不了严格的学术规范训练,而导师绝对是这种专门化训练的首要影响和控制因素。导师制是目前通行的培养方式,这种制度肇始于西

---

① 吴爱萍.高等教育的发展与管理实践[M].长春:吉林出版集团股份有限公司,2020:181.

方,在经历了不断改革后形成了种类多样的形式,有专职导师制、联合导师制、社会导师制等。导师制以个别指导为特征,以提高思辨能力、诱发创新思维、带领学生探究新知、养成科研能力为主要目的。早期将导师制引入中国的费巩先生曾指出,中国大学教育有三大弊端:教法呆板、师生疏远、重技术传授轻人格陶冶。[①] 毋庸置疑,这种现象至今依然普遍存在于研究生培养的过程中。我国高校大多实行的是单一导师制,少数采取联合导师制或导师组集体指导制度。无论如何,导师制仍旧是当前研究生教育中最重要、最基本的培养形式。真正的矛盾在于,我国研究生教育起步较晚,原本的基础和导师资源有限,加之近年来研究生数量扩张太快,致使生师比严重失衡。另外,大学对导师职责任务的多头安排和业绩考核,极大地分散了导师的注意力并影响了导师制的运行效果。现实状况是,导师的权利与职责在文本表述上是明晰的,但在实际操作中却是模糊而不确定的,因而从招生直至毕业的整个研究生培养过程中,形成了千差万别的"导生关系"。这种关系既可以成为研究生未来成长的指南针,也可能成为研究生发展选择的灭火剂。

其次是课程体系。课程设计、经典阅读与研讨博弈在根本上决定了研究生未来的发展潜力。

课程教学是任何一种学历教育都具有的基本形态,不同层次的教育首先体现为不同层次的课程设计。研究生阶段的课堂形式可以多样但内涵却不容忽视。课程规训必须基于经典实验或经典阅读铺陈开来。不接触经典,不研读经典,不站在前人或巨人的肩膀上开启新的学习旅程,闭门造车,依样画葫芦,根本谈不上真正意义上的研究生教育。今天教育的前沿成就无不源自前人的奠基性研究,而未来的科学或思想高地无疑将由接受过高层次研究生教育的新生代去继续攻克或守望。无论是理工科的科学实验,社会科学的田野实践还是人文学科的仰望星空,均必须在全球化语境中去甄别、汲取。只

---

① 李东成.导师制:牛津和剑桥培育创新人才的有效模式[J].中国高等教育,2001(8):21.

有居于人类命运共同体的高度，方能够开启健康的教育学术旅程。

现行的研究生培养模式在形式上似乎很重视课程（但许多课程被学生戏称为"大五""大六"课程，无论是内涵还是教法均与本科无异），在学术训练方面却十分薄弱（许多学生戏称自己无非是"老板"项目的"打工仔"，普遍缺乏探究性学习）。课程框架以公共学位课、基础理论课和专业课为主，以专业选修课为辅，并以传统的课堂讲授为主要形式。课程内容固化、形式单一、因人设课、随意调整，专业化训练和研究性探索严重不足，通识课不通识，前沿性课程较少，专业发展性不强，国际交流不足，培养文案及课程设计看似"规矩"，其实缺乏"研究性"，更缺少"选择性"。研究生课堂内外，师生互动少之又少，许多导师都是"宏观"指导，课堂成为无趣的"车间"，培养过程成为"流水线"，研究生成为批发的"产品"。长此以往，研究生教育难免沦为新一轮次的"搅拌机"，只会生产出一批批灵性缺乏、意识淡漠的"产品"或"工具"。

再次是科学训练。学术范式、学科实践与学术写作决定了研究生未来的发展空间。

孔子云，"不愤不启，不悱不发"，厚积才能薄发。在当下的研究生教育情境中，"答辩会"不答辩，"研讨会"不研讨的情况十分普遍，原创科学的探究动机被应景的课题指南分解消融，理应投身于探究性学习的学生们慌乱于导师项目或课题的结项任务之中，理应开放的学科实践活动被规制在学校的功利化视野中，探究研习的原动机及其主导性消弭，学术商榷、论点争鸣与理性批判大范围消失。

写作训练是研究生阶段的必修课，教师要传授学生特定的写作知识、规范和技巧，还要在此过程中培养学生的学术思维和创造性思考的能力。写作训练理应成为一个严密的、全方位的训练体系。论文质量是研究生质量的最直接体现，论文写作过程少不了两个基础环节："一是掌握专业化的学术阅读的基本要求与技能;一是学位论文写作的规训。"①经典阅读加上写作规训,两者相辅相成。研习经典有助于谋篇布局,形成分析逻辑,而持续的写作训练才能促使学生学以致用。

学位论文有"范式",写作是一个有章可循、有"法"可依的"机械"体系,其自有严格的学术规范。学者彭玉生将其概括为八点,分别是"问题、理论(文献)、假设、数据、测量、方法、发现和结论"②,鄢显俊在此基础上又提出了"论文写作'洋八股'规范"。以此为鉴,研究生学术写作要力求做到概念清晰、论述严谨、论据充分、数据真实、结构合理、逻辑严谨。

台湾大学在研究生培养方面的经验兼顾了课程和写作,体现出多维和分层的特点。"多维"的横向表现是课程的跨学科性和知识的互补性,并涵盖学术写作类型的不同体裁,例如文献综述、实验报告、期刊论文、学位论文等。"分层"的纵向体现是不同的课程之间存在由易到难的层次区分,具体到课程授课上,教师的教学设计也依照循序渐进的教育规律,在实际教学中让学生体验到自身的学术能力不断增强,感受到不同阶段的学习特点。③

最后是学习评估。课程考核、过程评价与学业惩戒奠定了研究生未来的发展基础。

教育规训在学校的运行机制包括制订规范、遵守规范、评估和惩罚,④ 即便是处于高学段的研究生教育,规训几乎也以同样的机理运行其中。在此基础上,不同高校、不同学科还需要结合自身特点推出符合学生个性发展的制度政策。

课程考核的合理方法以及学籍记录的真实程度构成了研究生学习成长评价的基本内容。高质量的研究生教育发展取决于严格而科学的过程筛选

① 高贤栋.陈寅恪是如何指导研究生研究和写作的?[J].学位与研究生教育,2020(4):11.
② 彭玉生."洋八股"与社会科学规范[J].社会学研究,2010(2):180.
③ 王红雨,闫广芬.如何提升研究生学术写作素养?:台湾大学写作教学中心研究生学术写作训练的经验与启示[J].学位与研究生教育,2020(1):54-58.
④ 董清颖.学校规训的异化与回归[J].教学与管理,2020(5):6.

机制。其中就包含必要的学业惩戒，以及不得已的学籍处罚，这些机制及其相关的手段无不具有行为矫正和纠偏的作用。学校针对不规范行为制订相应的规章制度，并将研究生纳入这个惩戒系统之中，目的是让学生养成良好的习惯，从而以积极健康的形象走向社会。国务院学位委员会、教育部于2020年发布的《关于进一步严格规范学位与研究生教育质量管理的若干意见》，就明确了对学术不端行为的处理办法。惩罚并非目的，但学校规训离不开惩罚，这也是高校科学管理的必然需要。

真实的冲突在于教育主管部门一方面要求学校严把质量关，另一方面又要求提高毕业率；而学校一方面要求加强教育过程的质量控制，另一方面又要求考虑学生的特殊情况，维稳当先。多方诉求何以在有限的培养时空中得以兼顾并有效化解？这本身就是值得权衡取舍和深刻反省的两难问题。

三、研究生教育必须严规而释性

规训与个性之间存在着相携共生的可能性。现代教育是规训与个性的结合，也是控制与自由的集中体现。在这种双重性中，两者的对抗和矛盾几乎永远都会存在，但它们既非完全孤立，也非彼此对立，关键在于如何看待并协调二者的关系，使之更好地服务于人才培养。正如康德在《论教育学（附系科之争）》一书中提到"教育中最重大的问题之一是，人们怎样才能把服从于法则的强制和运用自由的能力结合起来……离开了教育的人就不知道如何运用其自由"[①]。马克思指出："人的本质是一切社会关系的总和。"[②]人的本质是矛盾统一体，包含了个别和一般、生物性和社会性、理想和现实、自由和强制、肯定和否定等丰富内涵。

---

① ［德］康德.论教育学：附系科之争[M].赵鹏，何兆武，译.上海：上海人民出版社，2005：13.
② 中共中央马克思恩格斯列宁斯大林著作编译局.马克思恩格斯文集：第一卷[M].北京：人民出版社，2009：第一卷说明.

　　"强制"与"自由"、"规训"与"个性"之间天然地充满着矛盾和张力,二者间的冲突在高层次研究生教育情境之中会愈发显著而复杂。学者陈平原认为,成功的研究生教育应当是让出类拔萃的学生与严格的学术训练相辅相成,在得体的训练之下鼓励学生自由发展,可以有"才华",但不能"横溢",更不能"旁逸斜出"至学术规则之外。研究生思维活跃、富有才华的特点为个性化教育锦上添花,但是这些特点需要收放自如,只能在规则的"天花板"之下自由活动。否则,思维越活跃、才华越突出,也就越容易产生学术规范失守的问题。

　　反观现行的研究生教育,培养质量底线失守,个性风采无力彰显,高质量表现平平,高品质创新不足。当强化规训与释放个性的双重诉求耦合于研究生培养过程之中,单方面缺位或者彼此错位的情形在所难免,以至于在制度规训应当威严的地方形同虚设,而在个性教育应当张扬的时刻成为约束。面对"高质量发展"的要求,当下的基本判断是两极俱缺,需要同时加强,固执一方均无法圆满。规训求同,个性求异,求同依然可以存异,两者之间的科学匹配与张力调适正是全面改善与提升研究生教育质量的关键。无规矩不成方圆,缺个性无缘创新。研究生教育需要明辨笃行,两手抓且两手都要硬。

　　1. 上不克己,下不逾矩——教育主体要释放天性,自律自重

　　从主体视角看,在研究生教育冲突中成长的师生需要自知自立,不断加强自我教育,努力实现自由生长,做到"君子博学而日参省乎己"。

　　如果说外界的规则和规范教育是"他律",那么个体的自我规约和内省就是"自律"。"从康德到黑格尔的德国古典哲学都是把真正的自由归于自律。"① 自律是自我管理的重要途径,高层次的教育绝不能简单地让学生盲目服从于强制的权威或规范手册,而是要促进人的发展,让学生能够自觉主动地遵守,同时在实践中提升自我教育的能力。从"他律"到"自律",是由外到内,将外部规则通过理解、吸收、认同从而转变为内在品行的主动强化。

---

① 骆郁廷,吴楠.启发自觉与制度规范:学风教育的双重视角[J].中国高教研究,2019(4):69.

规训与个性既对立又统一,二者永恒存在于高等教育体系之中,贯穿研究生培养的每一个阶段。学生通过规训形成"他律",进而在"他律"的基础上内化为"自律",①并学会在学术规范和准则之下结合自由意志做出个性化的判断和选择。自律是规训内化于心的自我约束和控制,是对规范高度自觉的一种状态,研究生教育尤需如此。教育者应当引导学生主动自觉地学习、认同、掌握学术研究规范,从自发转变为自觉,最终实现真正的自由。如若离开了自律,任何规范和规则都形同虚设,也难以转化、内化为学生的内在品质;缺少自律,亦不可能形成良性的学术和生长氛围。

研究生教育的主体是心智成熟的成年人,学生的学习主要在导师的引领下展开,个性塑造与创新能力的发掘不能听任学生自由发挥,需要通过教育的艺术,促使教与学双方适应规则,超越规范,继而迈向真正的自由。正如联合国教科文组织的报告《学会生存》提到的,教育要培养的是"非顺从、非保守"的人。研究生教育的意义正当如此,不能划定牢笼、限制自由、钳制个性,需要师生携手并进,既不突破规则的底线,又不被规则的框架所束缚,需要在二者之间找到最佳平衡点,继而透过规则,发掘自由意志,做出有价值的个体判断和选择。

在研究学问、探寻真理的过程中,释放天性的教育亦不可无所顾忌、随心所欲,而要探寻一种"以约束为前提的自由"。自由与创新是高层次教育内隐的目的指向。学生既要遵守规范,又不能对规范顶礼膜拜,因为遵守的价值在于"规范之外而不是在规范之中"②。自由生长是教育永恒的价值追求,个性自主发展才是自由的根本目的。导师通过合理且科学的训练打磨学生,以此为学生的未来发展奠定基础。正如黑格尔所说,"自由经教化而来"③,而教

---

① 刘庆龙.两种规训观及其教育意蕴[J].全球教育展望,2020(3):28.

② 胡春光.规训与抗拒:教育社会学视野中的学校生活[M].武汉:华中师范大学出版社,2011:123.

③ 金生鈜.规训与教化[M].北京:教育科学出版社,2004:29.

化的终极目的正是自由。卢梭在《社会契约论》中提到"人是生而自由的"①，研究生教育的一切规则和规范均需回归于此。多元的思想、端正的品行、丰富的情感唯有在自由的土壤里才能够生根发芽。

研究生的成长绝不局限于掌握既有知识，更多的是学会创造新的知识。研究性学习如要成为建立在广泛认知基础上的创造性表达，不仅需要严谨周密的训练，还需要自由和开放的氛围。杨振宁曾经讲过："西南联大教会了我严谨，西方教会了我创新。"② 可见要想成为一个优秀的研究生，严谨的求学态度和创新精神必不可少。这就要求其规范在先，超越在后。《关于进一步严格规范学位与研究生教育质量管理的若干意见》中提到，导师是研究生培养的第一责任人，不仅要传授知识、启发智慧，还要承担起对学生学术规范和品质养成的责任。"我们可以致力于制定一个更合目的的教育规划，并把一种安排传给我们的后代，使他们能够逐步地将其实现。以报春花为例，人们在野生环境下采摘时只能得到一种颜色的花；相反，如果是用播种栽培的方式，就能得到完全不同的各色花朵。自然将胚胎赋予了它们，而要使其从中发展出来，关键的是相应的播种与培植。对人来说也是这样！"③研究生教育需要遵循规律，激发自律，使自律成为自觉，从自觉走向自由。师生可以共勉。

2. 上不封顶，下不漏气——教育组织要构建开放系统，严守质量底线

从客体的角度观照，通过教育底线的把持，教化规则的严守以及开放的发展空间设定，两全其美的研究生教育无疑是可以企及的。

规范、规则、规训的重要性不言而喻。"合规"一词通常和身体规训、学科规训，甚至是精神层面的约束联系在一起，它与强制、规范、规则等词汇密切相关却不能简单地画上等号。学校规范是教育者为受教育者设置的一种强制性制度，但这种规范必须要能保护人的价值，否则就违背了规范设置的意

① ［法］卢梭.社会契约论［M］.何兆武,译.北京:商务印书馆,2017:4.
② 韩延明.大学教育现代化［M］.济南:山东教育出版社,1999:182.
③ ［德］康德.论教育学:附系科之争［M］.赵鹏,何兆武,译.上海:上海人民出版社,2005:6.

义。"正如不存在没有规训的社会,也不存在没有规训的教育,消除规训的同时也消除了教育的合理性,福柯用一种自我纠偏的方式告诉后人,那种一味坚持解构规训、彻底否定规训的观点可能最终会陷入死胡同。"①

古训强调,成功始于"规矩与方圆"。规训在中国传统师道中发挥着重要作用,同时还承担着传承经典、育人树人的责任。康德曾说,"人是惟一必须受教育的被造物。我们所理解的教育,指的是保育(养育、维系)、规训(训诫)以及连同塑造在内的教导"②,合理、适当的规训能够防止人们放任自流,"人只有通过教育才能成为人"③。研究生教育显然如是。从硕士到博士,知识获得和能力提升应当是一个由浅入深、由通到专、由专到博、循序渐进的过程,这一过程同时也是研究生走马观花、登堂入室、循规蹈矩直至超越创新的成长过程。

当前,由于教育规模的剧增,研究生教育环节中的他律机制明显弱化。从课程教学到师生关系、学术训练,再到开题、预答辩和正式答辩,各个环节不同程度地"通融""注水""放行",培养质量堪忧! 循规蹈矩当然不是解决问题的根本出路,但适应规则、遵循法则却是质量建设的前提。加强研究生教育的质量管理无非是为了让学生养成符合研究生标识的言行习惯,管理规制仍旧应当以启发教育主体的内在自觉性为鹄的。

真正的自由以约束为前提,规范的存在正是为了保护人的自由。这就要求规范本身要适应学生成长、教育规律和社会发展。国务院学位委员会、教育部于 2020 年 9 月发布的《关于进一步严格规范学位与研究生教育质量管理的若干意见》中一共提到"规范"26 次,其中 8 次强调了"学术规范"。就当前的研究生教育质量的现实而言,加强规则、规制、规范至关重要。与此同时,如何构建一种更有利于促进学生自由生长的开放的政策与灵活的机制成为

---

① 刘庆龙.两种规训观及其教育意蕴[J].全球教育展望,2020(3):32.
② [德]康德.论教育学:附系科之争[M].赵鹏,何兆武,译.上海:上海人民出版社,2005:3.
③ [德]康德.论教育学:附系科之争[M].赵鹏,何兆武,译.上海:上海人民出版社,2005:5.

研究生教育新的命题。良好的制度设计无疑可以成为教育生长的强心剂。康德对此分析:"自由的人是独立地运用自己理性做出决定并为之负责的人;这种理想的人格特征只有通过教育,也即带有强制性的教育行动才得以发展。"①

　　研究生教育处于学历教育的最高学段,直接为受教育者未来的学术研究和高层次执业奠基。因此在思维方式、应对能力和学术规范方面绝对少不了专门化的引导、约束和强制。仅以学术写作为例,相应的规范要求就包含了对基础概念的把握和运用,对问题的提出和解释,对研究方法与工具的选择和使用,对文章的逻辑架构设计,对整体的谋篇布局以及细节方面的遣词造句等,每一个环节都考验着研究生的学术功底、规范和质量。"写作八股"虽然在一定程度上也会束缚学生的表达自由,却是保障学术品质的基准方式。良好的基础往往是腾飞的关键。有学者认为,研究生教育中的"知识逻辑、学科逻辑、社会逻辑和创造逻辑"是四个具有延续性并形成互相嵌套的网络体系。对于个体而言,研究生教育通常会经历模仿、改造和创新三个阶段②,这三个阶段的变化很好地体现了其适应规范,摆脱羁绊,最后实现个性腾飞的发展过程。

　　总之,规训与个性在逻辑上并非简单对立的,而是辩证统一的。尽管积极的规训和自由生长之间具有内在一致性,但在教育中将服从规训的能力和运用自由的能力结合起来仍然是一件困难重重的事情。大学是独立思考、思想自由的场所,有学者曾发出这样的感叹:"人的规训是一个多么枯燥无聊的主题啊。人的灵魂本是一座浩瀚的黑森林,教育却努力想把它打理成一处整洁的后花园;森林中满是野性的生命,教育却努力把它变成一块平板、一架自动机器。"③杜威希望教育的目的是"养成新的态度与性情",研究生教育要着力培养"真正意义上自由自觉活动的人",而非鲁洁教授所指的,失掉了一半

---

①　周丽华.用强制培养出自由:康德的教育观[J].教育研究与实验,2017(4):29.
②　刘贵华,孟照海.论研究生教育的发展逻辑[J].教育研究,2015(1):72.
③　何雪莲."这是为你好":论教育规训的隐秘机制[J].教育发展研究,2013(24):67.

的人性假设,失掉了一半的教育。①

　　显而易见,循规范而不逾矩,有才华而不"横溢",正是研究生教育的理想指向。规训应该成为学生个性张扬的起跳板,不能成为教育个性发展的天花板。从他律到自律,我们不得不先遵守规矩,再摆脱制约,继而奔向自由。为此,既要强规范,又要重人文;既要显法度,又要随天性。要因材施教,因校制宜。如若拆东墙补西墙,难免失衡而加剧质量矛盾。不论是强调规训还是重视个性,既不能奉之为圭臬,亦不能视之为草芥,需要在实践中去伪存真、去芜存菁、取长补短。

① 鲁洁.实然与应然两重性:教育学的一种人性假设[J].华东师范大学学报(教育科学版),1998(4):6.

第七章　品相觉察

范围不精确必然会影响测量,却并不会影响论证的本质。[①]

　　什么才是"对"的教育?只有沉心俯首弄清这个问题的答案,才有适时抬头去追逐"好"的教育的可能。如若没有明确什么是"对"的人(教育主体),什么是"对"的愿景(教育意图),什么是"对"的位置(教育岗位),什么是"对"的人们(教育利益相关者),什么是"对"的时机(教改作为),什么是"对"的方法(教育策略),怎么可能做出"对"的事情(教育目的)呢?

　　教育是有生命的活动,高等学校是活态的自组织机构。美国学者科恩和马奇在对美国 42 所大学实证研究和思辨的基础上提出了"有组织的无政府"(organized anarchy)模型。在这个分析视角之下,教育组织并非像人们所想象的那样,有统一而清晰的目标,技术线路明晰,程序规范,每一个问题与答案间都存在唯一的适切联系。其真实情形往往出人预料。教育组织内部的无序远甚于有序,人员、机构间的联系表面松散而内在关联。韦克把这类组织称为"松散结合的系统"(loosely coupled system),而科恩、马奇和奥尔森则把这类组织的存在状态称为"有组织的无序状态"。

　　有鉴于此,半个世纪过去了,时下盛行的对教育行为的甄别方式值得新一轮的系统反思,而频繁地以静态指针、外部考量的方式衡量教育质量的做法更值得人们进一步质疑。复杂多变的高等教育组织及其活动能否以简单

---

① ［意］奇波拉.人类愚蠢基本定律［M］.信美利,译.北京:东方出版社,2021:32.

的序号、条目、排列进行切分？价值多元的教育能否用一流二流、一类三类、一级三级来进行考量？多姿多彩的专业课程能否以金、银、铜、铁来标识归类？以体量、数量识别大学是否流于轻薄？以百、千、万划分人才是否存在谬误？以重点、示范划分院校是否会削弱其多样性？"激发民众想象的并非事实本身，而是它们发生的方式和被呈现在民众面前的方式。"① 偶发的、显赫的、外部的行为如何与教育的、学科的、学术的内隐学理相辅相成，依然是悬而未决且需要持久辩驳的问题。高等教育的品相看似表征于外，其实深藏于内。

第一节　见素抱朴，绝学无忧

伴随着社会的进步和发展，高等学校从无到有，由少至多，从小到大，由弱到强，其间关于什么是"好大学"的争论无休无止。孰大孰小，孰优孰劣，何以丈量？创新与守成，期待与失望，如何权衡？

一、"三品"兼修

近年来，相对于教育的数量与规模，高等教育质量隐患凸显，遭遇日渐严苛的拷问。然而，教育的周期性特征又使得直接的质量诉求很难立竿见影。一旦质量与品相关联，对于"品质"的追求就更需要耐心与毅力；而"品质"的实现，又离不开"品格"和"品味"两翼的协同。唯有三位一体，综合作用，质量目标方能水到渠成。

---

① ［法］勒庞.乌合之众：大众心理研究［M］.马晓佳，译.北京：民主与建设出版社，2018：46.

好大学者,品格当先。品格是一种德行,独立的品格体现大学的格局,它指向事物本身的意蕴。周敦颐所述"予独爱莲之出淤泥而不染,濯清涟而不妖",即指莲的品格所在。品格根植于文化,只有经过历史的积淀和文化的传承才致品格显露。不同的大学具有不同的文化渊源,表现出不同的精神特质。大学精神是品格的方向标,承载着教育者的寄托,附着求学者的期望,具体的表述就是大学"培养什么样的人",这是好大学必须回答的第一重质疑。

大学虽然拥得"头衔"和"地位",却并非能够同步攫取品格及其精神特质。有学者认为,一些所谓的名牌大学,似乎更像是开店、开公司;只有那些真正演化为学术殿堂的好学府,才能够培养出既健康、快乐又特立独行的人。大学是高等教育的核心载体,只有遵循教育的规律,追问学生的需求,适应学术的发展,摒弃跟风、持守真谛、放慢节奏、关注人文、创新科技,情怀多于工程,人性高于物性,才会培养出品学兼优的人。好大学者当然要有品位。品位不可模仿,不能复制,独到的品位体现大学的气质涵养。品位关乎内涵,外显于选择,内源于价值。大学品位反映的是"建设什么样的大学",这是好大学必须回答的第二重质疑。

如此观照,中国的大学几乎都是一个"味儿"。从培养方式、评价机制、管理模式到校区规划、文化建筑等都似曾相识,像一个模具在不同时间和地点的复制,无非大小方圆稍有差别而已。"五味""七彩""八仙""百家"之后方能够有滋有味,才会特色鲜明,也才可以求异创新。大学教育质量的有效保障,来自各种具体元素的完美结合,从校长、老师、学生、管理者到课堂、教学、考核、评价等,需要每一个要素对自身的品质追求和各环节之间的有效对接。而所有这一切的指向就是人才培养。因此,"大学拿什么来培养人",这是好大学必须回答的第三重质疑。

尼采曾说"呼唤意味着缺少"。人们对好大学的呼吁和追求,正说明构成大学优良品质的各要素自身存在问题,各环节之间的配合存在问题。目前大学中为权利、位格而进行的院系切分,分分合合的学科体系,成本庞大的行政组织,简单化的考核方式,机械呆板的评价机制,刻板僵化的服务系统……在某种程度上,大学正在逐渐远离"动态的、整体的、联系的、随机的、综合的"科学思维。而既不科学更不人文的大学,要去奢求卓越的目标无异于天方夜谭。

曾有教授说:大学之大,就在于视野和胸怀宽阔,不局限于一己之见;高等教育之高,就在于立意高远,不拘泥于当下之功。大学的发展需要哲学关怀,也需要科学引领,离开此二者,大学就会变得格局狭隘,了无品格和品位。品格和品位直接决定了大学的高度和深度,没有大格局、大胸怀,大学的高度自然难以凸显;没有不同的追求、真正的特色,大学的深度也挖掘无门。以"复制—粘贴"形式做高深学问研究而存在的中国大学,指望在口号声中实现卓越,终究会南辕北辙。

倒推回来,大学腾飞,需要走出功利"质量观"的裹挟,立足高品格,培育真品位,注重好品质。品格与品位两翼相助,品质作为主轴发力,如此,前端教育质量的目标自然能够实现。

二、宁静致远

教育一旦患上了"多动症",势必袭扰定力,缺少安静,难免折腾。又因为上面是"系统",下面是"总统",所以上面稍有响动,下面一定会翻腾躁动。中国大学之所以常常呈现出"被运动"的迹象,其一源自教育外力强盛而院校自主能力薄弱;其二源自上级对教育资源分配逻辑的不确定认知;其三源自学校稳居基层行政组织地位,从而无法固守长期而独到的发展策略。于是,在定期、不定期掀起的教育改革"虚热"之下,大学始终呈现出繁忙景象。各级领导十分辛苦地辗转于名目繁多的检查、考评、评估、巡视之中,栖身于校内外大小会场之上。而各级各类会议之后的贯彻落实号令,更使得大学内的芸芸众生不得安宁。

教学是中心,尽人皆知,但教育更需要周期性坚守方可润物于无声;学术是根本,这点不容置疑,科学研究更需要理性的实践与耐心的等待才能拨云见日。五花八门的"改革",变来变去的文件通知,莫名其妙的办学特色,换来换去的领导,常变常新的院校规划表述……高等教育即使走向繁华,也会陷入平庸。

学府越来越热闹,师生越来越紧张,这本不该属于大学的常态。意大利著名教育家蒙台梭利通过实验证明:安静的教育是正常的,而不安静的教育则是不正常的。中国古代倡导"主静言敬"的思想,有"静能生慧""静能开悟""静能证道"之说。《大学》有言:"知止而后有定,定而后能静,静而后能安,安而后能虑,虑而后能得。"[①] 世人也时常念兹在兹"非淡泊无以明志,非宁静无以致远"。

育人大计首先需要安静,教育本质上是慢工细活,教育过程偏于孵化而不宜易动,更不可揠苗助长。学术更是有其自身规律,具有连续性、稳定性而且因果呼应,忌急于求成。成功的教育业绩往往源自渐进式的积累,极少有突飞猛进式的巨变。大学如果一味响应外部诱导,无法"戒、定、慧",弃教育周期、学术规律于有意无意之间,那么,教育品质的提升亦难以如愿实现。

学校是教育的主体,在适者生存之丛林法则面前,大学作为一个自组织系统,完全有能力自动做出结构和功能调整以适应外界变化。因此,对于教育外部的上级部门而言,其应无为而治,还大学一片相对安静的空间;"萧规曹随",显然更有利于教育生态的和谐发展。

思维之花在寂静中绽放,在喧闹中凋谢!老子曰"治大国若烹小鲜",我们则期待"治大学若烹小鲜"。教育需要动静结合、以静为根,保持距离和张力。品质建设并非一定要整出大动静、玩出新花样,只需要安静的策略以及耐心的守望。守得安静,方能精进。只要学校不折腾,安心定位;只要教师不盲从,携兴趣走进课堂;只要研究者少功利,秉持好奇潜入实验室……由此,教育品质自然会提升,学生亦会敬畏高等学府。

---

① 辜鸿铭.大学 中庸[M].武汉:崇文书局,2017:3.

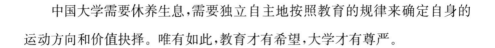

中国大学需要休养生息,需要独立自主地按照教育的规律来确定自身的运动方向和价值抉择。唯有如此,教育才有希望,大学才有尊严。

三、破解"无明"

进一步分析,当下极有必要反求诸己,重新面对教育以及高等教育的本源问题,必须先明确了"什么才是对"的教育,才可以进一步探讨"什么才是好"的教育,也才谈得上应该怎样去评估以及谁有资格去评估等一系列技术性的问题。

大学能走多远、教育能有多强、品质能达多高,无不与整体的动力机制和个体的动机密切相关,这其实是一个十分重要的常识问题。"成功不能以完成的工作来衡量,而应该用是否以正确的动机开始来衡量"①,那么,什么才是从事高等教育的动机呢? 什么才是我们发展大学的动机呢? 为什么要探究学术、为什么要培养人才? 笔者根据自己的思考,追问如下:第一,信仰无疑是促使我们走得最远的动机。然而,在现有教育制度体系中的人们(校长、院长、老师、学生)如果静下心来反思一下自己的行为动机,有多少人能够自信地回应并知晓自己的言行与信仰的关联度——我相信我的学科、我相信我的学术、我相信我的教育生命,这样的行为动机还有多少? 如果不能很好地回答这个问题,我们在教育理想的道路上又能走多远呢? 第二,如果不谈信仰,那就退而求其次,我们需要反思的问题在于对教育是否有情感。当提及古今中外教育史上无数感人的温馨故事,提及故事本身以及主人翁,我们心中无不充盈着对教育的深情。唯有对事业的真情实感才会给一代又一代的学子带来学业的希望和成长的启迪。而今,大学还有温度吗? 教育还有情怀吗? 我们不得不承认其实还是有所欠缺的。如若高等教育缺少了温

① [不丹]宗萨蒋扬钦哲仁波切.八万四千问[M].严望佳,戚淑萍,译.深圳:深圳报业集团出版社,2016:222.

情,教育品质又将归于何处呢?第三,动机继续下行,就谈到了兴趣。众所周知,兴趣是最好的老师。现如今,老师们对于所钻研的学科、所探讨的学问、所讲授的课程、所执业的专业还有兴趣吗?大学生、硕士研究生、博士研究生们对所接受的教育还有兴趣吗?抑或仅仅为了文凭而读书?如果师生对于高深学术的探究本身失去了兴趣,大学又怎么会有品质呢?第四,再往下,对动机源的检讨就滑到了需要层面。显然,人类的初始行为往往都是需要推动的,因为需要,所以行动,这一点毋庸置疑。但是,如果在一个庞大无比且看似繁荣的生存系统之中,有许多人仅仅是因为需要而工作,那就只能离品质渐行渐远了。跌落到最后一层,动机只得以"不得不"的形态存续。庄子认为人生大多"不得不",而要活出精彩、活出品质,首先必须摆脱"不得不"的陷阱。由此反思,现在高等教育系统中似乎有太多的人都在做"不得不做"的事情,如此,我们怎么可能走得远?高等教育又怎么会有真正的品质呢?

徐光宪先生说过:"上课比天大。"的确,请别再吹牛了,好好上课才是正理!笔者认为好的教学应该走三步、达三境:首先是认真规范;其次是热情洋溢;再次是饱含敬畏之心。时下教育规模扩张太猛,发展速度太快,所以有些院校其实连最基本的教育规范都未必做到位。理性的评估只能评底线,不宜评上限。老子曰"智慧出,有大伪",设定各种上限标准并辅之以要挟利诱,十分容易诱发作弊、作假行为。何为教育规范?何为大学逻辑?何为学科规律?这些问题只有学术共同体有权参与甄别。外部人士在并未深入院校教育与学术实践的情况下,仅凭借有限的材料以及肤浅的观察就对某一学校的发展指手画脚,而且还要教别人如何创新,指导他们建设"双一流",其合理性值得怀疑。真正的一流学术表现无不依托于长期不懈的学术坚守,并不能简单分解为工作目标甚至是年度绩效指标。回归学术本源和教育初心,潜心钻研,假以时日,创新自然涌现。所有的创新都不是凭主观可以设定的,人们无法预料并规定它会在哪所大学出现,在哪个学段出现,在哪类人群当中出现。

我们所能够做到的就是保证上限是开放自由的,而底线是不能触动逾越的。唯其如此,大学才能够在润物无声之际开出绚丽的教育之花。

如若从管理的逻辑讲起,管理促进教育品质提升的作用机理分为三个层次。第一层次是"管",效果指向于管住,力求不出差错;第二层次是"理",效果指向于理活;第三层次是"安",效果指向于安定。我们的高等教育疏离了第三层次,懈怠于第二层次,过分着力于第一层次。质量管理的重点往往落脚于"进一步加强管理",大家时刻都在操心怎样把大学里的学生、老师管住和管好。时下,人人热衷于"一流",大家都要"高大上",处处呼唤卓越,随时随地创新。笔者愚钝但认知笃定,对于时下高等教育的所作所为是否符合常识抱有相当的怀疑态度,执着地认定中国大学只有时刻反省"什么是对的教育",才有资格雄赳赳、气昂昂地去追索"什么是好的教育"。对于整体的教育体系而言,无论是发展促进机制、教育评价机制、约束与监控机制和综合管理系统,其任何时候都无法回避"什么才是真正的高等教育的常识"这个基本问题。无论我们的教育体系及其管理制度多么强大,如若不能导向、企及直至达成教育管理的第三层理想境界,亦即"安"之境地,使得老师安安心心地做学问、学生安安心心地读书、学校安安心心地办学,则高等教育质量管理就是有重大缺陷的。环境安静,个体安心,整体安定,难道不好吗?此"三安"综合构筑起维持教育品相的前提。

大学是一个活的生命体,教育运行的质量和效益由大量有形或无形的要素构筑而成,绝不是几个或者几十个简单的、有限的评价指标可以甄别出来的。指标有限,而品质无形,如何在这两端之间找到一个适切的接口是教育制度设计上的两难矛盾和永恒命题。假如我们借用佛学中的十二因缘理论来解构高等教育的现实作为,不难发现、也不得不承认当下喧嚣无比且不断被外在指标策动的教育行动,虽"名色"光鲜但恰恰属于"无明"之举。

第二节　高等教育普及化语境下的评价反思

　　即便在教育资源稀缺的时代,当受教育者在选择要不要接受教育的时候,隐性的、个别的、非制度化的评价就同步而生了,也就是说,乙(受教育方)对甲(教育方)所提供的服务自有判断。对不对、该不该、能不能、值不值的观察与抉择与教育自身的发展步伐如影随形。而在教育资源逐步积累,教育机会不断增加,教育竞争迅速加剧的情形下,甲、乙双方对彼此的评判要求也相应提高,伴之以社会发展及分工细化,所谓的第三方应运而生。随即,丙的评价与制衡作用自然凸显,并在现代教育系统中扮演着越来越重要的角色。

　　现代意义上的高等教育起源于欧洲中世纪,推进于工业革命,兴盛于20世纪。发达国家在20世纪下半叶相继进入高等教育普及化时代。之后,由学者特罗建立的一种解释性框架获得了广泛认同,特别是在中国备受青睐,成为政府教育改革与发展决策的主要参照系。于是,在诸多教育政策文本的制订或在讨论教育改革与发展实践问题之时,"精英""大众""普及"等相关字眼成为超高频率使用的关键词。与相关的话语方式流行同步,中国高等教育的发展步伐也迅即在最近的40余年,自豪地以跨越式的姿态从"精英化"迅速迈向"大众化",并如愿进入了"普及化"的大时代。相应地,数量与质量的矛盾同步衍生,高等教育发展的质量隐患逐步显现,质量保障的呼声也越来越高,无论是在政府层面还是在民间,对高等教育品质的诉求和质疑成为热点和焦点。近年来,伴随着越来越重要、越来越强劲的教育评估角色与功能的演进,针对高等教育系统中错综复杂的院校发展、学术研究以及人才培养问题,"该不该评""能不能评""评什么""怎么评"等一系列专业化评估的基本问题并未得到善解。教育评价看似简单,其实错综复杂,虽早有共识,但高校内外的疑虑始终有增无减,迄今尚待理论界予以更加深入明晰地回应。

以下不再赘述教育评价之"熟知的常识性表达""不容分说的政策话语""诠释性的学理论证""教科书式的功能陈述",只想结合中国教育改革语境,基于教育质量现实,紧扣高等教育普及化的发展趋势,挖掘一下教育评价的根性逻辑。

一、评价有盲区,要谨慎地厘清教育评价的标的

当教育资源的供给从紧缺到富足,越来越外显的评价活动推动高等教育陷入了盲区。其一,教育的生命感不停地被削弱。大学组织本来是一个活态的生命体,具有自组织调节机能,其置身于特定的社会环境之中,建立、发展、壮大,自有其生存之道。好大学、好学科、好教育、好学者、好学生、好成果离不开科学的评价,但实际上,上述这些内容根本上不是被评出来的。当下盛行的话语方式似乎颠覆了这个认知。鲜活的教育生命被网格化的指标分割殆尽,动态的教育系统被静态的指标框定,大学中的芸芸众生无不对标对策,寻找活路。远的不说,就看看千校一面的大学网站主页,听听众口一词的校长演讲内容,端倪毕现。其二,教育情怀逐渐淡漠,教育情义迅速流逝。师生在日常教育或学术活动中本应深切体验到的神圣感和意义感,现在对此却普遍淡化。以空洞无物或无情无义的指标为鹄的的评价活动交叉往复,把人们的注意力迅速地从教育的内涵引向了外延;评价活动可以有效甄别大学及其师生人人身上悬挂的标签,唯独评不出教育情怀的价码,判不了教育情义的斤两。因此,才会有学校调侃说:"我们离世界一流大学只有十米远了。"进入普及化时代,高等教育到了专注充盈教育组织与教育个体生命力的时候了!科学的教育评价目的在于不断激发教育组织的生命力,时刻唤醒师生成长的归属感,持续笃定学者潜心探究的真情怀! 而这一点,恰恰是当下教育评价的短板。

当高等教育从少数人特享的专利摇身一变成为普罗大众可以平等分享的权利之后,教育评价促进教育发展的大方向和质量标的是否越来越清晰且合理? 愚以为,高等教育评价在宏观层面的理想标的如下:要让教育更像教育,具有更纯粹的文化品格;要让大学更像大学,成为更加专业化的学术组织;要让老师更像老师,愈加彰显学者风范;要让学生更像学生,成为探奇求新的莘莘学子。如此衡量,中国高等教育的现实状况及其教育评价的效益显然不尽如人意。否则,就不会有那么多的过来人和学者不停地回望"精英化"时代的高等教育生活了。中观维度的健康标的包括:教育评价的结果能否适时反馈到质量的改进环节,有效促进教育多样化的发展,扩宽精英时代的单一口径,造就立体的教育生态,促使教育从一元转向多元,助力不同的院校去实现各自的目标。实际效果看来远未达到预期。当下高等教育的发展诉求愈加统一规范,中国大学组织越来越缺乏个性。微观角度的适切标的无疑要与"人才培养"这个高等教育的根本任务紧密关联,而人才的品质维系务必落实于师生并体现于师生。大学理应成为师生修炼的场所,以实现个体"身体、心智、智慧、策略、手段、机会"的全面发展。前三者是本,难以评估,后三者为末,易于甄别;前三者稳固,才能持续发力不懈怠;专注后三者,难免昙花一现而短寿。由此,高等教育不能舍本逐末。

二、评价有立场,要理智地辨明教育评价的理由

所有的评判行为都是有立场的。对教育供给方行为的评价,起始于受教育者,发展于教育投资者(政府或民间财团),兴盛于第三方专业机构的确立。仅从表面上看,作为被评价的学校组织及教育行为,在这样的关系系统中似乎处于被动地位,被要求、被约束、被指点、被筛选,最终所争取到的无非是被接纳的命运。然而,从本质上看,教育评价行为的生发无不依托并服务于教育目的本身。如果没有旺盛的教育需求以及教育的规模,教育评价行为就不

会产生,而其一旦不能够合理地服务于教育的健康发展,则教育评价行为就将失去存在的意义。因此,评价发生的动机到底源于外因还是内因? 评价到底该由他主还是自主? 学校到底是被动接受还是主动选择? 评价增加了压力还是动力? 评价是水到渠成的质量检验还是缘木求鱼的行为规制? 迎评促建的姿态是伪装的还是本能推动的? 这一系列问题都很重要,不能被忽略。

教育评价的立场和姿态决定了教育评价的话语方式。在强大的政策表述中,忽而要求大学"应该如此""必须遵守";忽而要求大学"不得这样"更"不得那样";一下子鼓励,一下子严禁;今天要"规范"明天要"破除";前十年"唯此"后十年"唯彼"⋯⋯作为教育运行的主体,高等学校何以适从? 破与立的科学逻辑何在? 谁说了算? 如此这般折腾之后,原本具有周期性、长期性运行特征的高等教育体系,以及具有自组织调节功能的高等学校被来自教育外部忽左忽右的政策体系所掣肘,畏首畏尾,不知所措。结果导致校校、人人把原本该投入学术探究和人才培育中的宝贵精力,耗费在了应付外部名目繁多的评价检查活动之中,于是就演绎出了世界一流的、轰轰烈烈的迎评促建运动。这显然是本末倒置了。

从学术维度分析,支撑教育评价话语的理由亦需要考证质疑。什么"对",什么"不对"? 当前一些官样学术文章把"教育评价"的功效描述得神乎其神,无与伦比,似乎好学校、好学科、好学者统统都是通过评价体系甄别和遴选的结果。其实,评价既有边界更有局限。教育评价与学术评判不能够简单等同,否则,教育评价过程中就少不了生出形式霸权,造成评判模糊,再加上仲裁机制的缺位,纠偏的可能性极小,评估的副作用就会大幅度衍生。教育评估专家们常常通过浮光掠影的材料审阅辅之两到三天的校园巡察,就可以对一所大学的教育学术和人才培养说三道四、指点江山,振振有词地指出被评院校的错误与缺陷,圈点出弱势与短板,断言特色与创新,肯定自己认可的,否定与自己看法不同的,其合理性依据及可行性逻辑相当值得怀疑! 大学是一个超复杂的文化系统,历史基础不同,人文地理不同,经济状况不同,学科结构不同,师资团队不同,学生来源不同,学校要生存、要发展,自有考量。外人隔靴搔痒,何以轻易做出论断而干扰到学校的命运?

教育活动和学术状态虽有量化内容,但更多的部分只能够加以模糊评论,并不适合做精准评价。无论是综合评估还是专业评价,均涉及估价与研判的可行性和科学性问题,这绝不是小问题。估价者的话语表述往往大而泛之,诸如,方法不妥、逻辑不严、研究不深、形式不完备、论据不充分、结构欠妥、观点不明确等,似是而非,反正说多说少都"不错",但其实大家都不明确"如何才对"。而研判者则有必要对论点正误进行辨析,指出观点对错的理由和结论科学与否的缘由,还要对所谓"不妥"的教育行为进行矫正商榷,同时讲明"为什么"必须如此。此举何其容易?

三、评价有时态,要端正教育评价的因果关系

教育质量既不是评出来的,也不是从天上掉下来的,更不是凭主观想象而得的。教育生长的状态终究离不开学校组织及其师生个体的点滴言行和持续作为。对于聚沙成塔的教育所做出的评价到底是凭借主观推测还是依靠客观判断,这个问题并不简单。现如今,许多人张口闭口言必称普及化高等教育时代即将是一个"高质量发展"的时代。这个论断不知从何而得?其用语时态尚值得认真推敲。面向未来,社会进步加速、人工智能挑战,中国高等教育是不是能够自然进入,或者按照主观时间表如期进入一个高品质、高质量、大发展的时代,也同样不是依据口号、意愿和猜测就可以达成的。显然,更不可能简单地通过现实的评估就排定出未来一流大学、一流学科、一流学者于某一时刻在世界上的位次。能够进入、计划进入与梦想进入大相径庭。换言之,"一流"有别,事实与打算不一样;"建设"亦有别,在建与建成不一样;"进入一流"也有别,判断与臆断不一样。仅从评价用语时态上看,已经、即将、计划、打算、念想,统统不能同日而语。

与此相应,当人人都在畅谈"一流"的时候,我们到底在谈什么? 万物因果相连,如果人们只谈未来的目标和预期的一流结果,而闭口不谈或者极少谈实现一流目标的原因和条件(亦即高等教育的办学规律)的话,与痴人说梦也相去不远。教育部部长明确指出了"四个回归"的正确发展方向,教育评价组织及其专业化的活动本该以此为准绳,大力促进教育行为的有效回归,而非相反。教育回归常识无疑是正确的归因方式,那些在漫长的教育历史长河中得到公认的真理性教育命题始终应该成为教育评价活动的指南。比如,"没有爱,就没有教育;只有爱,也没有教育",这是对教育动机的拷问。又如,"一分耕耘,一分收获",跨越式的教育发展跳过了哪些环节? 舍弃的环节经得起质疑吗? 再如,"最好的教,就是让学生学会学;最好的学,就是让学生给别人讲",这岂不早已契合了新时代教与学的翻转趋势? 还有,"一把钥匙开一把锁",传统教育训导如此,未来因材施教亦属必须,而当下评估所好之变来变去的教育模式难道不值得怀疑吗? 再者,"教育科研是做出来的,而不是写出来的",类似教育研究中理论与实践的常识性逻辑是否在评价中被颠倒了,所以大家才不得不细数成堆的立项课题来衡量一所学校教育的优劣? 最后,"名师名校无法速成",这无疑是对现行匆忙慌乱的教育发出的预警,中国高等教育独缺的,正是对教育生长与学术孵化周期的耐心等待。

上述列举的种种常识,是教育活动因果律的典型写照,恰恰是这些基本的常识性命题构成了教育"结果"的"成因"。类似常识是否在教育行动中得以彰显和实施,并在评价过程中得到首肯和保护,是衡量院校质量评价活动科学与否的关键。也就是说,当结果既定为事实,评价"结果"的意义其实并不如想象的那么重要,而通过合理地评价,沿着教育的因果律,努力将注意力吸引至"原因"的挖掘和改变上来,才是教育评价发挥积极作用的最优化选择。换言之,教育评价要努力去做"对的"事情,促进学校去把事情"做对";借助专业评价让学校去改变"原因",而无须耗费师生大量的精力去迎接一批又

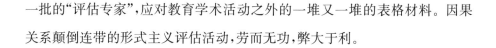

一批的"评估专家",应对教育学术活动之外的一堆又一堆的表格材料。因果关系颠倒连带的形式主义评估活动,劳而无功,弊大于利。

四、评价有阶段,要适时调整教育评价的重心

万物生长有节律,社会现象也不例外,从无到有、从少到多、从简到繁、从轻到重,在不同的发展阶段每一件事情的轻重与优劣都是相对的。要做到科学合理就必须通过适时而适度的重心调节,才能够有效契合不同发展阶段的不同需求,教育发展因之而健康有序。以道家"三生万物"的阶段来划分,人类的社会生活与生产方式无非在"三"的逻辑里循环往复,大有规律可循。人类生活起初"简朴",然后越来越"烦琐",到后来以追求"简约"为品质;社会时尚先从"新奇"发端,然后引发"从众"潮流,继而以显摆"奢侈"为标的;在生活消费方面,初期拮据而"入不敷出",随后占有且"挥金如土",后来知道要"环保生态"方为高尚;世相人生免不了从"小众的个体"出发,之后努力挤进"合众的群体"以求认同,最终发现只有"大众的个体"才能够如鱼得水;而文化选择的步履,起初必须唯他者"马首是瞻",随即彰显个人以"自鸣得意",最后拥抱自由从而"相互欣赏"。以上诸例终周而复始,归于大道自然:先自然,继而摆脱自然,最后回归自然。对应辨析高等教育的生长,无外乎早期的精英化,其后的大众化,今天的普及化。每个发展阶段的重心不一样,因此,每个发展阶段的质量评价关注点也应该不一样。进入高等教育普及化阶段之后,评价的重心有必要依据相应的逻辑进行渐次调整。

重心位移的目的当然是更好地服务于高等教育的健康发展。精英阶段的教育评价重在资源,大众化阶段的教育评价重在公平,而到了普及化阶段,教育评价的重心当在内涵。所谓明晰高等教育的内涵,知易行难。现代高等教育历经千年发展史,尚在不断探索。中国高等教育历经百年磨难,仍在孜孜以求,未得善解。进入新时代,对于高等教育的内涵品相,政策导向是"科教

兴国,办学方向,立德树人",学理表述是"大学理想,科学追求,教育情怀",个体实践则离不开"生命体验,好奇探求,成长故事"。在普及化教育时代,谋大谋小也成了问题,贪多求大的取向可以适当放下,小众个体的培育应该得到更多关注;动静取舍也需要权衡,静态的业绩指标可以铺陈宣讲,但鲜活的生命故事则需要深入发掘;烦琐还是简约亦需要调整,大道至简至易,逻辑愈简,覆盖面越宽,评价方法越简单则副作用越小;评价的内外力量的协同作用尤需关联,外部评价应该偏重于"问责",而内部评价着重于"品质";运动式评价需要大幅度减少,规避形神两分的评价,实质意义上的学术反省、自查,以及学术共同体间的互动交流应该大力加强;术与道的重心更需不断调适,重机巧的评估技术要适度,智慧型的质性研讨应该得到凸显。概言之,不同的阶段说不同的话,轻重缓急不能同日而语,教育评价理当有相应的对策。

综上所述,根据事物演进的逻辑,教育评价活动在高等教育普及化阶段当然还会大有作为,但真的很有必要调整战略战术,从而使得教育评价的作为更加合理、科学,更加有意义、有价值。未来,纯粹定量的办学状态数据完全无须人工介入,只要做到及时、真实、客观、公正地发布,社会大众可以据此做出各自适切的选择,则善莫大焉。纯粹静态的教学科研指标也无须专家参与、劳心费神,由中介机构和工作人员罗列比对即可,只要能够尊重事实,客观公示,则不同院校的教育运行状态也就一目了然。唯有在动态而错综复杂的人才培养生境和学术研究领域,才需要谨慎地在学术共同体之间开展专业化的甄别、商榷,促进平等交流,实现友好互动,也才有可能得出相对合理的评价结论或建言对策,而接受与否,亦必须由接受主体自主裁定。只有本学校、本学科、本学者,才是自己教育质量和学术生命的最终决定者。

积极的评价活动,引导教育活动由表及里;消极的评价活动,促使教育由内而外。教育普及后,社会迫切需要还给高等学校更多自主生长的空间,让师生更多地专心于教育本身,这才是评价的本分和圭臬。彼时,如果他者非要来评估,最明智的选择还是少评。

　　总之,就高等教育的质量建设而言,评价有功,但绝非万能,当中国高等教育进入普及化时代之后,教育评价的方向、方式和方法亦需要进行相应调整,必须规避盲区、明确标的、分辨因果、调整重心、评判有据、谨慎作为,既知其可为,亦知其不可为。面对有生命的教育活动和动态的院校行为,必须知道有的评不了,有的不能评,有的无须评,有的须慎评。去繁就简之后,教育评价方能够规避副作用而更好地践履其推动教育进步的使命。

第三节　达成"四律"共识,化解"五唯"焦虑

　　在中国教育发展的语境之中,"唯分数、唯升学、唯文凭、唯论文、唯帽子"的问题日益凸显,积弊自有源头。化解"五唯"焦虑的方法不在"唯与不唯"或非此即彼之间。"五唯"的症结肇始于"唯独",而"唯独"的破解之道在于"唯实","唯实"的根本无非放弃"一维"实现"多维",最终落实于"唯众生(非权贵)""唯本体(教育存在)""唯实践(真理标准)"的教育之中。为此,必须在高等教育的利益相关者之间达成"四律"共识,通过对教育规律的重新认知去改良教育的促进和评价政策,以灵活开放的制度来激发教育组织的生命力和创造精神。如是,中国高等教育必将焕发勃勃生机。

一、唯独积弊

　　近来,高等学府里热议的话题之一莫过于"五唯"的破解,领导有指示,政策有明鉴,业界有响应。这个论题的发端是习近平总书记在全国教育大会上发表的重要讲话。他高屋建瓴地指出,"要深化教育体制改革,健全立德树人落实机制,扭转不科学的教育评价导向,坚决克服唯分数、唯升学、唯文凭、唯

论文、唯帽子的顽瘴痼疾,从根本上解决教育评价指挥棒问题"。紧随其后的贯彻行动以及专题研讨似潮水般延展开来,后续出台的行业文件和领导讲话又各有侧重,于是,就有了不谈帽子问题的"四唯"说法,以及强调资历和奖项而不提分数和升学的"新五唯"提法。"诸葛亮"们指点江山,各显神通,似乎原来横行霸道的"五唯"皆他人之过,责任均不在自己,而彻底破解"五唯"困境的希望也迅速在上级的一声号令之下曙光乍现,成果大有近在咫尺之势。理智地分析,"唯"是动态词,代表主观取向,有强烈的动作感,既可以"一唯",亦可以"无数唯",因此,"四唯""五唯""新五唯"怎么说都不重要,无非似扑灯蛾般忽而东、忽而西,缺乏定义,亦无理数。

就当前情况看,高等教育界的反应大体一分为二:在行动方面,作为办学主体的高等学校及其内部习惯于被指导、被安排、被指挥、被引领的科研处、人事处、教务处等相关部门,忽然觉得不知所措了:如果论文不计篇数、级别、奖项,学术没有项目及经费支撑,也不再为人才头上戴着的那顶金光四溢的帽子议价了,那么评职晋升以何为凭,奖金发放以何为据,引进"帽子"下面的那个"光头"又有什么价值呢? 于是乎,所谓的"管理工作"当即陷入了进退维谷、左右为难的境地。因为原来所依靠的那些计量指标和操作规范经过多年的运作早就习以为常,形成惯性,不论其合理与否,均十分容易贯彻实施,现在如果统统不提了,师生们的教研业绩居然不知道该如何判定了。而在舆论方面,专家学者犹如才被政策从梦中唤醒,短时间内纵横捭阖,尽数"五唯"之弊,不吐不快,详列化解之招式策略,听起来易如反掌。其实,就笔者看来,"五唯"之弊根本不在"五唯"本身,无非"唯独"或称"一唯"而已,而"唯独"的现实体现无非是"唯上""唯书""唯外"。中国教育科学院研究员储朝晖说:"'唯'字的根源是超越专业权力,甚至凌驾于专业权力之上的权力。"① 分数是学习状况的计量刻度,何错之有? 升学是教育层级的自然递进过程,何错之

① 袁一雪.第五轮学科评估将迎重大变革[N].中国科学报,2020 - 08 - 25.

有？文凭是学业合格的一纸证明,何错之有？论文是科研成果的文字记载方式,何错之有？"帽子"是追求品牌格调的一种标志,何错之有？面对鲜活的教育生命主体,只要坚持实践是检验真理的唯一标准,学校想"唯啥"都不错。只是长期以来,高等教育领域"唯上(规训)"的举止、"唯书(教条)"的因循和"唯外(逐利)"的言行,严重干扰、大幅削弱了学术和教育自身的价值逻辑,积重难返之后,才叠加出了现在教育界人人诟病的"五唯"之重症。20世纪著名的管理学大师彼得·德鲁克早就有言在先:奖励什么,就得到什么。奖励天才,就会得到成功者,奖励做戏,就会得到演员。[①] 因此,"五唯"之弊正是教育政策及其奖励实践的一元化倾向日积月累形成的必然后果。政策鼓励、资源聚集于"一唯""唯独"之途,容不得曲径通幽的人文路径,等不及循环往复的科学实验,耐不住润物无声的教育耕耘,当然也就怪不得大家要争先恐后,扎堆抢夺同一高地了。历经千年的高等教育发展史表明,唯有政策开放多元,才能造就百花齐放、百家争鸣,继而创新迭出的教育局面。未来,分数还是要登记,升学也要不间断,文凭当然要获取,项目研究要进行,学术论文必须写,学问帽子尤需努力博取,否则,何以证明教书育人的合法资质？又有何资本去攻克学术前沿,攀登科学高峰,践行立德树人的功绩呢？

早在延安时期,陈云同志就提出了"不唯上、不唯书、只唯实"的至理名言。如果说"实事求是"是辩证唯物主义不断发展过程中的一个重要范畴,那么,"不唯上、不唯书、只唯实"则是陈云对其含义做出的通俗易懂的诠释。在高等教育领域,"唯书"所体现的本本主义和教条主义,"唯外"所体现的功利主义和机会主义,这两种表现均与"唯上"直接关联。此"三唯"追求聚合而成"唯独"的高等教育价值取向,对冲了教书育人服务于多样化生命成长的本质,高深学术致力于文化科学推陈出新的根性,以及高等教育促进社会改良进步的天职。

---

① ［美］杜拉克.有效的管理者[M].吴军,译.北京:求实出版社,1985:75-97.

　　"五唯"积弊深重,自当摆脱。如若"不唯",又该何去何从? 于是,许多人提出了新时代的各种"该唯"之事。孰是孰非?《历史的教训》一书这样说道:"历史嘲笑一切试图强迫将其纳入理论范式和逻辑规范的举动;历史是对我们概括化的大反动,它打破了全部的规则;历史是个怪胎。"① 正因为如此,举凡"唯与不唯"皆不能够草率选择,也不能够由谁来主观圈点,更不能够朝令夕改、政出多门、即兴绑定。虽不能预设框定,但高等教育的健康发展毕竟是有方向的——实事求是的教育发展首先要保证遵循教育的规律,而"唯实"就是检验政令言行是否遵循了教育规律的合法参照系,通过"唯实"大力激发大学创新,激活学术生态,释放教育生产力,这无疑是破解"五唯"的有效法宝,更是促进新时代高等教育发展的正途。

　　进入 21 世纪以来,学刊、学者与学品的生存形态也发生了巨变。一般而言,一份好的学术期刊,通过持续的努力搭建起个性化的学术平台,吸纳、聚集一批志同道合的学者同仁,卧薪尝胆,假以时日,迟早可以成就一批甚至是一代有品质的学术达人,继而通过多元文字的碰撞,最终为实现某种独特的学术理想锦上添花。

　　然而时至今日,这种单纯的办刊理想变成了天真的愚痴论断。学刊不知何时逐渐流变为秉持"学术"之名的世俗权杖,靠级别分为三六九等;学者变成了在学刊上靠字数记工分、凭等级拿奖金以晋职级的码字工;编辑们纠结于各种关系荐稿、名人应付来稿、无名小卒文字、写了也白写的文字以及众里寻他千百度的精品文字之间;主编们起初无不信心满满,但办刊宏愿落实于版面之后则左右为难,无比困顿,劳心费神。既要追求品质,又要兼顾关系,既想独树一帜于内在品格,又不得不向外在评价指标低头。学品的坚守、学刊的生存、作者的创造精神以及目标读者群的聚集等办刊常识,现如今已经变成了天大的问题。

---

　　① [美]威尔·杜兰特,[美]阿里尔·杜兰特.历史的教训[M].倪玉平,张阅,译.成都:四川人民出版社,2015:6.

于是,阅读者不再根据自己的兴趣偏好去寻觅那些与众不同的、有品位、与个性相契合的学刊,作者也渐渐不愿把自己的文字提交给那些本来平等而现在却被评价圈套分化于局外的杂志。极少有人自由挥洒文字来描述自己的学术志趣和穷究学理的梦想,激情文字从此销匿于"严肃""科学"的写作要求之下。现在很难想象鲁迅的文章可以在哪一种刊物上发表;梁实秋的谐趣短文可以在哪一类核心期刊上呈现;当年不知名的华罗庚之演算会不会被列为国家级课题而在相应核心刊物上露面;早年费孝通的社会调查报告或刘文典的庄学考证文字能不能跳脱边疆地方刊物而被国家级"高大上"的杂志垂青。"千字文"消失了,因为字数未达到所谓职称论文的数量要求;不拘一格的表述没有了,因为不符合所谓的学术伦理规范;任何想象的、灵动的、假设的、超凡脱俗的、出类拔萃的文字越来越少了,因为不确定是不是值得等待,让时间去证明新理论的真伪。从此,文章的风采光泽大打折扣,极少有志趣相投的一群人会稳定执守于某种期刊,痴痴等待下一期付梓,争取在第一时间拿到,然后蜷缩于某个安静的角落,如饥似渴地阅读,养眼、入心、爱不释手。一元化的期刊评价标准削弱并且摧毁了多元化的学术思想园地,愁煞了整整一个时代并陷入两难的学术期刊操办者与百千万委曲求全的作者,虽然兴盛了出版发行业,填充了阅览室的书架,却毁掉了一代学者、学子对于学术阅读的兴趣!

体制化的所谓"项目"、"基金"抑或"工程"之研究结果,因为其连锁价值而挥发出不可撼动的马太效应,是故往往得到各级、各类学刊的拥戴。这些被冠以"国家级"或者"省部级"课题的"成果"为了界别"校级""自命题"等其他学问,还要附加越来越多的"前缀"以彰显其高大,比如"重点""重大""专项""联合攻关""协同创新"等,而"后缀"却清爽得多,因为大多数研究课题的价值基本上是以刊物发表为终结标志的,后续价值无从考证,当然也无人问津。

就学术期刊的命运和生态环境而言,不同的等级划分与异彩纷呈的学术思想是在不一样的两个维度间铺陈的。前者纵向相差,后者横向有别;前者是体制格局,后者是学术丛林;前者与身份标识和含金量相关(版面费以及发表后附带的奖金),后者与个性品质和志趣性相关(作者、读者迥异,各行其道、殊途同归于学术共同体)。

学者通过学刊追求学品,本属一段善缘。其经由学者的善念、学刊的善行,继而结出学术的善果。然而,矛盾接踵而至了。学术期刊,总是要研究问题的。第一,孰"真"孰"伪"就触及纯粹专门化的问题——作者说了算还是编辑说了算? 同行说了算还是组织说了算? 第二,什么样的选题才有价值——国家级课题还是省部级课题? 地方化选题有用还是学校的学科建设指南有用? 理论的无用与技术的实用如何权衡? 第三,什么样的文章才是好文章——合群应景的文字有可能大红大紫、登堂入室,也有可能轻如浮云、随风消散,孤独而小众的思想表述有可能成为引领未来的精神支柱,也有可能一钱不值! 第四,什么样的作者才受欢迎——名人大腕儿不用说,最好在教授称谓前后还有诸如"院士""杰出人才""博导""校长""学科带头人"等定语相加,如若不够,还有类似"首席""特聘""拔尖""英才"等诸多形容词以为备选。而闲云野鹤、天马行空的人文思想者,不入流的科学怪人以及一批又一批既无畏又无名的学术新秀,必须历经学术标准以外的种种非专业磨难,披荆斩棘才能够突出重围(幸运者会在青春的率性被打磨干净,想象力、创造意识尚未被消耗殆尽之前被人关注)。第五,规范化对于思想的表达是促进还是遏制——人人高呼创新,却不知创新的本质是求异;规范标准是办刊的 ABC,规范写作是作者的 ABC,但是如果 ABC 成为奇思妙想的藩篱,成为学术趣味和探究精神的绊脚石,甚至各种文章论证的结果都不约而同地导向了 ABC,似乎就荒谬绝伦、事与愿违了! 研究范式固然重要,但问题本质及其突破更关键,一旦影响因子、转载率、引用率、注释、参考文献等细节规定超越了论点独创性本身而成为刊物能否栖身"核心"行列的条件,自然就有人开始作假了。第六,人文与科学的融合与对撞不可避免——就学刊内涵而言,学科特色不仅宣示于刊名，表征于扉页，而且实实在在体现于所刊载的每一篇论文之中。人文的色彩感是其精髓，科学的敬畏心是其本真，即便是学科交叉的论证也必然存在内在的激情关联，无论人文还是科学，好奇、志趣与敬畏充盈其间，刊物因此才富有生命的活力。

二、唯实辩解

教育生命是多样的，与之相应，评价要"唯实"当然就不能"唯一"，而只能够"唯多"。"多"恰似文化教育科技进步的催化剂，可以成为化解"独"的生境和突破口，善治"一花独放不是春"的困局。"多与实"能够促成开放系统，"一与独"容易形成封闭系统。封闭必然导致"唯上""唯书"的学术范式，而开放则有助于促进"唯本体""唯生命"的教育追求。

然而，"唯实"并不简单，更不容易。何以为"虚"，何以为"实"？这绝不仅仅是个操作性的问题，根本上还是认识和哲学层面的问题。认识决定思想，思想引发决策，决策确立导向，导向引领评价，评价连带资源，资源诱发行动。而进一步将其置入高等教育现实情境之后，很容易造成被模糊、被混淆甚至被颠倒的困局。如若文化认知和教育决策出现差池，高等学校的行动导向亦会相应出现偏差；如若功利诱导的回报过于直接，则机会主义必然盛行，紧随其后的评价活动当然就不可避免地引发资源误集、急功近利、重利忘义、舍本逐末等一系列连锁反应，最后，舍弃了根本的教育必然走向虚浮，造成集体平庸，甚至有可能误入歧途。

"唯实"之举重在"唯众生（非权贵）""唯本体（教育存在）""唯实践（真理标准）"。"五唯"积弊的根本原因就在于本末倒置。多种巧立名目的教育评价活动假借五花八门、自以为很"实"的指标，把教育的生长活力捆绑框定了。所以，笔者有必要对直接关乎教育生命发展指征的"虚"与"实"做一番正本清源的讨论。

历史经验证明,要解析中国高等教育的变迁逻辑,如果仅仅从现象层面展开,无非缘木求鱼,难得善解,再加上当今时代的风云变幻以及主观臆断政策的嬗变,致使教育的问题愈发错综复杂,必须从根子上剖析开来,才有助于明了究竟。否则,三十年河东,三十年河西;此一时也,彼一时也;一管就死,一放就乱……周而复始,终无法避免同一种毛病在不同的时期屡屡再犯。众所周知,仅就教育改革与发展政策的号令及其评价的话语方式而言,其变化多端而且难以把握。例如,何时该,何时不该? 何时准,何时不准? 何时大力倡导,何时严厉禁止? 说法不一还常变常新。上行下效之余,教育改革的初衷和美好意愿随着政令指标信息的逐级传递而变形衰减,高等学校及其师生面对变动飘移的"风头"往往会陷入迷茫而不知所措。对教育发展的促进和评价如若取向于"唯实",首先得要明辨教育活动的虚与实,否则难免落入刻舟求剑之陷阱。对此,我们不妨从中国传统文化思想中找一点依据。

老子称:万物生于有,而有生于无。所有的事物从表面上看起来都是有生有,却不知道内在的衍生逻辑其实是无中生有。"三十辐共一毂,当其无,有车之用。埏埴以为器,当其无,有器之用。凿户牖以为室,当其无,有室之用",结论是"有之以为利,无之以为用"。① 办学需要条件,需要地盘,需要大楼,需要资金,需要设备,本无可厚非,但是如若缺少精神,没有文化理想和科学梦想,即便短期上位,抢占了山头,也无非昙花一现。人是有生命的个体,学生、学者的生存需要以物质为前提,教育的理想要指向健康、快乐,如若缺少灵魂和意志,找不到价值的归依,学者何以创新并成就自己,何以成就一代又一代的新人? 只有在这个意义上,我们才能够理解为什么条件极其简陋、内忧外患的西南联大,可以连续地、非偶然地培养出那么多的优秀人才;才能理解井冈山的革命者"小米加步枪"的内在力量;也才能明了为什么有些"小"大学创造出了大成就。华中科技大学的涂又光先生说:文化是"有而不在"

---

① 顾悦.道德经[M].西安:世界图书出版西安公司,1997:14-15.

的。你可以深切地感知到，却无法简单地呈现出来。这样看来，我们在迎接教育评估时领着专家们逛一逛校园，看一看根据指标要求拷贝出来的一堆堆同质化的支撑材料，能否就可以有效证明该校的办学精神、教育理念，而且还要求"具有特色"甚至是"一校一策"？庄子指出："人皆知有用之用，而莫知无用之用也。"① 在人工智能粉墨登场的现代乃至未来，什么才是有用的专业？什么课程学了更有用？家长不了解，社会不清楚，你以为搞评估的专家就都懂吗？传统教育重知识之传教，未来教育必重智慧之培育。今天的高等教育，如果再不努力成为"转识成智"的文化组织，继续痴迷于"看起来有用"的"五唯"应景之作，而轻视"无用之大用"的人文智慧、教育情怀和科学精神，就真的对不起老祖宗的真知灼见了。《易经》有云："形而上者谓之道，形而下者谓之器。"② 道器并举，协同作用，"以道莅天下"③ 当然是现代高等教育最好的选择。然而，今天大学之所做所为以及通过浮光掠影的评价活动所促成的状况，在杨叔子院士看来，无非偏重了"制器"而忽视了"育人"，他明示：教育不是制器。④

佛学北传，中国禅宗兴起，开辟了新的智慧天地，与儒、道融合，充实了中国传统文化思想的宝库。其对世界的解构方式极为复杂，包括"二圣谛、三法印、四圣谛、五蕴、六识、八正道、十二因缘"。笔者根据自己的研习体会，结合中国禅宗的智慧，透过当今社会现象，尝试从"俗谛"与"真谛"两个维度对"虚与实"的问题进行一番深入的辩解。前者是世俗见地和求索重心，后者为根本认知和真理诉求。笔者紧扣当下的高等教育发展实际所创建出的表格（如表2所示），可以直观地说明教育评价行为取向的轻重、虚实及其引发的后果。

① 郭庆藩.庄子集释[M].北京：中华书局，1961：186.
② 徐澍，张新旭.易经[M].合肥：安徽人民出版社，1992：377.
③ 顾悦.道德经[M].西安：世界图书出版西安公司，1997：84.
④ 董云川.找回大学精神（修订本）[M].2版.昆明：云南大学出版社，2001：修订版序.

表 2　虚实辨析表

俗谛	真谛
像	象
声	音
外	内
近	远
形	势
术	道
表实里虚 （看起来实，其实很虚）	表虚里实 （看起来虚，其实很实）

　　第一，"像"与"象"这两个字的差异从表面上看，在于有没有单人旁。其间真正的区别却是前者是看得见的，比如影像、图像；而后者是看不见的，比如天象、气象。哪个词更接近事物本真？显然是后者。第二，"声音"一词由两部分构成。"声"是听得见的，而悦耳与否，有没有磁性，好不好听，这是由"音"所决定的，所以才有"余音绕梁，三日不绝"之说。第三，众人皆知"内外"有别。"外"所重者，条件形象而已；"内"所求者，品质格调也。孰轻孰重，不言自明，然世俗之举皆跟风追潮，外取喧嚣。第四，事物发展有"远近"之差。高瞻远瞩与急功近利之间的差别不言而喻，高下立现，然而一经转化为现实行动，却极少有人舍近求远，大多数争先恐后，唯恐失去滩头。因此众生皆慌乱于燃眉之急，而漠然于诗和远方。第五，再看"形势"一词，原本各属一端，《孙子兵法》曾分篇而论："形"者，兵马、粮草、辎重、兵器也；"势"者，时机、布局、气场、变数也。自古以来，以小博大、以弱胜强的事例无数，皆得之于后者；而贪多求大、昙花一现、徒有虚名者却往往前赴后继，重蹈覆辙。第六，战略、策略，无非"术"与"道"二者的切磋契合，然而世人无不陶醉于花拳绣腿，却鲜有庖丁解牛的觉悟——看起来游刃有余、机巧方术，其实得益于融通天下之无形之大道。

　　事物皆有形神两面，前一部分是表实里虚，亦即看起来实，其实有点虚；后一部分是表虚里实，就是看起来虚，其实相当实。无疑，当下高等教育的发展及其评价诉求表现出非常明显的重心失衡之象。我们以为前者"实在"因而重视有加，以为后者"虚无"因而忽视轻待。于是乎，当前某些流行的教育文化形态和学术探索言行，就落入了虚实错位、本末倒置的深渊且不自觉、不自知。抉择不当、重心偏颇之后，被弱化的恰恰是大学理想和教育情怀，被忽视的有科学精神和探究理念，直截了当地说就是缺思想、缺情感，还缺价值共振。这些看起来"虚"的东西恰恰是近年来教育评价及发展诉求中最缺乏的"实"的东西，必须被人们高度关注。高等教育的发展进步，从来离不开虚与实并举的协同功效，以及对有形物质与无形精神，稳定制度与创新思想，明确手段与动态资源的综合运用。回望现实，分数是中性的，如何看待分数才是有意义的；论文是中性的，如何评价论文质量才是根本的；升级是无可厚非的，如何选拔上位才是合理的；文凭是没错的，怎样获得文凭才是重要的；学术探究是必须的，但人人都立项却是值得怀疑的；学术成就获奖顺理成章，但把获奖作为科学研究的出发点是荒谬的；帽子依然可以成为时尚的装点，但戴着帽子的脑袋才是是非曲直的源头。现在的症结是阶段性的选择失当：该抓的没抓，不该举的乱举；该放的没放，该管的没管！

　　一言以蔽之，形神相较神为根，虚实权衡实为本。这里的"实"正是学术真理、实践智慧、教育规律、文化法则、科学逻辑；教育"唯实"，就是要唯学术、唯真理、唯人性、唯生命、唯文化、唯科学。未来与"唯实"相适应的教育促进活动应该理性划定边界，不能喧宾夺主，僭越边界。必须承认，许多外部的政策干预和评价活动所不能企及的领域恰恰是高等教育发展最精髓的和最需要填补的空白地带。有鉴于此，教育评价要适可而止，知止则不殆①。

---

　　① 顾悦.道德经[M].西安:世界图书出版西安公司,1997:61.

三、"四律"共识

高等学校及其所属的学科和学人综合构成了一个超级复杂的教育生命系统,绝非简单固化或者变来变去的评价体系可以甄别出来的。事实上,高等教育系统天然具有自组织本性,其发展演进过程正是一个典型的自组织过程,自创生、自适应、自生长及阶梯演进形成了高等教育教学以及科学研究活动的主流。高等教育的改革与发展无不在确定性和不确定性的辩证统一进程中,在组织和自组织机制的交互作用中得以实现。举凡政策理性的管控方法或技术理性的解释方法,都难以揭示清楚复杂的学术系统和教学过程生成与运行的动态机制。高等学校这个复杂的组织系统一旦运行起来,内部的学科、专业、学者、学生以及外部的政策、环境、资源、用户之间就必然会产生无穷多的交互作用关系,联动起微妙而多重的精神和物质反应。在这个充满着不确定性的演进过程中,政策生成显著的动因,资源联动强大的诱因,而教育自身的反应才是主要的成因。在混沌的科学文化世界与有序的政府规制及直接的社会需求之间的博弈会相应激发高等教育机构的自组织机能,不同的高校、不同的学科、不同的专业、不同的学者穿梭往来其中,自会在积极地适应、中性地调适或消极地逃避之间做出抉择。自组织机制在暗中促使教育系统经历从产生到形成,从形成到发展,从发展到衰退,从旧结构的崩溃到新结构的再创生等不断螺旋上升的运动环节,最终凸显为我们今天所见到的高等教育现实。任何组织或个体,任何社会力量和干预方式都不能够简单地对这个复杂系统的运行进行捆绑和规制。把话说透,即卓越的教育行为绝非由外力直接促成,必须深入内部和根子,才能挖掘出促使教育生机勃勃的缘由。何帆在《变量:看见中国社会小趋势》中描述道:"你只有在树林中才能见到碧绿的树叶,这片树叶一定连着树枝,树枝一定连着树干,树干一定连着根系。你不可能在天空中见到一片无依无靠且还能自由生长的树叶。最了解树木的人看到的并不是一枝一叶,而是一个有机的整体。"①

依愚者陋见,认知基准十分有必要进行重构,要努力促使高等教育情境中不同的利益相关者达成"四律"共识,据此把高等教育健康发展所需要的关联要素,包括政府、社会、评估中介、学校以及教育情境中的个体等多方角色,都有机地植入整体,立体地构建出一个相对清晰的教育生长框架。透过这个分析框架,我们可以大体上看明白高等教育发展的丛林生态轮廓。

表3 "四律"共识框架

法律	规律	节律	韵律
社会	学校	学科	学人
大趋势	自组织	周期性	个性化
问责	纠偏	坚守	品格
不缺位	不逾矩	不慌乱	不媚俗

"五唯"本身无过,过在喧宾夺主,倚重了指标而忽视了内涵。综上所述,孤立地强调"唯"与"不唯",皆非明智之举,亦不可能两全。而如果摒弃非此即彼的思维,就必须要另外创建一套法律、规律、节律、韵律协调并举的"四律"认知与促进框架(如表3所示)。换言之,高等教育的改良进步与可持续发展,必须遵守法律,遵循规律,顺应节律,追求韵律。

"法律"规定着高等教育运行的范围。政府通过制定法律、法规推动教育、文化、科技的发展,并代表纳税人从教育外部监控高等学校的办学行为,无论是直接发布政令还是借助社会中介力量对高等教育系统进行干预,都具有一定的合法性,但同时也必须划定明确的边界。学校不能逾越规范办学而政府不能插手内部事务,这已成为现代大学制度建设的共识。政府在新时代的作为方式需要顺应社会进步的大趋势,对于关乎国家民族命运的高等教育事业发展,其角色体现既不能缺位,更不能越位。社会主义高等教育事业发展的大方向从来离

① 何帆.变量:看见中国社会小趋势[M].北京:中信出版社,2019:18-19.

不开政府的引领和监督，但是高等教育及学术自身的言行取舍也需要得到政府相应的合法保护。代表社会的政府与代表高等教育的大学都要担其所应当，而止其必须止，双方的越界行为均须受到法律的约束。如此，高等教育的发展就会锦上添花，渐入佳境。

"规律"决定了高等教育组织的运行模式。高等学校是传播高级文化、探究高深学术、培养高级人才的文化组织，其运行发展自有其与政治、经济行业不一样的规律。毋庸置疑，作为超级复杂的文化系统和高素质人群聚集的科学机构，大学对社会的发展变迁所带来的生存环境变化以及未来发展趋势的判断，具有超过其他任何社会组织的敏锐嗅觉，其自身所具有的应对、调节和纠偏机能也必然优于其他社会组织。在这样的前提之下，不同学校的生存、竞争与发展总是会通过自适应或自我改良，寻找到最合适的生态位。不同的学校战略会有不同，重心会有变化，步伐会有先后，或许技术路径迥异，操作策略互不相干，但是只要遵循了教育的规律，外部适应社会生存环境并推动了社会进步，内部适应个体生命的成长逻辑并培育出健康快乐的新一代，则善莫大焉。历史经验证明：尊重教育规律，则大学昌盛；违背教育规律，则大学衰落。对此，中外高等教育史上的成功办学案例皆有据可查。

"节律"揭示出教育和学术的自然发展样态。教育有周期，需要静待花开，不能够揠苗助长；学术探究活动既要证实也要证伪，唯有通过时间、空间和相关条件的循环检验，世人所津津乐道的学术成果方得以确立；学科生长、衍化、发展也自有其逻辑，无论文、理、医、农、工、管、艺，生长范式各有千秋，不同的学科在同一所大学内或者是在大学联盟之间的交叉融合，首先源于自身改良的冲动，然后还取决于天时、地利及人和的机缘。以破坏学科生长节律为代价的任何不恰当的外力作用，无论出于什么样的动机，均有害于大学学术的健康发展。科学高峰险峻，学术高地充满不确定性，需要学者个体及学术共同体的自觉互动、耐心等待和持续坚守。十年面壁冷板凳，百年树人真本色；循序渐进之后，方才玉汝于成。每日聒噪，何以一鸣惊人？

"韵律"彰显出学者和学生的个性品质与格调。社会由不同的行业综合构成，不同的行业又各有其生存法则及品相表达方式。高等教育致力于通过科学创造和人才培养引领、服务、推动社会的进步发展，但教育、文化和科学本身的基本诉求和价值呈现方式，却迥异于行政的或经济的方式。与此相应，从事高等教育事业的人群明显具有与其他行业人群所不同的话语风格和行为风范，再加上高等教育系统内含的复杂性、多样性和灵活性特质，所以，即便身处同一个行业，或在同一所大学中谋生，无论是群体还是个体都会呈现出或相同或不同甚至大相径庭的样貌，而正是这种异彩和殊途的竞争与发展样貌，才决定了高等教育本身的活力和创造性。因此，对于高等教育而言，个性是生命力和创造精神不竭的源泉，过于强求一律，难免有意无意地阻碍了个性的发展，从根本上削弱学科、学术、学者、学生的生长活力。政策的支持、社会的关心、第三方的介入，都必须以维护高等教育的生机和活力为鹄的，而要做到这一点，必须从对学校、学科和学者所秉持的个性的普遍尊重开始。唯有如此，教育评价中所标榜的"特色"号召才不会成为口头禅，不同的学校、不同的学科、不同的学者方能够尽显芳华，同时守护好"刚毅坚卓"的品格。

综上所述，达成"四律"共识势在必行，其前提也一目了然，即政府作为社会的代表"不缺位"，学校作为教育组织的代表"不逾矩"，学科作为学术存在的代表"不慌乱"，学者作为高知人群的代表"不媚俗"。在这一共识框架之下，各种角色的言行及价值取向在教育发展过程中的位次就明晰可辨了，良性而开放的教育发展系统亦将同步生成。相应地，"五唯"焦虑自然得以化解，不同的利益相关者均可各展其能，携手共图和谐并举之格局。

彼时，分数还要，关键看得分点；升学必然，关键在选择性；文凭在手，关键是含金量；论文必写，关键求思想性；项目争取，关键图创新；奖状照领，关键要名副其实；帽子继续戴，关键要比智力和精神。

第四节 "双一流"建设成效评价的本源追问

"双一流"建设成效评价的有效性与大学评价的根源性有关,需要从本源上对评价对象、评价目的、评价内容和评价方法进行再辨与反思。在评价对象上,"双一流"建设成效评价意在教育事实,理应完成教育的基本规定;在评价目的上,"双一流"建设成效评价旨在成人与创新,必须遵循人才与学术的根本逻辑;在评价内容上,"双一流"建设成效评价重在内隐文化,应当关注文化的传承与积淀;在评价方法上,"双一流"建设成效评价落实于综合的技术手段,无疑需要高度的专业判断。

《深化新时代教育评价改革总体方案》的出台为业界全面检视与理性反思大学教育评价的顽瘴痼疾,多方探寻并着力形塑中国大学教育的"一流"之道提供了重要契机。相关研究的起始逻辑大体有二:一是从技术层面探讨大学教育测评的工具及操作问题,如测评标准是否妥当,指标设置是否合理,度量方式是否科学,等等。二是从管理层面深究大学教育评价的政策及制度问题,如评价政策如何引领,评价制度如何完善,评价机制如何运行,等等。简要回望大学评价的过往历程并粗略前瞻来日的教育评价趋势之后,显而易见,大学教育评价的根性问题早已不能简单地归结于工具与方法适用与否的技术操作问题,也难以笼统地停留在政策与制度完善可能的行政治理问题,更深层次地观照,还有诸多基本的认识问题有待正本清源,如教育活动的根本属性、学术研究的本体价值、大学组织运行的内在机理等。无疑,这些基本的认识问题才是大学教育评价活动的本源性问题,也正是理性审视当下"双一流"建设成效评价的内在机理和逻辑起点。只有将这些处于教育评价逻辑链上端的问题弄清楚,在不同利益相关者之间尤其是教育管理层中达成理论共识、情感共鸣和价值共振，才能更好地摆正"要不要评""为谁评""谁来评""评什么""用什么评""如何评"等技术性问题，进而促使变幻无常的大学教育评价摆脱纠结、趋于稳健。为此，我们需要从本源上对"双一流"建设成效的评价对象、评价目的、评价内容与评价方法进行深一步的辨析。

一、自然事实抑或教育事实：评价对象的澄明

澄明评价对象是"双一流"建设成效评价的基本前提。直观上看，"双一流"建设成效评价自然是对"双一流"建设及其成效所做出的评价，指向明确，对象清晰，不用澄明亦无须赘述。但深究其中，"双一流"建设成效的评价对象无疑还隐藏着一些更为关键的且亟须回答的问题，如这一"专项建设"是一项特殊性的另类工程还是一项普适性的教育活动，"建设成效"是一个指标性的客观结果还是文化性的教育过程，"成效评价"是一种依托工具指陈的事实判断还是基于事实关系的价值判断，等等。对这些问题的回答，显然离不开评价对象的实践查验与理论澄明。从实践上来看，"双一流"建设成效的评价对象复杂且多元，既包括大楼、大树、大师、学校、学生、学科、学业以及人才培养、研究成果、服务产出、文化载体等看得见摸得着的客观存在的自然事实，也涉及校园风貌、历史底蕴、文化氛围、师生关系等看得见摸不着或看不见也摸不着的有而不在的教育事实。而从理论上分析，"双一流"建设成效的评价对象简明且单一，在本源上是一种教育事实。"一流大学"与"一流学科"离不开一流的教育且最终落实为一流的教育。"双一流"建设成效评价在根本上是一种教育评价，是对教育活动或教育现象及其构成要素即教育事实的评价，这是教育常识亦是评价常态。教育事实不同于自然事实，它是一种带有价值性（真善美）的特殊事实。一方面，就其内容而言，教育事实既可以是客观的社会事实及外在的自然事实，也可以是主观的价值事实及内在的文化事实。另一方面，相比自然事实对于客观结果的强调，教育事实更为注重实践及生命成长的过程，聚焦教育过

程中物对人的价值和人对人的影响。

与之相应,作为对教育事实的评价,"双一流"建设成效评价至少需要满足以下两大规定:一是评价理应回到教育自身。从专业、科学的视阈看,当下正在发生的"双一流"建设成效评价虽然同教育相关,但无论是教育主管部门所实施的外部评价,还是第三方机构所做出的专业测量,甚至大学内部的各级管理者所开展的自我评估,都并非单纯地指向对教育自身的评价。在"双一流"建设成效评价中,尽管评价主体有所不同(如利益相关者、中立者、社会"看客"等),"不同的主体与教育现场的距离远近不同"①(既有在场的,也有准在场的,甚至不在场的),但他们所处的教育评价立场却大多位于教育过程之外。这就难免把教育等同于教育的附属之物或派生产物,如教学业绩、研究成果、服务产品等,并将其作为评定教育的依据,也就不可避免地使得理论上的教育发展评价简化为现实中的教育结果评价,其仅与教育相关,而非针对教育本身。事实上,教育就其自身而言是一种趋向真善美的培养、影响或干预活动,在本质上是一系列的实践过程而非既定结果,在时序上亦是先有过程而后产生结果。当下的各类大学教育评价过分强调教育结果而有意无意地忽视了教育过程,难免事倍功半。二是回到教育自身的评价在根本上是一种价值判断。与对自然事实的评价、判断不同,对教育事实的评价需要事实判断但不能止于事实判断,还应涉及更高层面的价值选择。仔细辨析,对自然事实的认识在本质上是一种认知活动,归属于认识论范畴;对价值事实的认识才是评价活动,归属于实践论范畴;而对教育事实的认识,不仅是一种认知活动,更是一种实践活动,不仅需要从认知层面来理解,更需要从实践层面上来把握。其中之关键在于是否涉及价值判断,教育评价的根本特性和显著特点聚焦于此。事实判断的对象偏重客体,价值判断的对象关注主体,换言之,教育评价是一种倾向于主体的判断。因此,"双一流"建设成效评价不但

---

① 刘庆昌.一种弱功利的教育评价哲学[J].教育发展研究,2018(12):1.

要指陈客体性的事实,更要诠释主体性的事实,关注主体与客体之间、主体与主体之间的价值关系,并需要对主体和客体的存在及属性的一致性进行评判。

二、塑造成材抑或发展成人:评价目的的反思

在深层的评价哲理中,评价目标从属于评价目的,是评价目的的具体表现与外在形式。相比外显、细化的评价目标,评价目的更为内隐、更为本源,从根本上规定并支配着一切评价活动。"双一流"建设成效评价若要真正落到实处并取得实效,不仅要符合评价目标的外在要求,更要满足评价目的的内在规定。从目的视角看,"双一流"建设成效评价旨在发展一流教育和培养一流人才。换言之,国家正是为了发展一流教育和培养一流人才,才做出了建设世界"一流大学"和"一流学科"的战略决策。显然,在"双一流"建设过程中,一流教育和一流人才比一流大学和一流学科更为根本、更为关键,这构成了"双一流"建设成效评价的根本标的。"双一流"建设成效评价作为对教育事实的评价,其评价目的自然要遵循教育之根本目的,并满足教育之根本任务。众所周知,教育的根本目的在于"成人成己",其根本任务在于"立德树人"。所成或所树之人是拥有喜乐之心、纯真之情、进取之志,有血有肉、有情有欲的自由人,是努力实现个人社会化和个性化和谐共进的完整人,是不断追求知识寻真、道德向善和生活审美的完满人,是不断超越自我和提升生命质量的生命人。[1] "成人"既是一流教育的核心内容,也是造就一流人才的前置要件。只有先成"人",后才可能成"才"(注意:不是"材"),进而成就一流。

"成人"的目的导向必然要求"双一流"建设成效评价的重心在"人"而不在"物"或"材",要做到以人为本、目中有人,不能见物不见人,或重取材而轻育人。成人与成材不同,成材遵循的是外在的塑造逻辑,有既定的、现成的模

---

[1]　刘志军,徐彬.教育评价:应然性与实然性的博弈及超越[J].教育研究,2019(5):13.

型可依,而成人遵循的则是内在的发展逻辑,无固定的、预成的模式可循。大写的"人"既不是预成的,也不是建成的,而是生成的,是在适宜的环境中于他人的善导下自己成长起来的。尽管"成人"的方法、态势与路径因时、因境、因人而各有不同,但其实现可能及跃升之途无不掌握在自我手中。"双一流"建设作为一项成人的事业,其目标能否达成以及目的能否实现,既不由教育行政部门所决定,也不受第三方鉴定组织干预,在根本上取决于大学自身。与按照一定标准评选出的"一流大学"与"一流学科"不同,一流教育不是评价出来的,一流人才也不是建设而成的,一流教育和一流人才的培育终究离不开处于教育现场的学校组织与师生个体之间的持续作为和相携共长。从理论上来看,一流大学和一流学科的建设及塑造逻辑同一流教育和一流人才的生成及发展逻辑存在着微妙的矛盾和张力。在现实的教育实践中,两者之间的矛盾和张力可以转化,亦可调和。

继"211"和"985"工程之后,"双一流"建设成为一个新的政策范畴及工作促进系统,旨在从管理层面为高等教育的改革与发展提供新一批次的政策支撑。从政府的立场上看,"双一流"建设作为行政治理的话语方式,遵循着项目制的建设逻辑或塑造逻辑,这本无可厚非,就学校管理及教育治理而言也是必要的、可行的且有效的。然而,如若将这一政策概念引入教育领域并落实到复杂多样的大学场域而不对建设话语做任何转换,势必会因场域不适而导致政策概念的泛化、异化与失真。教育行政部门的政策概念及建设话语只有转化为大学自身的教育概念及发展话语,才能保持教育的独立性,进而促进良好教育生态的形成。为此,在"双一流"建设成效评价中,教育主管部门需把满足行政要求、受效率主导的、自上而下的考核范式转化为符合教育规律、受效益支配的、平等合作的对话范式,大学组织则需要把来自政府部门的成材期望、建设话语及塑造逻辑,有效转化为符合大学与学科发展要求的成人规定、发展话语及生发逻辑,方有助于建设目的的达成。

三、外显指标抑或内隐文化：评价内容的诘问

评价内容是"双一流"建设成效评价的重心所在，值得诘问。评价内容事关建设方向，有什么样的内容标准及评价规定，就有什么样的建设要求及办学导向。在专项建设过程中，一流教育实践的展开及造就一流人才的目的达成，离不开卓尔不群的文化熏陶。大学的灵魂在于文化，一流大学的评价自然少不了对一流文化的关注。有学者把"双一流"分为指标和文化两个层面，并认为指标层面的"双一流"是"功利主义的产物，以竞争而非合作为目的"，是人为建构而成的；而文化层面的"双一流""以构建人类命运共同体为己任"，"具有一定的高度和宽度"，高度上求善，宽度上求同，是自然演化而来的，是真正意义上的"双一流"。[①] 据此，相关评价当然就不能仅仅停留在外在的、浅显的指标考核上，而应立足于内在的、深层的文化体验上，对大学文化及其育人成效的评价理应成为"双一流"建设成效评价的核心内容。正如人不仅是自然性的存在，更是社会性的和文化性的存在。教育作为"成人"之事，其本质乃是一种文化的实践，成人的发展不仅需要个体生命的自然展开，更离不开个体生命同社会文化的鲜活互动。教育与文化之间的紧密联系，决定了"双一流"建设成效评价与文化密不可分，其在根本上是一种文化评价。"双一流"建设作为一项政策实践，必然置身于一定的社会现实和文化环境之中，与之相应，成效评价作为一种检验手段，愈发需要植入具体的情境元素并做出文化考量。在"双一流"建设实践中，我们只有扎根中国大地，立足中华传统文化，注入中国元素，凸显中国底色和中国魅力，才能办出特色，继而实现"中国特色，世界一流"的建设目标。

文化的表现形态各异，但究其本质则是特定群体与一定社会生活方式的

---

① 周光礼,蔡三发,徐贤春,等.世界一流大学的建设与评价:国际经验与中国探索[J].中国高教研究,2019(9):23.

有机融合。任何一所大学所具有的独特文化,均是这所大学中的师生们对其独特生活环境的适应方式,是他们在长期的教育实践与社会生活中自觉或不自觉选择、有意或无意取舍的历史性积淀。从文化的视阈来看,世界一流大学与一流学科的生成是一个缓慢的、长期的过程,需要扎根于特定的文化土壤并经过漫长的历史演进而逐渐"生长出来"。当然,在政府的主导下,各高校通过对标对策、应情应景,寻找捷径、搭乘快车,抑或能够在短期内实现"弯道超车"而建成"一流",但这种"一流"往往表现在简单、外显的指标层面,仅仅是数字上的"一流"而已。"双一流"的指标化的建设模式在短期内或许能够奏效,但从长期看,依然难以规避边际效益递减的命运。中国的"双一流"建设若想取得实效并实现可持续发展,就必须实实在在地注重大学文化的建设与评价,从指标拼杀转向内涵演进。事实上,经过第一轮周期考量,"双一流"建设高校在数据增长与指标达成上成效明显,越来越多的高校挤进世界知名榜单,越来越多的教师"露脸"于世界知名期刊,我们拥有大量的教授、博士、项目、著作、论文、奖项等,我们很多的数字指标已经达到甚至早已超越世界第一。然而,"第一"并非"一流",数字指标上的"世界第一"终究难以成就教育生长中的"世界一流"。从世界范围看,中国的大学及学科对世界文明及科技进步的原创贡献度不高、公信力不够、引领力不强也是一个不争的事实。排名的显赫唯有融通于一流的文化价值之中并与其水乳交融,才能成就真正的一流大学和一流学科。相反,忽视文化建设、发展及评价,必然使当下的"双一流"建设陷入外表繁荣而内涵空虚的事与愿违的逻辑悖论与发展陷阱,从而造就或走向"失去灵魂的卓越"①。

① [美]刘易斯.失去灵魂的卓越:哈佛是如何忘记教育宗旨的[M].侯定凯,译.上海:华东师范大学出版社,2007:1.

四、统计测量抑或专业判断：评价方法的考量

评价方法的考量是"双一流"建设成效评价合理与否的关键之一。评价方法不同，所需要的评价程序就会不同，与之相应的评价结论自然会有所差异。"双一流"建设成效评价的有效开展，不仅需要对评价对象、评价目的和评价内容进行深思，还需要在评价方法上不断地权衡考量。回顾评价理论的发展历程，科学、专业的评价方法至今大概已历经四代：第一代评价方法侧重实验测量，将评价当成"测量"或"测验"，认为一切事物均可借助"测试"来检验；第二代评价方法注重客观描述，将评价看作综合评定，认为科学的评价离不开全面、明确、具体的证据，不仅要呈现基于某一测验的量化结果，还要从多个方面综合描述量化结果与预定目标之间的一致程度；第三代评价方法强调价值判断，反对"预定主义"和"科学主义"，关注评价过程本身及其价值属性，将评价由描述上升为判断，认为评价并非依据预定目标而对量化结果做出的综合描述，其本质为价值判断；第四代评价方法主张协商共建，反对"管理主义"和"权威主义"，提出评价作为一种价值判断，并非评价者（管理者）基于管理权威与主客二元对立的单方面的价值体现，而是一种基于评价者与被评价者相互理解、平等对话和协商共建的实践过程。当前中国特色的评价实践主要取向于两种评价方法：统计测量和专业判断。前者融合了西方第一代评价理论与第二代评价理论的优势，青睐评价的工具理性，关注评价的量化指标，主张评价应秉持价值中立的原则，注重从技术层面对评价对象进行统计与测量；后者吸收了西方第三代评价理论与第四代评价理论的精华，强调评价的价值理性，重视评价的质性思考，提倡评价须遵循对话协商的原则，注重从价值层面对评价对象进行全面分析与专业研判。客观而言，每一代评价理论及每一种评价方法在其既定的时空范围内均具有一定的必然性与合理性。同样，它们也均具有一定的适用范围与边界限定，若离开这一限定，理论

就会因泛化而失真,方法也会因僵硬化而失效。

　　具体到教育领域,科学、专业的评价方法无疑倾向于专业判断。大学教育是一项极为复杂的系统工程,也是一项专业化的社会实践活动,与人(成人)紧密相连,与价值密切相关。对教育的评价,自然不是单一的统计学或数学问题,不能停留在简单的"统计测量"或"量化计算"上,而是一个多元的(显性或隐性)且涉及多方的(直接或间接)专业性问题,这显然离不开全面的价值分析与复杂的专业判断。教育评价不全是测量技术员或统计分析员的事情,更多的是各学科专家的事情。在教育评价中,专家的价值与作用恰恰在于借助渊博的专业知识并通过多方调研、取证而做出全面、综合的专业判断,而非一味扮演计量人员的角色。"双一流"建设成效评价作为一种教育评价,虽起于事实判断但务必要归于价值判断,虽需要数据指标但终究离不开文化价值,这是教育评价的常识表达,也是"双一流"建设成效评价的根本遵循。然而,时下正在发生的各类大学教育评价(包括"双一流"建设成效评价)显然有所偏颇,存在着偏离教育价值属性和文化内涵,青睐于数据指征和指标满足的倾向。诚然,在科学主义时代,偏好统计与量化并非大学教育评价独有的问题,而是很多评价共同的病症。可是,相比其他领域,大学教育的量化评价的科学性更加值得商榷,一旦失衡,其危害性更大。一方面,量化评价难以全面地反映大学教育的真实状态。量化评价往往通过预先设定目标(在实践中通常具体化为诸多指标)并借助科学的手段来评价、引领某种教育结果,从而实现结果与目标之间的匹配和平衡,这显然忽视或削弱了教育过程本身的价值,势必让评价过程沦为机械控制过程。事实上,教育在生成、发展与创造人的过程中常常会产生一些不可预测的教育结果,而这些结果大多并非科学方法所能够测量与计算的。另一方面,量化评价极易使大学教育陷入功利主义的误区。在量化评价的驱动下,实践中的价值理性被简化成为数字计算,数字计算为各方营造了一个令人舒心且皆大欢喜的幻象,继而"大学中的芸芸众生无不对标对策寻找活路",大学教育在各方的共同努力下心安理得地坠入了功利主义所编织的"数字陷阱"。

　　综上，在校校争创一流的时代背景下，"双一流"建设成效评价无形中树立起方向标，因而更需要对此做出理性的反思。从本源上看，"双一流"建设成效评价只有符合大学教育的常识理性与发展规律，满足发展成人与立德树人的根本要求与根本任务，关注教育的价值属性与文化内涵，注重质性分析与专业判断，才能够摆脱大学教育评价长期存在的纠结与无常，从而规避或走出管理主义、科学主义、预设主义、工具主义和功利主义的误区。

第八章 时空倒影

　.　不知周之梦为胡蝶与？胡蝶之梦为周与？周与胡蝶则必有分矣。
此之谓物化。①

回眸一瞥，高等教育的变迁轨迹依稀可辨；俯瞰一回，院校发展的哲思困
局有增无减；前瞻一下，大学改革的善治曙光若隐若现。

大学是主要由学科和学者组成的学术共同体，而伴随着现代化进程的日
益加快，这种学术共同体的存在方式也同步发生着改变。英国著名社会学家
鲍曼所描述之"衣帽间式的共同体"是为深刻的写照："观看演出的观众，都穿
着适合于那一场合的服装，服从一种与他们平时不同的着装规则——这种表
现，使得这一作为'一个特殊场合'的观看显得与众不同，并同时使观众在演
出持续的时间中，比他们在剧院外的生活里看起来要整齐划一得多。……作
为衣帽间式共同体短暂存在的一个场合，并不会将个体的关注融汇成'团体
兴趣'；这些个体的关注也并不会通过被汇聚在一起而获得一个新的属性，而
且这一表演场面所造成的错觉和假象，也并不会比对表演的兴奋激动所持续
的时间要长久得多。"②

学者的责任是探究规律，师者的责任是传播真知。高等教育的现实走势
未必导向预期的发展趋势；教育发展事实所呈现出来的现象未必是教育改革
想要的实相；教育发展的热点问题未必是教育发展的症结和根本矛盾所在，

---

① 曹础基.庄子[M].开封:河南大学出版社,2008:111.
② [英]鲍曼.流动的现代性[M].欧阳景根,译.北京:中国人民大学出版社,2018:325-326.

冰点和冷门也许正是教育研究应该关切的重点领域。穿越顽症痼疾,才能实现美好的教育未来。

第一节 走势·趋势

学者的天职是冷静观察并客观分析我们所生存的世界,首先通过说服自己,继而经由事实来确证研究结论的价值。师者的责任是深刻理解并合理解释现象世界的生存逻辑,通过影响他人而证明自己的价值。我们如何做到名副其实? 世界的存在和发展方式是否与学者的分析和师者的告诫相关呢?单纯学理意义上的答案并不十分难寻,甚至是显而易见的——顺应教育规律则学术文化兴盛,院校生机勃发;违背教育规律则学术文化萎靡,院校形神两分。然而问题绝非如此简单,尽管促进教育文化的发展原本可以取"道法自然"之途,但是鉴于高等教育之于国家和人类发展的重要性,任何实存的社会力量都不会袖手旁观,更不会任由其"自然而然"。纠结和矛盾由此而生。当社会发展的事实、情景、动因、近利、远景以及各种各样的人绞合在一起之后,常识难免扭曲,认知难免模糊,行为难免踯躅,价值难免流变,最后的结果也就难免异化。世界如此,文化如此,教育亦如此。因此,法国社会学家勒庞才发出感叹:"表象总比历史真相更重要,作用更大,假象总比真相更有能量。"①

如此一来,学者和师者将怎样解释和面对现实,未来又当何去何从?

就世界教育发展历史的经验教训以及生长轨迹而言,定期预测发展趋势很有必要,其直接关乎教育组织未来的生态位选择。追赶潮流、紧跟热点一般都能够获得极好的发展机遇。但仅就我们熟悉的语境以及语义的表达方

---

① [法]勒庞.乌合之众:大众心理研究[M].马晓佳,译.北京:民主与建设出版社,2018:43.

式而言,紧随政策走势至关重要,追赶新潮热点更是十分紧要。政策总是裹挟着资源勾画出主流趋势的诱人的曲线,脱离了政策主导的轨道,学校、学科活不了;但若仅仅攀附政策红利生长,学者、学术也好不到哪儿去!教育史上的事实足以证明这一点。以教育兴盛及文化繁荣为凭,历史上大凡"无为而治"的时代均留有可圈可点之谈资(如稷下学宫),而"无力而治"的境遇下也偶有"无心插柳柳成荫"的成就(如西南联大)。据察,举凡自然科学的成就一定出自前沿,学者离开了学术的前沿必然落伍,而人文思想的成就大多出自边缘,学者位于众目睽睽之下则个性难以把持。

高等教育的生机、活力与命脉自有其所在,需要学者及师者理性地观察、冷静地挖掘、深切地把握,同时适时、适度地传达给一代又一代的学生并提醒既多又杂的利益相关者。

有更多的人相信观古可鉴今,其实未必。历史的走势(曲线)往往难以证出(导出)未来的趋势。谁可以从两千五百年前孔子的私学里看到今天中国民办教育的影子?谁能从延续千年的科举史中找到公务员考试与普通教育体系间的内在连接?谁能从千年的书院经脉血液里发现中国大学的象牙塔精神?谁能从一百多年以来的教育历程中教立、私立、省立、国立院校的跌宕命运里锚定当今大学的归依处?谁又能从新中国成立七十余年以来高等教育发展的光辉历程中,圆满地解说"文革"前十七年的作为、"文革"十年的停滞、改革开放四十余年的发展速度以及 21 世纪以来二十多年的辉煌业绩?如果有人依中国教育以及高等教育的历史轨迹画出一条或多条发展曲线的话,那么为师者将如何应答类似如下的问题:过去的高等教育与今天的高等教育,彼此之间有没有学理逻辑上的关联?高等教育由远而近、由内而外的状态事实能不能获得理论上的善断或精解?当然,从事物发展的根本逻辑上深究,"因果律"是绕不开的真理。正是由于五千年中国文化教育的历史之因,才有了今天中国教育和中国大学的独特之果。笔者强调的只是在阶段性的起伏升降之中,很难发现过去的经验教训与今天的做法,以至于未来的行动选择之间内在的关联。简言之,积极的历史经验如何为后世所取法,消极的教训又如何有效惩毖后人。这个问题缺少圆满答案。

回溯教育变迁的史实,一切偶然皆属必然。历史是过去的呈现方式之一,但显然不等同于真实的过去。有人说:没有任何历史学家可以涵盖并因而寻回过去的所有事实,一个人所能记述的事件,只占曾经发生的极小部分。比如说曾有数以亿计的妇女生活在过去,却只有杨绛先生这样的极少数会印记于历史。高等教育同理于此。蓦然回首,不难发现诸多惊人相似的教育史实,在不同的时空里时常重现。

就升格现象来说,各国均有相似的情形相继发生。起初美国高等学府是从英国移植而来的"学院",随着发展的需要,诸如哈佛、普林斯顿等才从"学院"更名为"大学"。后来,其他小学院也对更名成"大学"颇感兴趣,如 1866 年俄亥俄州的伍斯特学院宣称其期望,就是把伍斯特变成俄亥俄州的大学教育重镇,犹如英国的牛津及剑桥。20 世纪 50 年代,伴随着高等教育大众化进程,规模化的升格现象在美国出现,保罗·福赛尔的《格调》一书中描绘的场景与当今中国何其相似:一帮人正兴冲冲地把大门上的 College(学院)拆换成 University(大学);而英国于 1966 年颁布的《关于多科技术学院与其他学院的计划》白皮书,计划将包含的巴斯、布拉德福德等在内的 8 所高级技术学院升格为大学,1991 年的白皮书《高等教育:一个新架构》及 1992 年颁布的《继续及高等教育法案》同意多元技术学院申请改为大学。而在我国台湾,步步升格的场景在 1987 年拉开了帷幕,首开先河的便是竹师、花师、屏师等 9 所师专改制成师院,之后又于 1989 年将高雄师院、海洋学院等晋升为"大学"。以专科学校为例,1987 年台湾地区有专科学校 68 所,技术学院 1 所,科技大学 0 所,而自从 1991 年和 1997 年政府分别开始核准专科学校升格为技术学院,技术学院升格为科技大学之后,技术类院校的升格浪潮便一发不可收拾。到 2007 年,专科学校已由 1987 年的 68 所减少到仅剩 15 所,相反,技术学院、科技大学则分别增加了 40 所和 37 所。同时及随后一段时期,我国大陆地区的升格动作频频。学院升格为大学、大专升为本科、中专或职校升格为高职院校蔚然成风。据不完全统计,近6年时间里便有400多所高校"更名改姓"。

在科研方面,各国各地先后发生的事件仿佛也如出一辙。如科研地位优于教学,甚至前者驱逐后者的现象时有发生。台湾地区学者林玉体在《美国高等教育之发展》中记载,19世纪末20世纪初,宾夕法尼亚大学教授如果坚持教学优先于研究,则有被炒鱿鱼的可能,这种教授最好转到他校或者"学院"另谋发展,而哈佛大学的查尔斯教学极为成功,且于1892年被聘为英语讲师,教作文,对学生照顾、指导有加,是哈佛史上有名的教师,但他升为助理教授却要等18年。无独有偶,2014年清华大学外文系的讲师方艳华因重教学、轻科研被清退的事件引发了热议;2014年12月,四川大学周鼎老师在"自白书"中写道,"相信讲好一门课比写好一篇论文重要的人,今夜死去了";台湾高教更是有"限期六年升等"的明文规定。又如学术不端、贪污科研经费的现象也同样时有发生。1988年,弗雷泽向哈佛医学院递上了辞呈,因为他剽窃了四篇别人已发表的论文;1989年,一位杰出的疟疾研究者在夏威夷大学被指控挪用联邦公款;1990年经稽核发现,1980年斯坦福大学向联邦政府申请的超过数百万美元的费用,其用途与所赞助的研究无关,而是花在了诸如整修大型钢琴以及其他娱乐消遣等"间接消费"上;1990年,加利福尼亚大学的研究员冒充购买账单单据来诈骗公款。而我国近年来发生的剽窃、抄袭、学术作假、套取挪用科研经费的事件更是频频出现。

诸多高教史实先是在西方世界依次呈现,后又在东方世界不断上演。为什么呢?许多看似偶然的事件其实是教育历史发展阶段中的必然,这大概因为教育组织自身及其与社会发展的关联具有某种节奏和规律性。那么,我们所祈祷和热望的从外延到内涵、自流俗到高雅、由弱变强的大学教育局面在哪里呢?

地球不停地转动,看起来周而复始,其实每一转都已经不同,正如同一个人不可能两次踏进同一条河流,只是我们的感官无法感受到其中的差别而已;社会不停地发展,看起来总是奔向光明,其实每时每刻都有与黑暗交错的时刻,甚至偶有短时的倒退;文化不停地演进,看起来总是朝向文明,其实在各种各样的文化中,文明与蒙昧之间从未停止过冲突与融合;教育不停地进步,看起来总是越来越先进,面对势不可挡的人与技术结合的趋势,教育的未来将如何存在? 是喜是悲,并没有简单答案。

今天,作为学者和师者,每个人都可以深切地体会到高等教育前进的步伐和走势,不可避免地感受到改革形势所带来的压力和动力,同时,也或主动或被动地接受着未来发展趋势的强力牵引。再往后,以"全球化"为方向的高等教育何以为凭? 以"一体化"为标志的文明进程何以为准? 以"人工智能"为标志的教育未来孰喜孰忧?

第二节 现象·实相

有人云:观点者,观察之点而已。既然只是观察到的点,那么,就不可能绝对"全面"。而且,从哪里开始观察至关重要,因为基点决定着视线和视野;谁在观察更加重要,因为观者的智识和判断力决定着结论的优劣或真伪。如此一来,谁能代表"正确"的观点呢?

就基点而言,教育理论的关注点与教育实践的关注点未必一致,有时候甚至大相径庭。教育实践者不能无视现在,而理论研究者不能回避未来。因此,处于现实情境中的利益相关者,上至学校领导,下至普通教师,无不关心办学指标、工作表格、课题申报、项目进度、年度考核。当然,我们需要统一思想,步调一致,从严考核,步步为营。唯其如此,方能与时俱进。而生活于现实中的理论工作者则陷入两难,本该仰望星空,探讨高深学问,脚踏实地,潜心现实研究。无奈眉间眼下工作任务甚紧甚急,各种各样的要求千头万绪,太投入则无暇顾及"无用而至大用"的未来研究。因为人的精力遵循能量守恒定律,热了这头就会冷了另一头,顾此失彼在所难免。类似"先做人、后做事"的鸡汤用语经不起推敲,其实做人、做事本为一体,何以能够分割开来?正如有的青年学者学术资质优良,成长势头强劲,得到认可之后立即就有多种发展机遇铺陈于脚下,要么专心学问拒绝外部诱惑,要么顺理成章步入权力系统获取一官半职。在现实语境之下,许多人选择了后者并天真地认为:先做官掌握话语权,再认真钻研学问。这种两全其美的期许往往无从兑现,因为一旦自身陷入另一个生存竞争和游戏博弈的系统,必然就远离了自然科学的推演和实验或社会科学的田野与书斋。如此一来,这个世界就多出了许多世俗的成功者而减少了同样比例的学问家。所以,现实是"现象",但却很"实在";大家都很忙、很热闹本为假象,却成了院校生活的实相;人才培养的长期性(急不得)以及学术研究的周期性(乱不得)实为本体属相,却已经难得有院校能够坚守(戒)、有学科可以等待(定)、有学人可以静心(慧)。于是,事实上的教育行动由于专注于走势,投身于形势,而难免偏离了健康的发展趋势。

弄清了所谓"观点"的出处之后,如若还想进一步趋近真理,就很有必要论及另一个重要的问题,即观察事物的角度和姿势。教育舆论的热点、院校工作的重点、教学改革的要点、考核竞争的焦点,凡此种种,皆如"秃头上的虱子明摆着",不言而喻,谁也绕不开、躲不掉。然而,从主体角度看过去,针对教育的热点和教改的趋势,政府、学校、社会、师生的视角以及关注点却未必相同。

学生关心课程的功用、学业的便利或各种证书的获取及更迭,以便毕业后可以迅速找到立锥之地;教师关心考核达标及各种人才名号的累积,以便守住饭碗,并伺机跳槽;院系则关心学科排名及资源博取的马太效应,一边强烈表示教学内涵第一,一边专心孵化看得见的业绩指标;院校则关心政府的重视及在各自发展圈内的地盘和位次,一面响应安心定位的号召,另一面则不停地争取换位资本以图芝麻开花节节高的效果；地方政府无不重视系统或辖区内高等学校的业绩显现，大事小事统统操心，从办学方向到院校改革、从科研取向到孵化机制、从教学内容到方法选择，无限介入，善意干预，许多管理行为其实已经僭越了学术治理的边界。

我们论及文化、教育以及高等教育的兴衰成败，不难发现，一方面，热闹风靡不等于发展趋势，市井喧嚣之中更加难觅未来形势。每个时代都有自以为最流行的事物，比如先秦的袖子（长袖善舞），唐朝的胖子（以胖为美），民国的领子（中山装）……不同时代独领风骚的流行时尚必将被后世更多的新风雅韵所取代。另一方面，一些有可能成就未来文化教育趋势的事物并未得以有效延续。如先秦诸子百家之学，魏晋文化的名士风度，宋代书院的经院学养，新文化运动的启蒙乃至民国教育的嬗变。远在两千多年前的春秋战国时期，诸子百家及其思想学术流派的成就，即可与同期的古希腊文明交相辉映。据《汉书·艺文志》的记载，数得上名字的一共有 189 家，4 324 篇著作。其后的《隋书·经籍志》《四库全书总目》等则记载"诸子百家"实有上千家。但流传较广、影响较大、最为著名的不过几十家，最后仅有十几家被发展成了学派。延绵两千年的学理风范，唯其持之有故，可言之成理，又能够各展风采，这不正是现代大学梦寐以求的局面吗？其后五六百年，魏晋名士所具有的那种率直任诞、清俊通脱，极为自信又风流潇洒，不滞于物、不拘礼节，多特立独行，又颇喜雅集的思想的行为风度，这不正是现代大学里学者及师者所应该效法的吗？时光流转八百年，朱熹的理学，陆九渊的心学，吕祖谦的婺学等纷纷依托书院传扬争鸣。百家学者讲学书院，交流激辩，令书院瞩目于世。朱熹和陆九渊就"先知后行还是先行后知"的问题所展开的"鹅湖之辩"，是为经典之一。书院在千年前的勃兴描绘出中国教育史上浓墨重彩的一笔。彼时，学术大家层出不穷，思想学说相继亮相，蔚为大观。相形之下，当代中国大学是否汗颜？而回溯至百年之前，新文化运动以及思想启蒙运动借"德先生"与"赛先生"之名唤醒了沉睡的中国，与之相应的短短几十年间，刚刚摆脱了数千年封建桎梏的中国就迅速构建起了现代高等教育制度雏形,多种多样的院校同生并立、各展异彩,其中,西南联大以其卓尔不凡的表现为现代中国高等教育树立了丰碑。

上述种种中国文化与教育高雅范式的表现,无不与现代大学的姿态契合,但迂回轮转千百年之后,人文故事已成追忆,教育发展演进的线索墨迹依稀难辨了。从今往后,高等教育的发展趋势曲线又将怎样着笔书写?未来尽在把握中了吗?瞻前顾后,我们能够直接感觉到的无非教育文化的"现象"而已,在此基础上,如若学者的眼神欠佳,看到的则大多是教育文化的假象。只有用心、静心,再恪守学术本心及学者的良心,我们才有可能捕捉到教育发展趋势的真相。回首过去,我们不难看到,中国教育改革与实践中热议纷纷的"现代大学制度"是怎样在概念演化、现象端倪与实相本质之间往来穿梭的。

现代大学制度,就一般性的表述来说,近代以降所形成的共识包括"法人治理、政事分离、权责明确和科学管理"几大特质,普遍认同以"大学自治、学术自由、学术中立和社会责任"为特征的四种原则;而在我国的教育改革语境中,多采用"政府宏观调控、社会广泛参与、学校自主办学"的综合表述,而具体政策规定则包括"党委领导、行政负责、专家治学、民主管理"等要素。

然而,从理想到现实,并非事事如愿。从根本上加以论证,在多方角力之下,现代大学制度的建设进程发生了微妙而巨大的变化。起初,伴随着 21 世纪的曙光,现代大学制度理想应运而生;随即,在确立中国特色现代大学制度身份属性之时,政治的"力"、经济的"利"与文化的"理"三者间出现了震荡博弈。接着,基于他山之石的语境,理论界对于"有限政府,开放社会,自主大学"的现代大学制度体系达成了共识。一旦进入大学内部,行政、学术、师生三支队伍间的权利分割问题相应显现,必须经由"管理民主,学术自由,主客明确"的原则加以制衡。更进一步分析,现代大学制度理当分别赋予教学管理以求美,科研管理以求真,服务管理以求善的不同职能。而上述理想化的设计无论如何也绕不开"现实的黑箱",由此,需要历经现行体制的规定,现有机制的制约以及现实环境的历练,院校生存的前提才可能确立起来。如此这般以后,人人皆十分明了高等学校在中国生长的必然选择,于是,大学成为一种"不得已的存在",状态实然,造型仿真,表现平庸。最后,无论承认与否,现代大学制度事实上已经彻头彻尾地变成了现在大学制度。

近来,越来越多的人开始讨论并猜测教育领域的黑天鹅与灰犀牛事件。这两个概念相互补足,"黑天鹅事件"则是极其罕见的、出乎人们意料的风险,"灰犀牛事件"是太过于常见以至于人们习以为常的风险。米歇尔·渥克撰写的《灰犀牛:如何应对大概率危机》一书让这一概念为世界所知。灰犀牛体型笨重、反应迟缓,你能看见它在远处,却毫不在意,一旦它狂奔而来,定会让你猝不及防,直接被扑倒在地。它并不神秘,却更危险,是一种大概率危机,在社会各个领域都有可能上演。很多危机事件,与其说是"黑天鹅",其实更像是"灰犀牛",在爆发前已有迹象显现,却往往被人们忽视。

愚以为,如果可以预测"黑天鹅"在哪里出现的话,其实就不会称其为事实上的"黑天鹅事件",自己事前处置掉的风险事后并不容易被他人认可,"灰犀牛"的存在如果不能够被大多数人感知到的话,也就不会构成事实上的"灰犀牛事件"。那么,中国高等教育今天的所作所为进而引发的走势和发展趋势当中,是否潜藏着"灰犀牛"或"黑天鹅"呢?任何简单化的论断或预测都不足以回应或解答大学这个如此复杂的社会组织所面对的这一未来问题。作为理性的学者,说不对自己不乐意,说对了别人不乐意!仅以今天中国高等教育所取得的伟大建设成就为据,我们大可不必担心,更无须杞人忧天。然而,正因为我们的高等教育体量最为庞大,所以,更应该担心的不是去寻找与我们相抗衡的"灰犀牛",也许在将来的某一天,我们会陡然发现,自己就是一头"灰犀牛"。

第三节 热点·重点

跟风追潮这回事,是所有人在认识上都有所警惕并在态度上旗帜鲜明地反对的,但意识到俗套未必能够跳脱俗套。闹市从来都很吸引人,赶潮的人总是收获满满。所以多数人的言说与行动还是各分其途、相悖而行的。自古以来,"知行两分"的盛行程度远超人们的想象,在当下的高等教育情景之中,不仅少数学者、师者有所习染,其更是许多教育组织和某些大学的常态取向。有谚语云:没有一滴雨水会认为是自己造成了洪灾。

综合对高等教育史实与文化事实的观察,紧扣当下高等教育发展与改革的现状,似盲人摸象般摸索一番之后不难发现:校校、人人扎堆炒作的教育"热点",许多只是转瞬即逝的新闻"视点"而已;那些少有人问津的"冰点"问题才是高教研究者必须着力解析的矛盾"焦点";而中国高等教育在千年文化基石上不断寻求、在上百年的近现代裂变中不停校准,以及在 40 余年改革与发展进程中反复遭遇的顽疾"难点",才应该成为新时代高等教育操盘者和研究者无以回避、必须正面迎击的"重点"领域。

如此一来,我们耳熟能详的一些教育改革话语就需要进一步推敲确认,如:谁是谁的关键,谁是谁的前提,谁是谁的重点,谁是谁的出路,谁是谁的命脉,谁是谁的归属,谁是谁的突破口……要是进一步分析到"点"上,那些脱口而出、自信满满的表达其实很容易让人摸不着头脑,如:出发点、切入点、突破点、落脚点、着眼点、结合点、关键点、着重点、着力点、根本点、支撑点……教育改革到处布"点",我们如何是好?

面对着上面偏热、下面遇冷、外面热闹、里面慌乱的教育实相,学者的探究和师者的言说都需要相当的勇气。好在决策层的领导高瞻远瞩,明确提出了教育需要回归常识的论断。而紧随其后的问题才是真正的关键所在：什么才是教育的常识，什么才是高等教育的常识呢？毋庸置疑，正是由于政策上对教育常识的肯定以及操作上对教育常识的背离，二者的综合才把基层教育实践者推进了一个既复杂又矛盾同时无比纠结的现实系统。就以当下热议的教育治理话题为例，仔细分析后不难发现，正应了中医辨证"外热""内寒"或"上热""下寒"之症。

治理还是管理，差别真有那么大？在专业圈里谈话，两者的基础概念及其相互关系无须赘言，各路专家已有精准表述。然而，其间有个倾向却值得注意，在一些专家笔下，似乎"管理"这回事儿变成了传统，成了过去的事物，甚至有一点点迂腐，而"治理"表征着先进，代表了潮流，是时代的必然选择。果真如此的话，我们又怎么解释从古至今，包括在经典管理学时代一样存在并依旧焕发着勃勃生机的高等学府，而在当下以及以现代化为鹄的的教育治理时代一样存在着机械刻板、盲动低效的教育组织这一现象呢？从理论角度框定，管理的最好结果无疑是井井有条，管理太死则如军营，言行一律，有效率不一定有思想。而治理的理性状态当然是生机勃勃，治理不善则如水患，组织自由散漫，个体形同散沙且效率低下。但两者之间，到底是概念范畴的差异，还是角色关系的变异，甚或是价值取向的不同，依旧模糊不清，值得利益相关者进一步深究。

治理走向现代化，真有那么急？现如今，任何事物如若不及时与现代化相关联，似乎就会产生被别人挤下历史快车的恐慌。其实，现代性除了我们所熟知的大场面、丰盛物、新技术，至为关键的是更加适切和谐的社会组织关系及其权力制衡系统，精致的文化精神生活方式以及在全球化、一体化进程中对个体价值的把持和坚守。现代文明社会的核心特征及内在标志，诸如崇尚简约、尊重弱者、注重细节、个体意识等原则，在中国文化语境中并未得到应有的认同和普及，当然更谈不上在高等教育治理的进程中有效地消化汲取了，高等教育现实改革所呈现出来的依旧是土豪般的做派和应景跟风的追潮战术。在高等教育改革与发展情景之中,更为迫切需要明了的是教育治理的前提、主体和诉求等初始问题,亦即教育治理"是什么"和"为什么"的"ABC"问题,至于是不是迅速地迈进了"现代化"的门槛,还是已经"很现代"或"后现代"了,以后再议不迟,现在高谈阔论为时尚早。

治理直达体系,真的很有必要?哲学家罗素曾告诫说,不要轻易掉进体系的陷阱。举凡事物的发展,总是遵循着循序渐进、由一至多、由混沌至有序的生长过程。当我们还在上令下行的大一统科层教育金字塔里生存,并且在以计划模式为主导的高等教育体系中混吃打拼的时候,在"高校自主、政府调节、社会参与、多元共治"的理想范式远未成形之状态下,能够戴着镣铐跳舞,偶尔抽身于被固化、僵化的发展现实,摆出"创新"的姿势,就已经难能可贵了。其间,如果还可以挣脱利益的诱惑,偷闲前瞻一下未来的治理模型也未尝不可。但是,现在就讨论高等教育治理"体系"的建设问题,情势并不乐观,总体机缘未到。仅从"高教法""办学自主权""法人治理结构""现代大学制度""去行政化""大学章程"等近30年来热议的话题纠葛情形之中,我们就不难发现,近些年热议的"体系"问题大多流于空谈,实际只能归于奢谈。元素都没有,谈什么化学反应?个体都没转变,谈什么整体推进?局部都没响动,谈什么全面进入"治理时代"?

治理表达与治理行动真的有关系?此间情景犹如铁道之双轨,一直并行,从不相交。30年前,作为一个大学的基层教育管理者,笔者即牢牢记得一句反思现实的流行语:"干的不如站的,站的不如坐的,坐的不如看的,看的不如说的。"虽然就事物发展的逻辑而言,时而理论做先导,实践做检验,时而实践探路径,理论做归纳,但更多的时候,理论与实践可以并驾齐驱,抑或交叉互动,要么相辅相成,要么相反相成。多种可能都有,但总不至于理论已经上了天,行动还始终在原地打转吧?如果静心从以上两个方面去审视近些年来国内关于高等教育治理的研究报告和理论文章,翻阅一下从宏观到微观的诸多研究成果,明眼人不难看出,关于高等教育治理,目前并不缺理论表达,而是缺现实作为。"站着说话不腰疼"的太多,而一步一个脚印扎实行动的太少。

　　一言以蔽之,无论是管理还是治理,拆除教育体制的禁区,突破运行机制的桎梏,改变僵化的组织模式,促进教育思想的解放,容许多元化的教育实践或实验,回归教育发展的原初逻辑,关注到鲜活的教育生命个体才是根本目的,更是当务之急。为此,学界更需要沿着时空逻辑进一步深入辩驳,我们离真正的高等教育治理还有多远? 如果距离太远、为时尚早,还不如专心"改善管理",而不要天天闹着"加强管理"了。不善的管理越是得以加强,善治的教育就会离理想更远。换言之,管治愈强,善治愈远。尊重教育规律,管理一样大有作为;违背教育规律,治理犹如海市蜃楼。高等教育治理是个好东西,总有一天会实现,但显然不是现在。

　　解放思想,跳出圈套的前提是明了真相。这样看来,对教育发展与改革热点的把握必须层层辨析,方得以明晰。研究热点未必是现实工作重点,它需要关注舆论焦点,必须直面改革难点,研究热点有可能正是无人涉足的冰点。简而言之,值得学者深究和师者言说的高等教育的热点问题也许不在显而易见的条目之中,而事实上潜藏于冰山之下更基础的部分。因此,响应上级关于新时期高等教育改革再出发的号召,学者和师者当直面现实,务必再一次以高度的社会责任心投身于"去蔽启蒙"的事业。所以如果把"重点"一词再叠加,变成典型的中国式短语即"重中之重",从此出发,以下几个问题在中国高等教育再创辉煌的征程上是绝对绕不开、迟早必须面对的,如若不加以认真对待、谨慎解决,其极有可能成为可持续发展的掣肘。

　　首先是内生与外生的关系。即教育主体内生需求的满足以及内生动力的激发问题。种种迹象表明,今天的大学实际上是一种相当"被动"的教育组织,这种"被动"远不是学界言及的大学缺乏办学自主权那么直接和简单,其体现是被各方寄予厚望的大学自身近年来并未从根本上改变过什么,却不断地被外力改变着。学生对知识的探究(所谓课业成绩),教师对学术的追求(所谓教研绩点),管理人员对学校组织运转的投入(所谓管理动因),乃至学校领导层对学校发展的路径选择(所谓目标导向以及布局结构)等一系列原本属于大学组织"内生需求"的事务,却直接、间接地被外部力量指挥、替代或安排了。因此,一些大学发展内在的理想动机变得模糊,学者对学术本真的内在追求逐渐被稀释,而师者对传道授业的内心坚守也日益动摇。

紧随其后的是他主与自主的关系,即学科(学术)、学校(教育)自组织机能的培育问题。任何组织的演变与发展均来自内部力量与外部力量的综合作用,毛泽东同志在《矛盾论》中指出:"外因是变化的条件,内因是变化的根据,外因通过内因而起作用。"① 而当下的情形是,在高等教育系统中他主的力量远胜于自主的力量,大学作为有机系统的自组织机制受到严重制约。无论是一个学科抑或是一所大学,只有置身于开放的生态系统之中,可以根据人的个性发展需要以及社会的多元发展需要来调控自己的行动取向,才有可能找到立身之本和立锥之地。学科与学校组织本来具有强大的自我调适和完善机能,在自组织机制调节之下,理应能够依据"适应并超越的生长逻辑"产生一系列的变化。在适宜的发展环境里,学术组织内部会形成一个高度自觉的组织协同场域,将组织发展从被动满足外在需要转向根据自主意愿发展,从而有效吸纳内外部力量,综合促进自身的进步繁荣。以繁茂的热带雨林为据,万物的生存样态大致如此。一言以蔽之,自主创新很难在他主框架内得以实现。有效回归高等学校及学术发展的逻辑其实很简单——自主才能自立,自立才能自强。

更深层次的是流变与坚守的关系,即高等教育周期性生长规律及相对稳定的政策性保障问题。学术演进有其自身的周期,或长或短,与社会发展变化相关但未必同步,而且往往不同步。随着时间的流逝,有的结论被改写,有的推论被证实,有的桂冠被解除,有的理想甚至是梦想最终却实现了。教育也有自身的发展逻辑,十年树木,百年树人,尽人皆知,但在当前的社会中谁也来不及等待。伴着社会的进步,有的圣贤走下圣坛,有的先哲归于平凡,有的教条已然失

---

① 毛泽东选集:第一卷[M].2版.北京:人民出版社,2006:302.

效,有的论断沦为笑柄,而有的异端却取而代之成为主流。因应当下局势、中规中矩的政策如何应对变动不居的高等教育? 又如何能够保障高等教育事业发展的相对稳定性? 很显然,既不能"随机应变"更不能"盲目固守"。然而,现实中的学校学术、教育教学总是被阶段性的热点、焦点、重点及其连带而来的政策、文件、通知、规定所切割、所左右,变幻莫测。各种规定多如牛毛,且不断变换。正如坊间所称:刚刚学会,又说不对,刚说不变,又下文件。

综上,高等教育发展与改革的顽症痼疾摆在我们眼前,解题的方向和发展的路径并非人人皆知但似乎并不复杂。真正的问题在于学者能不能勇敢面对,师者能不能仗义执言。而今,无论学者还是师者,都需要努力保持思想的张力,尽量逃脱市井的圈套,远离"平庸之恶"。在著名政治哲学家汉娜·阿伦特眼里,放弃思考与泯灭人性近乎一脉相承。海德格尔早年曾警告过阿伦特:思考是孤独的行为。即便如此,她还是勇敢地表达了自己的观点。她认为,能够反抗平庸之恶的引诱,不放弃思考,不逃避判断,各自承担起应有的责任才是社会中每个个体应有的选择。不仅仅是她所指的道德秩序应如此,教育格局及其发展趋势亦然。学者要有浩然正气,警惕并远离"集体无意识"状态,师者则万万不能成为平庸之恶的复制者和传递者。

学者的责任是探究规律,要力避浅薄;师者的责任是传播真知,要力避说教。学者不能漠视当前的矛盾,师者更需着眼于未来。可以确信的是,世界必将越来越进步,教育肯定越来越繁荣,下一代终将过上他们应该过的教育生活,这不会因为前人的喋喋不休而有所改变。正如宗萨蒋扬钦哲仁波切所说的那样:"虽然教育是个很令人遗憾的现象,但它却不可避免,不论幸或不幸,都将一直持续下去。考虑到这一点,我们能做的最好的事情,就是建立大局观、远见和善心。"①

未来已来,必将更好!

---

① [不丹]宗萨蒋扬钦哲仁波切.八万四千问[M].严望佳,戚淑萍,译.深圳:深圳报业集团出版社,2016:204.

跋

人类正变得非常无趣。如果只是无趣倒也罢了，但我们还很痛苦。我们并没有意识到自己已经变得如此无趣，正好相反，我们都愿意认为自己很特别。[①]

缘起性空。本书系无心插柳之作，盖因应南京师范大学出版社以及高等教育学专业委员会的邀约，假借新冠疫情闭关之际冥思苦想，居然得以系统反思整理并如约成稿。但贯穿全书的探究鹄的和其间牵涉的专题以及隐喻的内容却绝非偶然，均来自本人30余年执着不变的对中国大学生长逻辑的诘问及求索。伴随着高等教育的进步发展，愚夫始终关切并从不间断地像一粒"有理想的微尘"那样操心着中国大学未来的命运，执念多多，情意牵挂，不能自拔。历经复杂微妙的代际演进，竟如喷气式飞机掠过天空，有意无意拉出了一条十分明显但终究会随风消散的烟雾轨迹。

本书内容包括用手写过的（已刊发或未发表的文字）、用嘴说过的（学术演讲及教学言论）、用脑想过的（文化理想或教育念想）、用心揣摩过的（学术情结或管理心境）以及用脚走过的（教学实践和科研体会），汇聚一处只为说明"眼见不为实"以及"教育应当如何"的道理。而书中部分论点和段落节选自五年多来我带领研究生弟子立题辩驳、共同研磨并先后合作发表的文章。感谢那些在字里行间与我一起成长的弟子和同事！他们是：李保玉、张琪仁、

---

① [不丹]宗萨蒋扬钦哲仁波切.八万四千问[M].严望佳，戚淑萍，译.深圳：深圳报业集团出版社，2016：85.

周宏、曾金燕、常楠静、白文昌、徐娟、宋亚萍、李雪、张莉莉、唐艳婷、林苗羽、沈云都以及李敏博士。与此同时，还要感恩那些能够接纳我独特思辨，包容我特异文字的学术期刊！包括《江苏高教》《高教探索》《探索与争鸣》《湖南师范大学教育科学学报》《高教发展与评估》《大学教育科学》《研究生教育研究》《学位与研究生教育》《上海教育评估研究》《重庆高教研究》《西北工业大学学报(社会科学版)》《中国教育报》，隐身其后的，当然是那些在学术道路上、于教育关切中"心有戚戚"的编辑同人。而当散见于教育棋局里的片段文字重新连成一串有情有义的念珠，师徒并进、同道相随的身姿话语就永远镶嵌其中，留待时代淘沥、后人评说。

都说江山易改、本性难移，一个人的所思所想抵不过基因的摆布，一个人的所作所为抹不掉时代生活的形塑，一个人的命运归宿逃不脱因果律的定数。先有蚍蜉撼树或螳臂当车的斥责，后有"神马浮云"或"须识时务"的劝导。然而，面对所热爱的教育事业，愚夫仍难免情不自禁，想方设法恪守作为知识分子的良心本分，以不落入世人戏称"知道分子"的局促境地，唯求身心一致，存真念，立善行。

"思想观念是历史的女儿，是未来的母亲，但一直是时间的奴隶。"① 思想观念无论深浅，总是取材于当下及作者体认之现实，问题永远少不了，万事万物无不在矛盾中发展演进，完美境界总在前头或近或远处。提出问题无非意在引发思考，只盼病灶被逐个击破，未来大学无恙，教育静好！

儿童相信童话，青年相信神话，老年相信实话。将近几年的零星论点和片段结论绳归一处之后，到底是攒成了一串珠链还是扎成了一把掸子？抑或看起来像是珍珠，事实上还是鸡毛？答案依旧存疑。徐贲撰文讨论"人们为什么只相信自己愿意相信的"，其中援引了英国哲学家罗素的说法：人是轻信的动物，人必须相信一些什么。在没有好的理由可以相信的时候，人便满足

---

① ［法］勒庞.乌合之众:大众心理研究[M].马晓佳,译.北京:民主与建设出版社,2018:61-62.

于相信糟糕的理由。而宗萨蒋扬钦哲仁波切明示:"那些相信万能力量的人相信一切都依赖其他人控制,而不在自己掌握;而那些只相信物质主义的人相信一切都在自己掌控之中。这两种误解都会导致痛苦。"①

常言道:"成绩不说跑不了,问题不说不得了。"但愿再过一百年,历史证明我错了。即便如此,还有两种可能:一是当时就说错了,本来并不是那样;二是当时说对了,后来改良了。期望是后一种结果。皆大欢喜!

---

① 〔不丹〕宗萨蒋扬钦哲仁波切.八万四千问〔M〕.严望佳,戚淑萍,译.深圳:深圳报业集团出版社,2016:7.